TRIBUTAÇÃO E INTELIGÊNCIA DE NEGÓCIOS

IMPACTOS DA REFORMA TRIBUTÁRIA NOS SETORES ESTRATÉGICOS DA ECONOMIA

TRIBUTAÇÃO E INTELIGÊNCIA DE NEGÓCIOS

IMPACTOS DA REFORMA TRIBUTÁRIA NOS SETORES ESTRATÉGICOS DA ECONOMIA

COORDENADORES

Gilberto Luiz do Amaral
Letícia Mary Fernandes do Amaral

AUTORES

Alberto Alves das Graças
Carlos Alberto Ferreira dos Santos Junior
Carlos Alberto Pinto
Caroline Epifânio de Queiroz Gama
Caroline Pacheco Ramos Fernandez
Claudia Rodrigues Martins
Daniel Silos
Débora Adriana Alves
Edison Taques
Elaine Cristina de Azevedo
Eliana M. Freitas
Eliene Ferreira da Silva
Elisangela Damaceno Costa
Fabiana de Oliveira Fiuza Prado
Fernando Steinbruch
Gilberto Luiz do Amaral
Helena Pereira Roberto
Isabel Cristina Alves Silva
Itallo Gustavo de Almeida Leite
Jacqueline Sousa Teixeira Garcia
Jean Marcel Santos Andrade
João Eloi Olenike
Joyce da Rocha Silva
Kaylla Oliveira Carra
Letícia Mary Fernandes do Amaral
Luciana dos Santos Rosas Perin
Mariza Meneguelli
Mayara de Oliveira Marques
Osvaldo Rabelo de Queiroz
Osvan de Sousa Rocha Júnior
Otávio Henrique de Sousa Barros
Paloma da Silva
Pâmela Bonifácio
Rafael Amazonas Fernandes do Amaral
Raquel Lima Pereira
Shirlei de Oliveira Brigolini Porfírio
Thuanny Pereira
Vânia Moura Penteado
Victor Hugo de Oliveira Abreu
Vítor Thaler

IBPT LA
BUSINESS, TAX & EDUCATION

IBPT
INSTITUTO BRASILEIRO DE PLANEJAMENTO E TRIBUTAÇÃO

manole
editora

Produção editorial: Sônia Midori Fujiyoshi
Projeto gráfico: Departamento Editorial da Editora Manole
Diagramação: Deborah Sayuri Takaishi
Capa e imagem de capa: Iuri Guião

CIP-BRASIL. CATALOGAÇÃO NA PUBLICAÇÃO
SINDICATO NACIONAL DOS EDITORES DE LIVROS, RJ

T743

Tributação e inteligência de negócios : impactos da reforma tributária nos setores estratégicos da economia / coordenação Letícia Mary Fernandes do Amaral, Gilberto Luiz do Amaral. - 1. ed. - Barueri [SP] : Manole, 2025.

Inclui bibliografia e índice
ISBN 9788520469842

1. Direito tributário - Brasil. 2. Reforma tributária - Brasil. 3. Impostos - Brasil. I. Amaral, Letícia Mary Fernandes do. II. Amaral, Gilberto Luiz do.

25-101406.0 CDU: 34:351.713(81)

Carla Rosa Martins Gonçalves - Bibliotecária - CRB-7/4782

Edição – 2025

Editora Manole Ltda.
Alameda Rio Negro, 967 – cj. 717 – Alphaville
06454-000 – Barueri – SP – Brasil
Fone: (11) 4196-6000
www.manole.com.br | https://atendimento.manole.com.br/

Impresso no Brasil
Printed in Brazil

Sobre os coordenadores

Gilberto Luiz do Amaral

Advogado Tributarista de Inteligência de Negócios. Contador. Professor de pós-graduação. Autor de livros e estudos tributários. Presidente do Conselho Superior e Coordenador-Geral de Estudos do Instituto Brasileiro de Planejamento e Tributação (IBPT). Sócio da Amaral, Yazbek Advogados e do Empresômetro Inteligência de Mercado. Contato: gilberto.amaral@ibpt.org.br.

Letícia Mary Fernandes do Amaral

Advogada Tributarista de Inteligência de Negócios (TIN), com mais de 25 anos de atuação. Mestre em Direito Internacional e Europeu pela Université de Toulouse – França, título reconhecido pela Universidade de São Paulo (USP). Diretora Executiva da Associação Brasileira pela Ética no Tributário (Abetri). Vice-Presidente do Instituto Brasileiro de Planejamento e Tributação (IBPT) e fundadora e CEO da IBPT LA Business, Tax & Education. Criadora da primeira formação de Tributaristas de Inteligência de Negócios do Brasil, a Formação de Tributarista do Futuro (FTF). Coordenadora do MBA Negócios e Tributação. Instagram: @tributaristadofuturo.

Sobre os autores

Alberto Alves das Graças

Graduado em Direito. Consultor Tributário. Ex-Auditor Fiscal da Receita Federal do Brasil. Especialista em Direito Tributário pelo Instituto Brasileiro de Estudos Tributários (Ibet). Especialista em Direito Previdenciário pela Escola Paulista de Direito (EPD). MBA em Gestão Tributária pela Fipecafi. Tributarista de Inteligência de Negócios em formação pelo Instituto Brasileiro de Planejamento e Tributação (IBPT).

Carlos Alberto Ferreira dos Santos Junior

Gestor Público. Administrador de Empresas. Pós-Graduado em Procedimento Administrativo Fiscal. Atuação em eSocial, contencioso administrativo fiscal e inteligência de negócios aplicada à tributação. Gestor e Especialista no Lindonice de Brito Advogados Associados. Tributarista de Inteligência de Negócios pelo Instituto Brasileiro de Planejamento e Tributação (IBPT). Autos do livro *Desenvolvimento profissional eSocial*: transforme conhecimento em carreira. Instagram: @carlosafsjr.

Carlos Alberto Pinto

Advogado Tributarista. Diretor do Instituto Brasileiro de Planejamento e Tributação (IBPT). Criador do Impostômetro. Sócio-diretor do Empresômetro e da Carlos Pinto Advocacia Estratégica. Professor de MBA na Live University. MBA em Governança Tributária no IBPT e em Gestão Fiscal e Empresarial (Confeb). Pós-Graduação em Direito Tributário pela Fundação Getulio Vargas (FGV). Instagram: @advogadodofuturo.

Caroline Epifânio de Queiroz Gama

Advogada Tributarista. Especializada em Inteligência de Negócios pelo Instituto Brasileiro de Planejamento e Tributação (IBPT), com atuação voltada à consultoria estratégica e a soluções fiscais para empresas. CEO da Queiroz Gama Advocacia e Tax Service. Diretora Executiva da RR Contabilidade. Com forte atuação empreendedora, também é cofundadora e consultora de negócios da Cprint Comunicação Visual. Com uma visão integrada entre o jurídico e o contábil, atua na otimização da gestão tributária e na proteção patrimonial de seus clientes. Representa a advocacia empreendedora e estratégica voltada à nova era do Direito Tributário. Instagram: @advcarolinegama.

Caroline Pacheco Ramos Fernandez

Graduada em Direito pela Universidade Candido Mendes. Empresária e Diretora-sócia do escritório Fernandez & Fernandez Advogados Associados. Cursando pós-graduação em Direito Digital e Proteção Geral de Dados pela Escola Brasileira de Direito (Ebradi). Título de Especialização em Tributarista de Inteligência de Negócios pelo Instituto Brasileiro de Planejamento e Tributação (IBPT). Contato: caroline.fernandez@fernandezassociados.adv.br.

Claudia Rodrigues Martins

Advogada, Contadora, MBA Executivo em Gestão Financeira e Mestre em Direito Tributário, com todos os cursos realizados na Universidade Católica de Brasília. Tributarista de Inteligência de Negócios, formada pelo Instituto Brasileiro de Planejamento e Tributação (IBPT). Membro da Comissão de Contabilidade Tributária no Conselho Regional de Contabilidade de Brasília (CRC/DF). Instagram: @claudiarm_tributarista.

Daniel Silos

Economista pela Universidade Católica de Santos. MBA em Finanças e Mercado de Capitais pela BBS SP. MBA em Governança Tributária pelo Instituto Brasileiro de Planejamento e Tributação (IBPT) Educação. Professor da Escola Apas e da IBPT LA. Sócio-membro do Tax Group e aliançado da SW Advogados. Instagram: @danielsilos.oficial.

Débora Adriana Alves

Advogada e Tributarista de Inteligência de Negócios em formação pelo Instituto Brasileiro de Planejamento e Tributação (IBPT). Pós-Graduação em Direito Tributário pela Universidade Candido Mendes. Pós-Graduação em Direito Processual Civil e Direito Civil pela Universidade Católica Dom Bosco (UCDB). Pós-Graduação em Direito Público pelo Instituto Cuiabano de Educação (ICE). Membro da Comissão de Estudos Tributários e Defesa do Contribuinte na

Ordem dos Advogados do Brasil de Mato Grosso (OAB/MT). Contato: deboraoab7180@gmail.com.

Edison Taques

Advogado. Consultor Empresarial, com experiência de mais de 20 anos em Consultoria e Planejamento Empresarial. Pós-Graduado em Direito Tributário e Econômico. Especialista em Planejamento Patrimonial da Família. Tributarista de Inteligência de Negócios e especialista na redução de passivo tributário. Sócio-fundador da E Taques Fonseca Advogados. Instagram: @etaquesfonseca.

Elaine Cristina de Azevedo

Advogada Tributarista de Inteligência de Negócios pelo Instituto Brasileiro de Planejamento e Tributação (IBPT), com mais de 28 anos de experiência prática. Sócia-fundadora e diretora de Projetos Tributários da Elo Consultoria Contábil Tributária e Trabalhista, escritório com 17 anos de mercado. Graduada em Direito pela Pontifícia Universidade Católica de Campinas (PUC-Campinas). Pós-Graduada em Especialização em Direito Tributário pelo Instituto Brasileiro de Estudos Tributários (IBET). Instagram: @elo_consultoria e elaine.azevedo06.

Eliana M. Freitas

Advogada. Bacharel em Direito pela Faculdade de Apucarana-Paraná (FAP). Pós-Graduada *lato sensu* em Direito do Trabalho e Processo do Trabalho pela Universidade Gama Filho. Tributarista de Inteligência de Negócios pelo Instituto Brasileiro de Planejamento e Tributação (IBPT). Atua como especialista em redução de passivo tributário e cancelamento de tributos em geral. Contato: elianamfreitas_adv@hotmail.com. Instagram: @dra.elianamfreitas.

Eliene Ferreira da Silva

Graduada em Direito pela Sociedade Unificada de Ensino Superior e Cultura (Suesc). Sócia do Escritório Fernandez & Fernandez Advogados Associados. Pós-Graduanda em Direito Empresarial pelo Instituto de Ciências Jurídicas (ICJUR). Corretora de Imóveis pelo Sindimóveis. Especialização como Tributarista de Inteligência de Negócios pelo Instituto Brasileiro de Planejamento e Tributação (IBPT). Contato: eliene.silva@fernandezassociados.adv.br.

Elisangela Damaceno Costa

Especialista em Inteligência Tributária, com mais de 30 anos de atuação estratégica na área. Sua trajetória é marcada por uma formação sólida construída com base em estudo contínuo, vivência prática e uma visão ousada e sistêmica dos negócios. Ao longo da carreira, coordenou e gerenciou departamentos fiscais e tributários em grandes escritórios de Contabilidade de Minas Gerais, liderando equipes, implantando processos eficientes e estruturando modelos de governança tributária com foco em *compliance* e lucratividade. Antes mesmo da fundação da Atual Assessoria Empresarial – empresa da qual é CEO e fundadora –, atuou como consultora e instrutora de cursos e palestras em grandes instituições, como Sindicato dos Contabilistas, CDL, Fecomércio MG, Cemig, Gasmig, Vale e Lex Legis, contribuindo para a formação de centenas de profissionais e líderes empresariais.

Fabiana de Oliveira Fiuza Prado

Advogada, com pós-graduação em Direito Tributário pelo Instituto Brasileiro de Estudos Tributários (Ibet). Sócia-fundadora do Escritório Fiuza Advocacia. Atua há nove anos em consultoria tributária empresarial estratégica e é especialista em inteligência de negócios (TIN – Tributarista de Inteligência de Negócios). Instagram: @fabianafiuza.

Fernando Steinbruch

Advogado. Administrador. Professor. Especialista em Direito Tributário pelo Instituto Brasileiro de Estudos Tributários (Ibet). Mestre em Direitos Fundamentais pela Universidade Luterana do Brasil (Ulbra). Pesquisador no Instituto Brasileiro de Planejamento e Tributação (IBPT). Contato: fernando.steinbruch@ibpt.org.br.

Gilberto Luiz do Amaral

Advogado Tributarista de Inteligência de Negócios. Contador. Professor de pós-graduação. Autor de livros e estudos tributários. Presidente do Conselho Superior e Coordenador-Geral de Estudos do Instituto Brasileiro de Planejamento e Tributação (IBPT). Sócio da Amaral, Yazbek Advogados e do Empresômetro Inteligência de Mercado. Contato: gilberto.amaral@ibpt.org.br.

Helena Pereira Roberto

Administradora com especialização em Finanças e Controladoria. Tributarista Especialista em Gestão de Passivo Tributário. Tributarista de Inteligência de Negócios formada pelo Instituto Brasileiro de Planejamento e Tributação (IBPT). Fundadora da HPR Consultoria, atua em projetos de eficiência fiscal e recuperação de créditos para empresas e prefeituras. Professora e coordenadora na IBPT LA, é criadora do método Dzates e da LIA, Inteligência Artificial desenvolvida para elaboração de laudos de Capacidade de Pagamento (Capag). Atua também como mentora voluntária na Rede Governança Brasil (RGB), contribuindo para a implantação da governança nos municípios e na Associação Brasileira pela Ética no Tributário (Abetri), apoiando ações de integridade e educação fiscal. Instagram: @helenaroberto.

Isabel Cristina Alves Silva

Advogada Tributarista. Coordenadora Jurídica e Professora na IBPT LA Business, Tax & Education. Pós-graduada em Direito e Processo Tributário, com ênfase em Docência no Ensino Superior, pela Faculdade CERS. Tributarista de Inteligência de Negócios formada pelo Instituto Brasileiro de Planejamento e Tributação (IBPT). Coautora da metodologia GPT (Gestão do Passivo Tributário) e referência na condução de processos de regularização fiscal no âmbito jurídico e administrativo. Atua ativamente na luta pela conscientização empresarial sobre a prevenção e o combate a ilícitos relacionados às atividades tributárias, como associada e apresentadora de conteúdo digital da Associação Brasileira pela Ética no Tributário (Abetri). Instagram: @dra.isabel.alves.

Itallo Gustavo de Almeida Leite

Advogado. Tributarista de Inteligência de Negócios em formação pelo Instituto Brasileiro de Planejamento e Tributação (IBPT). Graduado em Direito pela Universidade de Cuiabá (Unic/MT). Pós-Graduado em Direito Público pela Universidade Veiga Almeida (UVA/RJ). MBA Executivo em Direito Empresarial: Gestão e *Business Law* pela Fundação Getulio Vargas (FGV). Sócio-fundador da Aliança Brasileira de Advocacia Empresarial (Albrae). Contato: itallo@leitececonello.com.br.

Jacqueline Sousa Teixeira Garcia

Contadora e Tributarista, com Pós-Graduação em Direito Tributário pelo Instituto Brasileiro de Estudos Tributários (Ibet). MBA em *Compliance* e Direito Internacional. Especialista em Inteligência de Negócios (TIN – Tributarista de Inteligência de Negócios). Atua há mais de uma década em consultoria tributária estratégica, focada na redução legal da carga tributária, *compliance* fiscal e planejamento tributário para empresas dos setores comercial, industrial e de serviços. Instagram: @garcia.jacc.

Jean Marcel Santos Andrade

Contador. Bacharel em Ciências Contábeis pela Faculdade Pitágoras. Pós-Graduado *lato sensu* em Gestão Estratégica de Negócios pela Faculdade Focus. Tributarista de Inteligência de Negócios, atua como especialista em Gestão do Passivo Tributário.

João Eloi Olenike

Contador. Bacharel em Direito. Auditor. Perito Judicial. Professor de Pós-Graduação em Gestão Tributária e Perícia Judicial. Professor em cursos de ensino a distância. Coordenador da Comissão de Tributação do Conselho Regional de Contabilidade do Paraná (CRC/PR). Membro das comissões tributárias da

Federação das Indústrias do Estado do Paraná (Fiep) e da Associação Comercial do Paraná (ACP). Palestrante em eventos. Presidente Executivo do Instituto Brasileiro de Planejamento e Tributação (IBPT). Sócio da empresa Expert JA – Consultoria e Planejamento Tributário. Membro da Academia de Ciências Contábeis do Paraná (ACCPR). Contato: joao.eloi@ibpt.org.br.

Joyce da Rocha Silva

Especialista Tributária. Pós-graduada em Contabilidade, *Compliance* e Direito Tributário. Mentora de Contadores. Empresária contábil. Professora há mais de 17 anos, com mais de 2 mil alunos impactados pelo Método Joy. Autora de artigos tributários. Sócia-fundadora do @tributandocomajoy. Sócia-conselheira da MF Contadores e Consultores Associados. Sócia-executiva da Perfectta Soluções Administrativas e da J2L Soluções Empresariais.

Kaylla Oliveira Carra

Advogada, Tributarista de Inteligência de Negócios pelo Instituto Brasileiro de Planejamento e Tributação (IBPT). Associada da Associação Brasileira pela Ética no Tributário (Abetri). Contato: kaylla.tributarista@gmail.com.

Letícia Mary Fernandes do Amaral

Advogada Tributarista de Inteligência de Negócios (TIN), com mais de 25 anos de atuação. Mestre em Direito Internacional e Europeu pela Université de Toulouse – França, título reconhecido pela Universidade de São Paulo (USP). Diretora Executiva da Associação Brasileira pela Ética no Tributário (Abetri). Vice-Presidente do Instituto Brasileiro de Planejamento e Tributação (IBPT) e fundadora e CEO da IBPT LA Business, Tax & Education. Criadora da primeira formação de Tributaristas de Inteligência de Negócios do Brasil, a Formação de Tributarista do Futuro (FTF). Coordenadora do MBA Negócios e Tributação. Instagram: @tributaristadofuturo.

Luciana dos Santos Rosas Perin

Head Fiscal e Tributário na Yamaha, com mais de 25 anos de experiência em empresas nacionais e multinacionais de médio e grande porte nos setores de consultoria, comércio, indústria e operações logísticas. Contadora com MBA em Gestão Tributária pela Fipecafi e Especialização em Planejamento e Gestão de Negócios pela Fundação Armando Alvares Penteado (Faap) e FDC. *Expertise* em operações na Zona Franca de Manaus, planejamento tributário estratégico e análise de benefícios fiscais, com histórico de sucesso em recuperação e redução de custos tributários.

Mariza Meneguelli

Advogada Tributarista, Especialista em Desenvolvimento Comportamental, Psicanalista, Terapeuta, Especialista em Direito Civil e Processo Civil pela Uninter. Tributarista de Inteligência de Negócios em formação pelo Instituto Brasileiro de Planejamento e Tributação (IBPT). Instagram: @marizameneguellitributarista.

Mayara de Oliveira Marques

Advogada. Pós-Graduanda em Direito Tributário pela Pontifícia Universidade Católica do Rio Grande do Sul (PUCRS). Tributarista especializada em Inteligência de Negócios e em Planejamentos Tributários e Previdenciários, com foco na assessoria estratégica a empresas e profissionais liberais. CEO e fundadora do Escritório Mayara Marques Advogada, onde atua na construção de soluções jurídicas integradas, pautadas na eficiência fiscal e na segurança jurídica. Integra uma nova geração de profissionais comprometidos com a inovação e a aplicabilidade prática do Direito Tributário. Instagram: @maymarques.adv.

Osvaldo Rabelo de Queiroz

Advogado Tributarista. Especialista em Transação Tributária e Negociações com a Procuradoria-Geral da Fazenda Nacional (PGFN). Tributarista de Inteligência de Negócios formado pelo Instituto Brasileiro de Planejamento e Tributação (IBPT). Monitor na Mentoria Formação de Tributarista do Futuro (FTF) da IBPT LA. Atua em *compliance* e regularização fiscal de grandes empresas. Instagram: @osvaldorabeloq.

Osvan de Sousa Rocha Júnior

Advogado. Especialista em Planejamento Tributário pela Universidade Federal de Goiás (UFG). Especialista em Direito Tributário pela Universidade Católica de Brasília. Especialista em Processo Civil pela UFG. Tributarista de Inteligência de Negócios em formação pelo Instituto Brasileiro de Planejamento e Tributação (IBPT). Instagram: @osvan_rocha.

Otávio Henrique de Sousa Barros

Advogado Tributarista. Pós-Graduando em Direito Tributário pela Pontifícia Universidade Católica de Minas Gerais (PUC Minas). Tributarista de Inteligência de Negócios em formação pelo Instituto Brasileiro de Planejamento e Tributação (IBPT). Especializado em Gestão de Dívidas Tributárias, com foco especial para empresas da saúde. Empreendedor. Sócio-fundador do Escritório Otávio Barros Advocacia, onde atua em soluções jurídicas integradas pautadas na eficiência fiscal e na segurança jurídica. Contato: advotaviobarros@hotmail.com.

Paloma da Silva

Bacharel em Direito. MBA em Gestão Tributária. Técnica Contábil. Empresária. Tributarista de Inteligência de Negócios em formação pelo Instituto Brasileiro de Planejamento e Tributação (IBPT). Instagram: @paloma.silva.tributarista.

Pâmela Bonifácio

Especialista em Direito Tributário e Consultoria Fiscal, com ampla atuação na Zona Franca de Manaus. Mais de 10 anos de experiência em planejamento tributário estratégico, recuperação de créditos e análise de benefícios fiscais. Atuou em projetos para empresas dos setores industrial, comercial e de serviços, com profundo conhecimento na aplicação da Lei Complementar n. 214/2025 e na adequação à reforma tributária. Formada em Ciências Contábeis. Tributarista pelo Instituto Brasileiro de Planejamento e Tributação (IBPT). Reconhecida por oferecer soluções práticas e inovadoras em regimes especiais de tributação, destacando-se pela didática e abordagem estratégica. Instagram: @apamela_bonifacio.

Rafael Amazonas Fernandes do Amaral

Gerente de Vendas do Empresômetro. Bacharel em Direito pela Universidade Tuiuti do Paraná. Especialista em Inteligência de Negócios, com mais de seis anos de experiência no mercado. Atua há mais de três anos em atendimento consultivo e implementação de soluções para grandes companhias brasileiras. Amplo conhecimento em processos e soluções SaaS, com destaque para a geração de mais de 100 milhões de reais em novos negócios. Forte atuação e *expertise* no mercado do agronegócio. Contato: rafael.amaral@empresometro.com.br.

Raquel Lima Pereira

Advogada, Tributarista de Inteligência de Negócios formada pelo Instituto Brasileiro de Planejamento e Tributação (IBPT), com mais de dez anos de experiência na área jurídica. Pós-Graduada em Direito Tributário pela Damásio Educacional, onde foi aluna da Ministra do STJ Regina Helena Costa. Associada da Associação Brasileira pela Ética no Tributário (Abetri). Sócia-fundadora do Escritório Raquel Lima Advocacia e Assessoria Jurídica, dedicado exclusivamente ao Direito Tributário. Autora de artigos jurídicos e desenvolvedora de *software* formada pelo Le Wagon, integrando a visão tecnológica à prática tributária. *Site*: raquellimaadvocacia.com.br. Instagram: @raquellima.advocacia.

Shirlei de Oliveira Brigolini Porfírio

Advogada e sócia supervisora no escritório Fernandez & Fernandez Advogados Associados há mais de 15 anos. Tributarista de Inteligência de Negócios pela IBPT LA. Graduada em Direito pela Universidade da Cidade. Pós-Graduada em Direito Processual Civil, Civil *lato sensu* e Empresarial pela Fundação Escola da Defensoria Pública do Estado do Rio de Janeiro (FESUDEPERJ), em parceria com a Universidade Veiga de Almeida (UVA). Pós-Graduada em Direito do Trabalho, Processo do Trabalho e Previdenciário pela Universidade Estácio de Sá. Contato: shirley.porfirio@fernandezassociados.adv.br. Instagram: @fernandezefernandez.

Thuanny Pereira

Advogada Tributarista. Professora. Consultora Tributária, palestrante e escritora. Pós-graduada em Direito Tributário e Processual Tributário pela Escola Paulista de Direito (EPD). Especialista em Precificação. Sócia da Tributariou Business Consulting & Educational Services, do FNA Advogados e da MPC Perícias e Auditorias. Criadora do Método ILTCF e do Método MPT. Professora de Pós-Graduação no IBPT Educação, Escola Paulista de Direito e PUC-Campinas. Instagram: @tributariou.

Vânia Moura Penteado

Administradora de Empresas e Contadora, com trajetória marcada pela integração entre conhecimento técnico, visão estratégica e inovação em gestão tributária. Sócia na Moura Penteado Associados, atua diretamente na transformação de dados fiscais em inteligência aplicada para tomada de decisão. MBA Executivo em Contabilidade e Finanças pela Universidade Cidade de São Paulo (Unicid). Pós-Graduação em Direito Tributário pela Universidade Paulista (Unip). Especialização em Consultoria para Pequenas Empresas pela Fundação Instituto de Administração (FIA). Completou seu desenvolvimento executivo com um pós-MBA em Negociação pela HSM Educação e é tributarista com foco em inteligência de negócios pelo Instituto Brasileiro de Planejamento e Tributação (IBPT). Ao longo de sua carreira, tem se dedicado a promover soluções tributárias estratégicas, contribuindo para a sustentabilidade e a competitividade de empresas brasileiras. Instagram: @vaniampenteado.

Victor Hugo de Oliveira Abreu

Contador. Advogado Especialista em Direito Empresarial e Tributário. Mais de 12 anos de atuação no Direito Tributário. Pós-Graduação em Gestão Tributária pelo Instituto de Pós-Graduação e Graduação (Ipog). LLM em Direito Empresarial pela Fundação Getulio Vargas (FGV). Tributarista de Inteligência de Negócios em formação pelo Instituto Brasileiro de Planejamento e Tributação (IBPT).

Vítor Thaler

Advogado Tributarista e sócio da Thaler Advocacia. Especialista em Direito Tributário e Pós-Graduado em Gestão de Tributos e Planejamento Tributário Estratégico pela Pontifícia Universidade Católica do Rio Grande do Sul (PUCRS). Instagram: @vitorthaler.

Agradecimentos

Este livro é fruto de um esforço coletivo.

Agradecemos sobretudo a Deus, pois sem Ele nada seria possível nesta vida.

Em especial, nossos sinceros agradecimentos:

Ao **Instituto Brasileiro de Planejamento e Tributação (IBPT)**, por mais de três décadas de dedicação à pesquisa, produção de conhecimento e impacto social por meio da tributação.

À **IBPT LA Business, Tax & Education**, pela liderança na formação de profissionais e no desenvolvimento do conceito do **Tributarista de Inteligência de Negócios (TIN)**.

Aos **coautores e mentorados**, que aceitaram o desafio de compartilhar seu conhecimento técnico, experiências e visões de futuro, consolidando neste livro uma obra de referência no cenário tributário e empresarial brasileiro.

Às equipes técnicas, administrativas e de apoio do IBPT e da IBPT LA, pelo suporte essencial em todas as etapas de organização desta obra.

Às famílias e aos amigos, que compreenderam e apoiaram a dedicação necessária para a concretização deste projeto.

Sumário

Parte II – Tributação e Inteligência de Negócios setorial (aplicações por segmento)

Parte III – Tributação e Inteligência de Negócios na reforma tributária

Apresentação

A **tributação** é, ao mesmo tempo, pilar da organização social e desafio constante para as empresas brasileiras. Em um cenário de alta complexidade normativa e profunda transformação trazida pela reforma tributária, nasce a necessidade de um novo olhar: o da **Inteligência de Negócios Aplicada à Tributação (TIN)**.

O **Tributarista de Inteligência de Negócios** (TIN) é o profissional do presente e do futuro, que atua não apenas na conformidade fiscal, mas também como **estrategista empresarial**, capaz de transformar dados tributários em vantagem competitiva, segurança jurídica e prosperidade para os negócios.

Este livro reúne a contribuição de **mais de 30 coautores**, entre pesquisadores, advogados, economistas e especialistas, que apresentam análises, metodologias e casos práticos que demonstram o impacto da TIN em diversos segmentos da economia.

Organizado por **Gilberto Luiz do Amaral** e **Letícia Mary Fernandes do Amaral**, em parceria com o **IBPT** e a **IBPT LA**, esta obra se propõe a ser um **manual de referência** para profissionais, empresários e acadêmicos que buscam compreender e aplicar a TIN como **instrumento de transformação tributária e empresarial**.

PARTE I

Fundamentos estratégicos

Capítulo 1

Negócios e tributação: a relação causal e os impactos da reforma tributária

Gilberto Luiz do Amaral

INTRODUÇÃO

A recente reforma tributária (Emenda Constitucional n. 132/2023) traz à baila a necessidade do real entendimento da relação entre negócios e tributação.

A introdução, a partir de 2026, de novos sistemas e obrigações, como também de um período de testes da nova tributação, visando preparar as empresas para a complexa realidade tributária de 2027 a 2032, em que dois sistemas tributários conviverão concomitantemente, deve ser a principal preocupação de empresários e profissionais.

A seguir serão apresentados os princípios centrais pretendidos pela reforma tributária.

Simplificação e transparência

Este é o princípio mais almejado pela sociedade e o grande motor da reforma. A ideia é substituir um complexo sistema de cinco tributos sobre o consumo (Imposto sobre Circulação de Mercadorias e Serviços – ICMS; Imposto sobre Produtos Industrializados – IPI; Programa de Integração Social – PIS; Contribuição para o Financiamento da Seguridade Social – Cofins; e Imposto Sobre Serviços de Qualquer Natureza – ISS) por apenas dois novos impostos: a Contribuição sobre Bens e Serviços (CBS) e o Imposto sobre Bens e Serviços (IBS). A simplificação busca:

- Reduzir a burocracia para as empresas, diminuindo o tempo e o dinheiro gastos para cumprir as obrigações fiscais.
- Proporcionar mais transparência, permitindo que o consumidor saiba exatamente quanto de imposto está pagando em cada produto.

Neutralidade

A neutralidade busca impedir o sistema tributário de interferir nas decisões econômicas das empresas. A tributação atual, com suas regras complexas e diferentes alíquotas entre estados, muitas vezes leva as empresas a escolherem onde se instalar com base em benefícios fiscais, e não em fatores como logística, infraestrutura ou proximidade do mercado consumidor.

A reforma, ao instituir um imposto de valor agregado (IVA) com alíquotas uniformes para todo o país, pretende:

- Eliminar a "guerra fiscal" entre os estados.
- Fazer com que a competitividade entre as empresas seja baseada na eficiência e na inovação, e não em vantagens tributárias.

Não cumulatividade

Este é um dos princípios técnicos mais importantes. A não cumulatividade plena garante que um imposto seja cobrado apenas sobre o valor adicionado em cada etapa da cadeia de produção. O imposto pago por uma empresa na compra de um insumo, por exemplo, pode ser totalmente creditado para ser abatido no imposto devido na venda do produto.

Justiça Fiscal

A reforma também tem um forte viés social. Ela busca tornar o sistema tributário mais justo e menos regressivo (aquele em que os mais pobres pagam proporcionalmente mais do que os mais ricos). Para isso, a reforma adota medidas como:

- Imposto seletivo: a criação de um imposto sobre bens e serviços que são prejudiciais à saúde e ao meio ambiente (como tabaco e bebidas alcoólicas). A intenção é desestimular o consumo desses produtos e, ao mesmo tempo, arrecadar recursos para o Estado.
- Cesta básica nacional: a isenção de impostos para os produtos da cesta básica para a população mais vulnerável.
- *Cashback* de impostos: a previsão de mecanismos de devolução de impostos pagos para famílias de baixa renda, o que ajuda a mitigar o peso da tributação sobre o consumo para quem tem menor poder aquisitivo.

Outra novidade da reforma tributária é a introdução do *split payment*, que é um mecanismo de arrecadação na fonte, segundo o qual o imposto sobre a transação é pago diretamente aos cofres públicos no exato momento da operação, sem passar pelo caixa do vendedor

Com a reforma, o IBS e a CBS serão cobrados de forma diferente do sistema atual. Na prática, quando um cliente (seja pessoa física, seja jurídica) compra um produto ou serviço, o valor total da transação será dividido em duas partes automaticamente:

1. O valor do produto ou serviço: é o valor líquido, que vai para o vendedor.
2. O valor do imposto (IBS/CBS): é o valor do imposto, que é retido automaticamente e enviado diretamente para o governo.

O vendedor, portanto, já recebe o valor líquido da venda, sem a parte do imposto.

Assim, os desafios são enormes para os empresários e profissionais, por isso a boa compreensão dos negócios e da tributação é imprescindível para fazer uma gestão eficaz, possibilitando o crescimento empresarial.

OS NEGÓCIOS ESTÃO PRESENTES NO COTIDIANO DA SOCIEDADE

A origem dos negócios está diretamente ligada à evolução da própria sociedade humana. Desde as primeiras trocas de bens até a complexidade do capitalismo moderno, a necessidade de produzir e trocar recursos para a sobrevivência e o desenvolvimento sempre impulsionou a atividade econômica.

A evolução histórica dos negócios pode ser dividida em fases principais, conforme será visto a seguir.

Pré-História: a economia de sobrevivência e o escambo

Nos primórdios, as comunidades humanas viviam da caça, da pesca e da coleta. A produção era voltada para a subsistência do próprio grupo. Com o desenvolvimento da agricultura e a domesticação de animais, surgiram os excedentes de produção. Essa abundância permitiu que as primeiras comunidades começassem a trocar o que tinham em excesso por aquilo que lhes faltava.

O escambo, ou a troca direta de mercadorias, foi a primeira forma de comércio. Um agricultor que tinha grãos em excesso podia trocá-los por um animal de um criador, por exemplo. Essa prática, embora limitada e complexa, foi a semente de todas as relações de negócio futuras.

Antiguidade e Idade Média: o surgimento da moeda e do comércio organizado

A invenção da moeda facilitou enormemente as transações, superando as limitações do escambo. Na Antiguidade, civilizações como a fenícia e a romana desenvolveram rotas comerciais complexas, ligando diferentes partes do mundo. O comércio marítimo e terrestre floresceu, e a atividade mercantil se tornou uma força econômica e política.

Na Idade Média, o comércio se intensificou. As feiras e cidades comerciais (burgos) se tornaram centros de troca, e os comerciantes se organizaram em guildas para proteger seus interesses. Foi nesse período que a figura do comerciante se consolidou, e as primeiras leis e instituições comerciais começaram a surgir.

A Idade Moderna e a Revolução Comercial

Com as Grandes Navegações, o comércio se globalizou. Potências europeias como Portugal, Espanha, Holanda e Inglaterra estabeleceram rotas comerciais com as Américas, a Ásia e a África. As companhias de comércio, as primeiras grandes empresas, foram criadas para organizar e financiar essas expedições, assumindo riscos e buscando grandes lucros. O sistema mercantilista, baseado na acumulação de metais preciosos, dominou a economia global e preparou o terreno para a próxima grande revolução.

Idade Contemporânea: a Revolução Industrial e o capitalismo moderno

A verdadeira virada na história dos negócios veio com a Revolução Industrial. O uso da máquina a vapor e o desenvolvimento de novas tecnologias transformaram a produção artesanal em produção em massa. As fábricas surgiram, e com elas a necessidade de organizar o trabalho e o capital em larga escala. A empresa moderna como a conhecemos hoje nasceu nesse contexto, sendo a expressão econômica da revolução.

A partir desse ponto, o capitalismo se consolidou, e o negócio evoluiu de uma simples atividade comercial para uma instituição central na sociedade, com poder de moldar a política, a economia e a cultura.

A relação entre globalização e negócios digitais é uma das forças mais dinâmicas e definidoras da economia moderna. Longe de serem conceitos separados, eles se alimentam mutuamente: a globalização criou o ambiente para que os negócios digitais florescessem, e a tecnologia digital, por sua vez, tornou-se o principal motor que acelera e aprofunda a globalização.

A transformação dos mercados globais e a Era Digital

O surgimento da internet e das tecnologias digitais quebrou barreiras geográficas e operacionais que por séculos limitaram o comércio e a expansão de negócios, pois permite acesso a clientes em qualquer lugar, com comunicação e *marketing* global por meio das redes sociais, trabalho remoto e participação em cadeias de suprimentos inteligentes.

OS NEGÓCIOS JURÍDICOS COMO PILARES DO MERCADO

Negócios jurídicos são a base do direito civil. Em termos simples, eles são declarações de vontade feitas por uma ou mais pessoas com a intenção de criar, modificar ou extinguir direitos. É por meio dos negócios jurídicos que os indivíduos e as empresas moldam suas relações e definem seus interesses, com a proteção e a garantia da lei.

A lei estabelece que, para ser válido, um negócio jurídico deve preencher três requisitos fundamentais, conforme o art. 104 do Código Civil:

- Agente capaz: as partes que realizam o negócio devem ter capacidade legal para agir. Isso significa que não podem ser menores de idade (com exceções), nem ter alguma incapacidade judicialmente reconhecida para a prática de certos atos.
- Objeto lícito, possível, determinado ou determinável: o objeto do negócio – aquilo sobre o que o negócio versa – deve ser permitido por lei (lícito), ser algo que possa ser realizado (possível) e ser claro o suficiente para que as partes saibam do que se trata (determinado ou determinável).
- Forma prescrita ou não defesa em lei: a forma como o negócio é realizado deve seguir o que a lei determina. Em geral, a forma é livre, mas em alguns casos, como a compra e venda de imóveis, a lei exige uma escritura pública para que o negócio seja válido.

Os negócios jurídicos são mais comuns no dia a dia do que se imagina. Eles são o meio legal de formalizar quase todas as nossas interações civis e comerciais:

- Contratos: um contrato de compra e venda, de locação de um imóvel, de prestação de serviços ou de formação de sociedade empresarial. O contrato é o exemplo clássico e mais importante de negócio jurídico bilateral.
- Testamento: é um negócio jurídico unilateral, pois depende da vontade de uma única pessoa (o testador) para produzir seus efeitos.
- Casamento: é um negócio jurídico que estabelece um vínculo entre duas pessoas, com direitos e deveres mútuos.

A ORIGEM DOS TRIBUTOS

A origem dos tributos é tão antiga como a própria história da humanidade. Desde as primeiras civilizações, a cobrança de recursos da população se mostrou fundamental para o exercício do poder, a organização social e a manutenção do Estado.

A palavra "tributo" vem do latim *tribus*, que inicialmente se referia às divisões tribais de Roma e, posteriormente, a uma imposição que um povo vencido pagava ao vencedor em sinal de submissão e dependência.

A evolução do tributo pode ser dividida em algumas fases históricas principais, que serão descritas a seguir.

Antiguidade: pilhagem e sustento do poder

Nas civilizações mais antigas, como na Mesopotâmia e no Egito (por volta de 3000 a.C.), os tributos eram, em sua essência, pagamentos obrigatórios para sustentar a classe dominante, o exército e as obras públicas. A cobrança era frequentemente feita em espécie, como grãos, gado ou trabalho forçado. A figura do coletor de impostos já existia, e a tributação era vista como um dever dos súditos com o faraó ou o rei.

No Império Romano, a tributação evoluiu para uma forma mais organizada, mas com um objetivo principal: financiar as guerras e a expansão territorial. Os povos conquistados eram submetidos a altas cargas tributárias, enquanto os cidadãos romanos, por um tempo, foram isentos de impostos diretos.

A passagem mais famosa sobre tributos na Bíblia é a de Mateus 22:17-21, em que Jesus é questionado por fariseus e herodianos com uma armadilha: "É lícito pagar tributo a César, ou não?". Eles esperavam que Jesus se posicionasse contra a autoridade romana, o que o tornaria um inimigo do Império. A resposta de Jesus, no entanto, foi estratégica: ele pediu uma moeda de tributo, um denário, e perguntou de quem eram a imagem e a inscrição. Ao ouvir que era de César, Jesus disse: "Dai, pois, a César o que é de César, e a Deus o que é de Deus".

Idade Média: fragmentação e servidão

Com a queda do Império Romano, a autoridade central se fragmentou. Na Idade Média, a tributação assumiu um caráter feudal. Os impostos eram cobrados pelos senhores feudais, que exerciam o poder sobre suas terras e seus servos.

- Corveia: trabalho gratuito nas terras do senhor feudal.
- Talha: entrega de parte da produção agrícola ao senhor feudal.
- Banalidades: pagamento pela utilização de equipamentos do senhor, como o moinho ou o forno.

Nesse período o tributo não tinha um objetivo social, mas era o preço da submissão do servo ao seu senhor.

Idade Moderna: o nascimento do Estado-Nação

Com a ascensão dos reis e a centralização do poder, a tributação se tornou uma prerrogativa do Estado-Nação. Os monarcas absolutos unificaram a cobrança de impostos, que agora se destinavam a financiar a administração do reino, os exércitos permanentes e as grandes navegações.

Na obra *O Príncipe*, Maquiavel aborda o tema dos tributos de uma perspectiva estritamente política. Para Maquiavel, a tributação não é uma questão de economia ou finanças públicas, mas sim um instrumento de poder que deve ser usado com prudência para evitar a revolta e manter a lealdade do povo. Seus conselhos sobre o tema se concentram em como um príncipe pode arrecadar fundos sem se tornar odiado por seus súditos. A principal regra de Maquiavel é clara: o príncipe deve evitar ao máximo a expropriação dos bens e o aumento excessivo de impostos.

O excesso de tributos e a falta de representatividade do povo foram fatores-chave em revoltas históricas. A Revolução Americana (1776) e a Revolução Francesa (1789) foram movimentos que, em grande parte, lutaram contra a carga tributária imposta por monarquias absolutistas sem a devida participação popular, popularizando o lema "*no taxation without representation*" (sem representação, sem tributação).

Em sua obra-prima *A riqueza das nações*, Adam Smith não apenas lança as bases da economia de mercado, mas também dedica um espaço significativo à análise dos tributos. Sua abordagem, embora enraizada no liberalismo econômico, não defende a ausência de impostos, mas sim a criação de um sistema tributário justo e eficiente, que não atrapalhe o desenvolvimento da nação.

A visão de Smith sobre os tributos está sintetizada em quatro princípios fundamentais, que se tornaram a base da teoria da tributação moderna:

- Princípio da equidade (ou justiça): o imposto deve ser cobrado de forma equitativa.
- Princípio da certeza: o imposto que cada pessoa é obrigada a pagar deve ser fixo, não arbitrário.
- Princípio da conveniência: o imposto deve ser cobrado no momento e da maneira mais conveniente para o contribuinte.
- Princípio da economia: o imposto deve ser planejado de tal modo que o custo de sua coleta e administração seja o mínimo possível.

Idade Contemporânea: a função social do tributo

A partir do século XIX, e especialmente com o surgimento do Estado Social, o tributo passou a ter uma função mais ampla e socialmente justificada. Ele deixou de ser apenas um instrumento de poder e arrecadação para se tornar uma ferramenta de justiça social e desenvolvimento econômico.

Hoje, os tributos financiam não só as atividades básicas do Estado (como segurança e defesa), mas também serviços essenciais como saúde, educação, infraestrutura e programas de redistribuição de renda. A legislação tributária moderna se baseia em princípios como a capacidade contributiva, ou seja, cada um deve pagar de acordo com sua riqueza, buscando uma sociedade mais justa e equitativa.

A HISTÓRIA DOS TRIBUTOS NO BRASIL

A história dos tributos no Brasil é uma jornada longa e complexa, que se confunde com a própria história do país. Desde a chegada dos portugueses, a tributação foi usada como um instrumento de exploração, mas ao longo do tempo evoluiu para se tornar a base de financiamento do Estado e de políticas sociais, embora sempre marcada pela complexidade.

Período Colonial (1500-1822): exploração para a metrópole

Nessa fase, a tributação tinha um único objetivo: gerar riqueza para a Coroa portuguesa. Os impostos eram cobrados sobre as principais atividades econômicas, e a fiscalização era rigorosa.

- Pau-brasil: a primeira cobrança significativa foi o imposto de 20% (**o quinto**) sobre o pau-brasil explorado, pago em produto.
- Ouro: durante o ciclo do ouro, a tributação se tornou ainda mais intensa, com a cobrança de 20% de todo o ouro extraído. A insatisfação popular com esse imposto e a rigidez de sua cobrança (a derrama) foram estopins de revoltas como a Inconfidência Mineira.

A carga tributária era elevada e desorganizada, focada em produtos de exportação e em atividades extrativistas, e não havia preocupação com o retorno dos serviços públicos para a população.

Brasil Império (1822-1889): centralização e financiamento da Corte

Com a Independência, o sistema tributário brasileiro precisou ser reestruturado para financiar o novo Estado. A Constituição de 1824 estabeleceu a centralização do poder, e a maior parte da arrecadação se concentrava nas mãos do governo central.

- Impostos sobre o comércio exterior: os tributos sobre a importação e exportação continuaram sendo a principal fonte de receita. A economia ainda era baseada na exportação de produtos agrícolas, como o café.

- Primeiras ideias sobre imposto de renda: embora não tenha sido instituído de forma plena nesse período, projetos de lei já discutiam a cobrança de impostos sobre vencimentos públicos, um embrião do que seria o imposto de renda.

República Velha e Era Vargas (1889-1945): federalismo e industrialização

A Constituição de 1891 inaugurou o federalismo no Brasil, descentralizando a competência tributária. Aos estados foi dada a autonomia para cobrar impostos de exportação, o que fortaleceu as economias regionais, especialmente a de São Paulo com o café. A União ficou com os impostos de importação.

A partir da Revolução de 1930 e durante o Estado Novo, a industrialização do Brasil se tornou uma prioridade. Para financiar esse projeto, o governo centralizou novamente o poder tributário.

- Constituição de 1934: criou o imposto geral sobre a renda e estabeleceu uma divisão de competências tributárias mais clara entre União, estados e municípios.
- Impostos diretos e indiretos: nesse período, o sistema tributário começou a se moldar com a criação de impostos diretos (como o Imposto de Renda) e indiretos (embutidos nos preços de bens e serviços).

Regime Militar e a reforma de 1966: a Era da Complexidade

Durante o Regime Militar, foi realizada a mais profunda reforma tributária até então, com a Emenda Constitucional n. 18/65 e o Ato Complementar n. 34/67. O objetivo era simplificar o sistema, mas a prática resultou em uma estrutura complexa que persiste até hoje.

- Tributos federais: foram criados o IPI, o Imposto sobre Operações de Crédito, Câmbio e Seguro (IOF) e o Imposto sobre a Propriedade Territorial Rural (ITR).
- Tributos estaduais: o Imposto sobre Circulação de Mercadorias (ICM) foi unificado, tornando-se uma das principais fontes de receita dos estados.

Constituição de 1988 e a reforma tributária atual

A Constituição Cidadã de 1988 estabeleceu o sistema tributário nacional atual, com a divisão de competências entre os entes federativos, mas sem resolver a alta complexidade, a cumulatividade de impostos e a chamada “guerra fiscal”. A partir dos anos 1990, foram criadas novas contribuições sociais, como a Contribuição Social sobre o Lucro Líquido (CSLL), ampliando a carga tributária brasileira.

A Emenda Constitucional n. 132/2023, a mais recente reforma, tem como objetivo simplificar o sistema tributário sobre o consumo. Ela substitui diversos tributos federais, estaduais e municipais por um Imposto sobre Bens e Serviços (IBS) de caráter nacional, com a promessa de tornar a tributação mais transparente e menos onerosa para os negócios e o cidadão.

A RELAÇÃO CAUSAL ENTRE NEGÓCIOS E TRIBUTAÇÃO

A tributação não é um evento isolado e sim decorre de negócios jurídicos ou de fatos econômicos, financeiros ou sociais. Ou seja, os negócios precedem a tributação e não o contrário.

O art. 114 do Código Tributário Nacional (CTN) é um dos mais importantes da legislação tributária brasileira. Ele estabelece o conceito fundamental de fato gerador da obrigação principal, nos seguintes termos: "Art. 114. Fato gerador da obrigação principal é a situação definida em lei como necessária e suficiente à sua ocorrência".

Esse artigo define o "gatilho" jurídico que faz nascer o dever de pagar um tributo. Em outras palavras, ele explica que a obrigação de recolher um imposto, uma taxa ou uma contribuição só existe se e quando uma situação concreta, previamente descrita na lei, acontece no mundo real. Ele estabelece a relação de causa e efeito entre a realidade econômica e a obrigação fiscal.

Em essência, é o elo que conecta a atividade econômica e a vida cotidiana do cidadão com o dever constitucional de contribuir para o sustento do Estado.

A INFLUÊNCIA DA TRIBUTAÇÃO NA FORMAÇÃO DO PREÇO DE BENS E SERVIÇOS

Os tributos incidem no preço de aquisição de insumos, matérias-primas, mercadorias, na contratação de funcionários e terceiros, na obtenção de financiamentos e empréstimos, na formação de patrimônio, na venda de bens e serviços e na obtenção de resultados econômicos empresariais.

Ou seja, em qualquer circulação de riqueza – fato econômico ou financeiro – há a incidência de tributos.

A formação do preço de venda de bens e serviços é um processo estratégico e complexo, que vai muito além de apenas somar custos. É uma decisão crucial que afeta diretamente a saúde financeira, a competitividade e o posicionamento de uma empresa no mercado.

Para formar o preço de forma inteligente, é essencial considerar três pilares principais: custos, margem pretendida e valor percebido pelo mercado

O ponto de partida de qualquer precificação é entender quanto custa produzir ou entregar o bem ou serviço. Os custos podem ser divididos em:

- Custos fixos: são os gastos que não variam com o volume de produção ou vendas. Exemplos incluem aluguel, salários, contas de internet e serviços de contabilidade.
- Custos variáveis: são os gastos que mudam de acordo com a produção ou a venda. Exemplos clássicos são matéria-prima, comissões de venda, embalagens e impostos (como o ICMS ou o ISS).

Com base na soma desses custos é possível calcular o preço mínimo para não ter prejuízo, conhecido como ponto de equilíbrio.

Além dos custos, também influencia o preço a margem de lucro pretendida na operação.

CONSIDERAÇÕES FINAIS

A tributação, como evidenciado pela história, é um pilar da organização social, um dever dos negócios e um direito do Estado. A relação de causa e efeito entre a atividade empresarial e o tributo é inseparável, moldando o cotidiano de qualquer operação econômica, do pequeno escambo à complexidade dos negócios globais. A tributação, portanto, não é um mero custo a ser evitado, mas um fator estratégico que interfere diretamente na formação de preços, na margem de lucro e na competitividade.

A reforma tributária, nesse contexto, surge não para romper essa relação, mas para aprimorá-la. Ao propor a simplificação, a neutralidade e a não cumulatividade, o objetivo é que o tributo deixe de ser um fator de ineficiência e burocracia, permitindo que a energia empreendedora e a inovação se tornem os verdadeiros motores da economia.

Diante da complexa transição que se aproxima, a adoção de uma governança tributária robusta torna-se não apenas um diferencial, mas uma necessidade. É por meio de uma gestão fiscal estratégica, transparente e proativa que empresários e profissionais poderão navegar pelas novas regras, mitigar riscos e transformar a reforma em uma oportunidade de crescimento.

REFERÊNCIAS

AMED, Fernando José; NEGREIROS, Plínio José Labriola de Campos. *História dos tributos no Brasil*. São Paulo: Sinafresp, 2000.

BRASIL. *Lei n. 5.172, de 25 de outubro de 1966.* Institui o Código Tributário Nacional. Disponível em: https://www.planalto.gov.br/ccivil_03/leis/l5172compilado.htm. Acesso em: 20 set. 2025.

BRASIL. *Lei n. 10.406, de 10 de janeiro de 2002.* Institui o Código Civil. Disponível em: http://www.planalto.gov.br/ccivil_03/leis/2002/l10406.htm. Acesso em: 20 set. 2025.

GOMES, Orlando. *Introdução ao direito civil.* 22. ed. Rio de Janeiro: Forense, 2019.

MACHIAVEL, Nicolau. *O Príncipe.* 15. ed. Rio de Janeiro: Bertrand Brasil, 1991.

SMITH, Adam. *A riqueza das nações.* São Paulo: Nova Cultural, 1996 (Col. Os Economistas).

Capítulo 2

O Tributarista de Inteligência de Negócios

Letícia Mary Fernandes do Amaral

INTRODUÇÃO

O sistema tributário brasileiro é, reconhecidamente, um dos mais complexos do mundo. Com uma carga normativa intensa, fragmentação federativa e constantes alterações legislativas, o ambiente tributário nacional impõe desafios diários aos profissionais da área. A título ilustrativo, segundo o Instituto Brasileiro de Planejamento e Tributação (IBPT), até outubro de 2024 quase 8 milhões de normas tributárias já haviam sido editadas desde a promulgação da Constituição Federal de 1988, gerando um cenário de alta volatilidade e insegurança jurídica. Em meio a esse panorama, soma-se a iminente implementação da reforma tributária sobre o consumo – por meio da Emenda Constitucional (EC) n. 132/2023 e regulamentada pela Lei Complementar (LC) n. 214/2024 – que já está reconfigurando profundamente as bases da tributação brasileira, exigindo uma mudança de postura e de competências por parte dos profissionais da área.

Nesse contexto de profunda transformação, emerge a necessidade de um novo perfil: o **Tributarista de Inteligência de Negócios (TIN)**. Mais do que um técnico legalista, o TIN é um estrategista empresarial que articula conhecimentos normativos, inteligência de dados e orientação para resultados. Trata-se de uma evolução necessária da carreira tradicional de tributarista, que historicamente esteve limitada à execução de obrigações acessórias e à atuação reativa perante o Fisco. O TIN, por sua vez, é proativo, analítico e voltado à criação de soluções tributárias com alto valor agregado.

A relevância desse novo perfil profissional se ancora na capacidade de unir três eixos fundamentais, sistematizados na metodologia **TIC** – Técnica, Inteligência e Cliente – concebida por mim em 2020. A técnica refere-se ao domínio profundo da legislação, jurisprudência e obrigações fiscais; a inteligência compreende o uso estratégico de dados tributários e de mercado; e o cliente representa o foco em gerar impacto real nos resultados das empresas. Complementarmente, a metodologia **FACA** – Foco, Atenção, Conhecimento e Ação –, desenvolvida por João Eloi Olenike, Presidente Executivo do IBPT e professor dos treinamentos da IBPT LA (braço educacional e de serviços tributários do IBPT), fornece a base comportamental para o exercício eficaz dessa atuação transformadora.

Este capítulo tem como objetivo apresentar, de forma crítica e estruturada, o conceito, os fundamentos e as aplicações práticas do Tributarista de Inteligência de Negócios, demonstrando que essa atuação representa não apenas uma nova carreira, mas uma nova forma de compreender e aplicar o direito tributário no Brasil contemporâneo.

A EVOLUÇÃO DA CARREIRA TRIBUTÁRIA: DO TÉCNICO AO ESTRATÉGICO

A trajetória do profissional da área tributária no Brasil historicamente esteve ancorada em uma lógica técnico-operacional, marcada pela reatividade e pela centralidade nos aspectos formais da legislação. O tributarista tradicional, formado à luz dos modelos acadêmicos clássicos e moldado pelas exigências do cumprimento de obrigações acessórias, assumiu por décadas papel essencialmente burocrático: interpretar normas, calcular tributos, preparar defesas administrativas e acompanhar fiscalizações. Embora essa atuação seja indispensável, ela passou a revelar suas limitações diante de um ambiente tributário cada vez mais dinâmico, digitalizado e integrado à lógica de negócios.

No passado, havia uma clara **segmentação entre os profissionais da área tributária**: o contador, o analista fiscal e o advogado tributarista. O advogado era quem, em regra, detinha o título de "tributarista", atuando predominantemente no contencioso administrativo e judicial, além de produzir pareceres e opiniões legais. O contador, por sua vez, mesmo quando realizava estratégias complexas de planejamento tributário ou recuperação de tributos, era frequentemente reconhecido apenas como "consultor tributário", e não como tributarista. Já o profissional da área fiscal era visto como um mero executor, responsável por alimentar sistemas, gerar obrigações acessórias e cumprir prazos fiscais – um "manipulador de obrigações". Essa divisão de papéis, embora ainda presente em algumas estruturas, vem sendo superada por um novo paradigma.

Com o surgimento do **Tributarista de Inteligência de Negócios** (TIN), essa lógica fragmentada perde relevância. O que distingue o TIN não é sua formação acadêmica – que pode ser jurídica, contábil, econômica, administrativa ou até tecnológica –, mas sua **especialização técnica e estratégica**, consolidada por meio de práticas avançadas de atuação e pela integração entre três dimensões essenciais:

Técnica, Inteligência e Cliente. Como será visto no próximo tópico, essa tríade representa a base metodológica que estrutura o novo perfil profissional.

A ascensão da **era pós-digital** – caracterizada pela onipresença da tecnologia, pela abundância de dados e pela valorização da inteligência analítica – redefiniu as expectativas em relação à atuação do profissional jurídico-tributário. As empresas deixaram de demandar apenas operadores do direito e passaram a exigir **estrategistas tributários**, capazes de identificar oportunidades, antecipar riscos, otimizar estruturas fiscais e agregar valor à tomada de decisões corporativas.

Esse movimento de transformação não é exclusivo do Brasil. Internacionalmente, o conceito de ***taxologist*** já vinha ganhando força. Segundo a Thomson Reuters, o *taxologist* é um profissional híbrido, que alia profundo conhecimento fiscal à capacidade de usar tecnologias e dados de forma estratégica, promovendo uma atuação eficiente, analítica e com foco em resultados. Esse conceito exerceu forte influência na criação do TIN, que amplia essa lógica ao incorporar também o foco no cliente empresarial e a capacidade de comunicação assertiva com múltiplas áreas do negócio.

Assim, o TIN representa não apenas a evolução metodológica do profissional tributário, mas uma mudança de paradigma: **de executor técnico a agente estratégico**. Mais do que cumprir obrigações, o TIN atua para transformar a área tributária em um verdadeiro centro de inteligência e lucratividade dentro das organizações, antecipando cenários, oferecendo soluções personalizadas e alinhando o planejamento fiscal aos objetivos de negócios.

OS TRÊS PILARES DO TIN: TÉCNICA, INTELIGÊNCIA DE NEGÓCIOS E CLIENTE

A atuação do **TIN** está alicerçada em três pilares estruturais que o distinguem de qualquer outro perfil tradicional na seara tributária. A metodologia **TIC – Técnica, Inteligência de Negócios e Cliente**, desenvolvida por mim em meados de 2020, representa não apenas uma sistematização prática, mas uma verdadeira mudança de paradigma na entrega de valor ao mercado empresarial. O TIN não é definido por sua titulação acadêmica, mas pela **integração estratégica entre conhecimento técnico aprofundado, domínio de ferramentas de inteligência e orientação prática voltada à geração de impacto real no cliente.**

Técnica tributária: profundidade normativa e jurisprudencial

O primeiro pilar refere-se ao domínio técnico da legislação tributária em seus múltiplos níveis – Constituição, Código Tributário Nacional, leis complementares, decretos, regulamentos e atos normativos infralegais. O TIN conhece com profundidade os tributos em espécie (como Imposto de Renda da Pessoa Jurídica – IRPJ; Contribuição Social sobre o Lucro Líquido – CSLL; Programa de Integração Social – PIS; Contribuição para o Financiamento da Seguridade Social – Cofins; Imposto sobre Circulação de Mercadorias e Serviços – ICMS; Imposto Sobre Serviços de Qualquer Natureza – ISS, entre outros) e compreende os limites e as potencialidades tanto do contencioso administrativo como do judicial.

Esse domínio técnico, contudo, não é estático: exige **atualização constante**, especialmente em tempos de reforma tributária. A promulgação da EC n. 132/2023 e sua regulamentação pela LC n. 214/2024, por exemplo, introduziram novos tributos – CBS (Contribuição sobre Bens e Serviços), IBS (Imposto sobre Bens e Serviços) e IS (Imposto Seletivo) – e implicaram ajustes nas regras-matrizes de incidência de tributos como Imposto sobre Produtos Industrializados (IPI), Imposto sobre Operações Financeiras (IOF), Imposto sobre Transmissão de Bens Imóveis (ITBI), Imposto sobre a Propriedade Predial e Territorial Urbana (IPTU) e Imposto sobre Transmissão *Causa Mortis* e Doação (ITCMD), cujos efeitos serão objeto de análise em outros capítulos desta obra.

Além disso, o TIN deve ser capaz de transitar entre a linguagem jurídica, contábil e, sobretudo, **empresarial**, promovendo um diálogo fluido entre as áreas fiscal, financeira, legal e a alta gestão. Aqui, a técnica é instrumento de viabilidade, segurança e **efetividade prática** das soluções propostas, permitindo que estratégias sejam juridicamente sustentáveis e operacionalmente exequíveis.

Inteligência de negócios: dados fiscais, cruzamento de informações e *benchmarking*

O segundo pilar representa um dos grandes diferenciais do TIN: a **capacidade analítica orientada por dados.** O TIN une sua inteligência tributária à inteligência de negócios e domina o uso de plataformas especializadas (como Verot, LaraTax, e-Auditoria, Empresômetro, IBPTax), além de ser capaz de **cruzar bases públicas** (obtidas por meio da Lei de Acesso à Informação e outras fontes oficiais) com **dados privados** (notas fiscais, obrigações acessórias, relatórios gerenciais, decisões judiciais e indicadores setoriais) para construir diagnósticos, identificar oportunidades e mitigar riscos.

Com o auxílio de ferramentas como Excel avançado, Power BI, *dashboards* personalizados e painéis comparativos, o TIN transforma dados brutos em **inteligência decisional**. Sua lógica de atuação transcende o simples cumprimento de obrigações: ele **antecipa cenários**, projeta alternativas legais mais econômicas, **posiciona o cliente competitivamente no setor** e potencializa sua rentabilidade com base em evidências sólidas.

Centralidade no cliente empresarial: escuta ativa, entrega de valor e personalização

O terceiro pilar da metodologia TIC – frequentemente negligenciado por modelos tradicionais – é o **foco no cliente empresarial.** O TIN não atua apenas para cumprir tarefas ou processos; seu compromisso é com a **geração de resultados tangíveis e consistentes** para o cliente, primando sempre pela excelência técnica e pelo impacto prático.

Isso exige escuta ativa, empatia para compreender o contexto negocial, visão estratégica e habilidade para traduzir a complexidade tributária em propostas compreensíveis, objetivas e aplicáveis. Mais do que resolver problemas, o TIN identifica **dores ocultas e desejos inexplorados**, oferecendo **soluções personalizadas e orientadas à realidade do negócio** – seja na recuperação de créditos, no planejamento tributário, na reestruturação societária, na expansão de atividades ou na governança tributária contínua.

Por isso, costumo dizer que o TIN é como um **diamante para seus clientes**: raro, valioso e insubstituível. Assim como um diamante, o TIN se destaca pela lapidação técnica, brilho estratégico e resistência diante dos desafios complexos do ambiente empresarial.

Outro aspecto fundamental desse pilar é a **visão empreendedora e de dono** que deve nortear o TIN – independentemente de atuar como autônomo, empresário ou dentro de uma equipe corporativa. Para isso, é indispensável desenvolver competências em **posicionamento, *marketing* jurídico, vendas consultivas e gestão empresarial**, pois o TIN não apenas entrega serviços, ele **constrói autoridade e gera valor de forma contínua.**

A METODOLOGIA FACA E AS *SOFT SKILLS* ESTRATÉGICAS

Se os pilares da metodologia **TIC** conferem ao **TIN** a base técnica e estratégica de sua atuação, a metodologia **FACA** – composta por **Foco, Atenção, Conhecimento e Ação** – representa o **eixo comportamental essencial** para consolidar sua autoridade profissional e maximizar a entrega de valor no ambiente empresarial. Desenvolvida por João Eloi Olenike, presidente executivo do IBPT e professor dos treinamentos do IBPT LA, a FACA sintetiza um conjunto de ***soft skills* indispensáveis ao TIN**, que frequentemente definem sua capacidade de gerar impacto prático de modo até mais decisivo que o domínio técnico isolado.

Essas habilidades tornaram-se ainda mais valiosas em um cenário de **transformações profundas nos modelos de negócio**, impulsionado pela digitalização das operações, pela cultura de dados e pela necessidade constante de inovação orientada a resultados. Hoje, as empresas buscam tributaristas que saibam se comunicar com clareza, compreender o negócio como um todo, tomar decisões rápidas e se posicionar como **parceiros estratégicos** - não mais como meros executores.

Foco: clareza de propósito e direção estratégica

O TIN com foco tem **clareza sobre o que entrega, para quem entrega e com que finalidade**. Essa habilidade vai além da organização de tarefas - trata-se de saber qual é a transformação real que será gerada na vida do cliente empresarial. Em um ambiente sobrecarregado por ruídos e excesso de dados, manter o foco é um diferencial competitivo que direciona energia, fortalece o posicionamento e potencializa o impacto.

Atenção: sensibilidade ao detalhe e visão analítica

A atenção permite ao TIN perceber o que outros profissionais deixam escapar: **um detalhe em um XML, uma divergência contábil, um indício de oportunidade negligenciada**. Mas também exige visão macro - ou seja, a capacidade de conectar esses dados e informações a um contexto maior, construindo análises relevantes, estratégicas e com potencial de transformação empresarial.

Conhecimento: técnica aplicada à inteligência de negócios

O conhecimento que diferencia o TIN é o que se converte em **resultado prático e em tomada de decisão baseada em evidência**. Trata-se de um saber jurídico, contábil e econômico - mas que se expande para a **inteligência de negócios**, com domínio sobre dados fiscais, leitura de mercado, análise de concorrência e modelagem estratégica. Ao incorporar o raciocínio orientado por dados, o TIN transforma seu conhecimento em vantagem competitiva para o cliente.

Ação: execução, entrega e posicionamento de autoridade

Ação é a chave que transforma diagnósticos em entregas e entregas em **resultados financeiros concretos**. O TIN não se limita ao planejamento: ele implementa, acompanha, ajusta e comunica valor. É na ação que se estabelece a autoridade real - pois o cliente percebe que o tributarista não apenas pensa estrategicamente, mas **atua com coragem e eficiência para transformar o negócio**.

Do FACA ao *Growth Hacking* tributário

A sinergia entre as metodologias **TIC** e **FACA** forma o que denomino **Tributarista *Growth Hacker*** – o TIN que impulsiona o crescimento exponencial de seus clientes utilizando as estratégias da **inteligência de negócios aplicadas ao direito tributário**. Esse conceito, inspirado na metodologia *Growth Hacking*, criada por Sean Ellis em 2010 para *startups* como Dropbox, foi adaptado ao universo jurídico-tributário como uma **ferramenta escalável de geração de valor real**, baseada em dados, experimentação e impacto mensurável.

Diferente das abordagens tradicionais centradas apenas em *marketing* e vendas, o *Growth Hacking* tributário parte da análise de **dados fiscais muitas vezes subutilizados** – como notas fiscais, obrigações acessórias e demonstrativos contábeis – e os transforma em **inteligência decisional de alta *performance***. Grandes multinacionais já perceberam que o verdadeiro ativo estratégico está nos dados internos negligenciados, especialmente os **dados tributários**, que podem revelar padrões de comportamento de fornecedores, clientes, margens e oportunidades ocultas de economia ou expansão.

Nesse sentido, o TIN atua como **um profissional de escala**, conectando informações, propondo estratégias, validando hipóteses com o cliente e **atuando de forma transversal com os times de vendas, *marketing*, operações e *compliance***, promovendo a **inteligência tributária como motor de crescimento.**

O resultado é um novo perfil de tributarista: **proativo, interdisciplinar, orientado por dados e comprometido com a geração de valor contínuo.** Não se trata apenas de cumprir obrigações, mas de hackear o crescimento – com inteligência, ética, técnica e ação estratégica.

A ESTEIRA ESTRATÉGICA DE SERVIÇOS TRIBUTÁRIOS

A atuação do **TIN** se traduz, na prática, por meio de uma arquitetura de serviços que reflete sua lógica de geração de valor. Para organizar essa atuação de maneira clara, escalável e orientada a resultados, propus a **Esteira Estratégica de Serviços Tributários (EEST)**, um modelo que categoriza os serviços do TIN com base em três eixos – **dor, desejo** e **estratégia** –, alinhando expectativas empresariais com entregas técnicas de alto impacto.

A EEST permite ao TIN construir **portfólios consultivos bem posicionados**, com clareza sobre o problema que cada serviço resolve e sobre como ele se encaixa na jornada do cliente. Essa abordagem elimina a percepção de que o serviço tributário é abstrato ou imensurável, aproximando-o das decisões de negócio e das prioridades empresariais.

Gestão do Passivo Tributário (GPT): foco na dor

Aqui o TIN atua na solução de passivos já constituídos, sejam eles inscritos em dívida ativa, em discussão administrativa ou judicial, ou ainda pendentes de regularização. Com domínio das normas do contencioso, das regras de transação tributária e da jurisprudência atual, o TIN conduz estratégias de **renegociação, consolidação e extinção de débitos**, devolvendo regularidade fiscal e capacidade operacional à empresa. Esse é o ponto de partida para muitos clientes que **chegam pela dor.**

Recuperação de Créditos Tributários (RCT): foco no desejo

Nesse serviço, o TIN entrega aquilo que todo cliente deseja: **dinheiro de volta.** Com base em uma análise rigorosa de documentos fiscais, obrigações acessórias e regime tributário, o profissional identifica **pagamentos indevidos ou a maior** e propõe estratégias seguras de recuperação administrativa ou judicial. O diferencial do TIN está na personalização da abordagem: não se trata de um serviço de massa, mas de um projeto **estratégico, documentado e auditável**, que gera caixa imediato e fortalece o vínculo com o cliente.

Planejamento tributário: foco na estratégia

O planejamento é o serviço que revela a verdadeira dimensão estratégica do TIN. Trata-se de desenhar a estrutura fiscal mais adequada às operações e metas da empresa, de forma lícita, segura e sustentável. Envolve **escolha de regimes, reorganizações societárias, análise de incentivos fiscais, precificação de produtos, gestão de tributos indiretos e diretos**, sempre com base em dados e com respaldo legal. O TIN, aqui, atua como arquiteto tributário, antecipando riscos e otimizando recursos.

Estudos tributários e *benchmarking* fiscal

Esse serviço fortalece a inteligência competitiva do cliente. Com base em **plataformas como IBPTax, Empresômetro e bases públicas de dados**, o TIN realiza análises comparativas entre empresas do mesmo setor, identifica boas práticas fiscais, avalia a conformidade da carga tributária e mapeia oportunidades de melhoria. Essa entrega é altamente valorizada por empresas que buscam **posicionamento competitivo e sustentabilidade fiscal.**

Consultoria de mercado com base em dados tributários

Um dos serviços mais inovadores da EEST. Ao cruzar dados tributários com indicadores econômicos e operacionais, o TIN consegue identificar padrões de consumo, comportamento de concorrentes, práticas de precificação e tendências de mercado. Essa consultoria permite ao cliente tomar decisões mais fundamentadas sobre **expansão, segmentação de público, estratégias de preço e fusões/aquisições**, consolidando o papel do TIN como conselheiro estratégico.

Governança tributária

A entrega final da esteira é a **gestão contínua do sistema tributário da empresa**, com foco em conformidade, controle de riscos, melhoria de processos e sustentabilidade fiscal. Envolve auditoria permanente de tributos, padronização de rotinas, capacitação de equipes internas e construção de indicadores de desempenho. Aqui, o TIN atua como **gestor externo de tributos**, garantindo previsibilidade e longevidade para os negócios.

A EEST não apenas organiza os serviços do TIN: ela **reposiciona o papel do tributarista perante o mercado**. Ao apresentar soluções com clareza, foco no resultado e linguagem empresarial, o TIN supera o modelo tradicional centrado na tarefa e se consolida como um **provedor de inteligência aplicada à geração de valor**.

FERRAMENTAS, MODELOS DE ATUAÇÃO, CASOS REAIS E FORMAÇÃO DO TIN

A consolidação do **TIN** como novo perfil profissional no ecossistema empresarial depende de uma tríade concreta: **infraestrutura tecnológica, modelos de atuação adaptáveis e formação qualificada**, todos sustentados por **resultados mensuráveis e replicáveis.**

Ferramentas e plataformas estratégicas

A atuação do TIN é potencializada pelo uso intensivo de **plataformas digitais especializadas** e pela capacidade de transformar dados brutos em decisões inteligentes. Dentre as ferramentas essenciais, destacam-se:

- **Verot, LaraTax e e-Auditoria:** soluções que permitem análise e auditoria de arquivos fiscais digitais (SPED, XMLs, EFD-Contribuições etc.).
- **Empresômetro:** a maior base de dados tributários e empresariais do Brasil, utilizada para *benchmarking* fiscal e estudos setoriais.

- *Power BI* e **Excel avançado:** para construção de *dashboards*, projeções, simulações e relatórios personalizados.
- **Fontes públicas via LAI (Lei de Acesso à Informação) e plataformas governamentais:** portais de transparência e licitações, Receita Federal, Procuradoria-Geral da Fazenda Nacional (Regularize), tribunais etc.
- **Inteligência Artificial e automações:** para leitura de documentos, extração de padrões, classificação tributária e simulações normativas.

Essas ferramentas não substituem o TIN: elas **amplificam sua capacidade analítica e sua entrega estratégica.**

Modelos de atuação profissional

A flexibilidade é uma marca da atuação do TIN. A depender de seu momento de carreira, estrutura e objetivos, ele pode adotar diferentes **modelos de posicionamento**:

- **TIN autônomo:** ideal para o início da carreira, com foco na construção de autoridade, desenvolvimento de portfólio e relacionamento direto com clientes.
- **TIN empresário:** à frente de uma consultoria ou escritório especializado, com equipe multidisciplinar, processos internos e escalabilidade.
- **TIN executivo:** inserido em grandes empresas como gestor de tributos ou *head* de planejamento tributário.
- **TIN parceiro ou associado:** vinculado a marcas mais consolidadas, com acesso a grandes projetos, estrutura de *backoffice* e ampliação de presença no mercado.

Cada modelo exige diferentes competências, mas todos compartilham a **orientação estratégica para resultados empresariais.**

Resultados reais e casos de sucesso

O diferencial do TIN está em sua capacidade de **entregar valor mensurável**, com **impacto direto no caixa e na competitividade** do cliente. Alguns resultados já observados na minha prática profissional:

- Ampliação e domínio de *market share* de empresa do ramo automotivo, que tinha passivos milionários e faturamento anual de R$ 90 milhões e, após a atuação de time de TIN, alcançou mais de R$ 1 bilhão de faturamento e se posicionou como líder de mercado.

- Redução de passivo tributário superior a **90%**, com economia de **R$ 156 milhões** em acordos estratégicos de transação tributária em empresa do setor da construção civil.
- Recuperações tributárias em empresas de médio porte superiores a **R$ 5 milhões**, com processos auditáveis e documentados.
- Planejamentos fiscais que geraram **economias recorrentes** de 20 a 40% na carga tributária de grupos empresariais.
- Consultorias de dados fiscais que redefiniram o posicionamento mercadológico e logístico de empresas do setor alimentício, varejista e industrial.

Esses casos não são exceção: são **a regra da atuação estruturada e ética do** TIN.

Formação e capacitação profissional

A base para essa atuação está na **Formação Tributarista do Futuro** (FTF) – primeiro programa nacional voltado à preparação completa de TIN, desenhado e coordenado por mim, com certificado outorgado pela IBPT LA Business, Tax & Education e titulação auferida pelo Instituto Brasileiro de Planejamento e Tributação (IBPT), com selo do Ministério da Educação (MEC). A FTF une:

- *E-book* com 17 módulos técnicos profundos em tributos, obrigações e regimes.
- Conteúdo em **inteligência de mercado e análise de dados**.
- Aulas ao vivo de mentoria e aprofundamento.
- Treinamentos em Excel, redes sociais jurídicas, Imposto de Renda de Pessoa Física (IRPF), *holding* familiar, reforma tributária e mais.
- Uma **comunidade ativa de mais de 1.250 tributaristas** em formação ou já formados.

A formação do TIN não termina com o curso. Ele pode contar com meu acompanhamento contínuo e do meu time de TIN na Mentoria FTF, programa anual que tem por objetivo levar o TIN a um negócio consolidado que fatura 100 mil reais de forma recorrente. Por fim, o TIN conta ainda com o MBA em Negócios e Tributação e com o TGH Club, um clube de TIN empresários que almejam escalar ainda mais seus negócios com geração de valor e construção de legado.

CONSIDERAÇÕES FINAIS: O TIN COMO AGENTE DE TRANSFORMAÇÃO JURÍDICA E EMPRESARIAL

O **Tributarista de Inteligência de Negócios** (TIN) não é apenas uma nova denominação profissional: é a personificação de uma **mudança estrutural na forma de pensar, ensinar e aplicar o direito tributário**. Ele emerge em um contexto de complexidade normativa, transformação tecnológica e exigência de entregas práticas, assumindo o protagonismo na interlocução entre o mundo jurídico e a estratégia empresarial.

Ao longo deste capítulo, demonstramos como o TIN combina **profundidade técnica, inteligência orientada por dados** e **visão de negócio centrada no cliente** para entregar valor real e escalável. Mais do que cumprir obrigações, ele identifica oportunidades, promove economia fiscal sustentável, evita riscos e reposiciona empresas perante o mercado e o Fisco.

Essa transformação é tão concreta que se manifesta **nos próprios autores deste livro**: cada capítulo foi escrito por um TIN em atuação. A começar pelo **Dr. Gilberto Luiz do Amaral** - cofundador do IBPT, presidente do Conselho Superior e **primeiro TIN do Brasil**, que cunhou o termo e deu base à visão estratégica da tributação –, e, eu, **Letícia Amaral**, criadora da **Formação Tributarista do Futuro (FTF)**.

Este livro também reúne a contribuição de **diretores do IBPT e de diversos profissionais formados e mentorados por mim na Mentoria FTF**, que hoje lideram projetos estratégicos, transformam a realidade fiscal de empresas e consolidam, na prática, o perfil do TIN como **a nova autoridade tributária do século XXI**. Cada coautor desta obra é um **Tributarista de Inteligência de Negócios em atuação concreta**, tendo passado pela **Formação Tributarista do Futuro (FTF)** - a única formação estruturada no Brasil voltada exclusivamente à capacitação completa de TIN - e continuado sua jornada evolutiva por meio da mentoria especializada conduzida por mim.

Se você chegou até aqui e deseja aprofundar-se nesse movimento transformador, **convido você a conhecer o MBA em Negócios e Tributação**, programa único e pioneiro de pós-graduação do país dedicado a integrar a tributação de forma estrutural, prática e estratégica a departamentos e segmentos empresariais. É nesse MBA que as temáticas deste livro são **aprofundadas com rigor acadêmico e aplicabilidade prática**, formando líderes do presente e do futuro. **Escaneie o QR *Code* ao final deste capítulo** e venha fazer parte da comunidade que está redesenhando os rumos da atuação tributária no Brasil – com **técnica, inteligência, estratégia e geração real de valor**.

https://tributaristadofuturo.com.br/pagina/. Acesso em: 8 out. 2025.

REFERÊNCIAS

AMARAL, Letícia M. Fernandes do. *Formação de tributarista do futuro*. Taboão da Serra: IBPT Educação, 2022. *E-book*.

BRASIL. Emenda Constitucional n. 132, de 20 de dezembro de 2023. Altera o Sistema Tributário Nacional e dá outras providências. *Diário Oficial da União*: Brasília, DF, 20 dez. 2023. Disponível em: https://www.planalto.gov.br/ccivil_03/constituicao/emendas/emc/emc132.htm. Acesso em: 4 set. 2025.

BRASIL. Lei Complementar n. 214, de 30 de dezembro de 2023. Institui a Contribuição sobre Bens e Serviços – CBS e dá outras providências. *Diário Oficial da União*: Brasília, DF, 30 dez. 2023. Disponível em: https://www.planalto.gov.br/ccivil_03/leis/lcp/lcp214.htm. Acesso em: 4 set. 2025.

EMPRESÔMETRO. *Base de dados empresariais e estatísticas setoriais*. São Paulo: Empresômetro, 2025. Disponível em: https://empresometro.com.br/. Acesso em: 4 set. 2025.

INSTITUTO BRASILEIRO DE PLANEJAMENTO E TRIBUTAÇÃO (IBPT). *Portal institucional* – Estatísticas e estudos tributários. Disponível em: https://www.ibpt.org.br. Acesso em: 4 set. 2025.

THOMSON REUTERS. *The rise of the taxologist*: building the tax function of tomorrow. Toronto: Thomson Reuters, 2019. Disponível em: https://www.thomsonreuters.com. Acesso em: 4 set. 2025.

Capítulo 3

Tributação e Inteligência de Negócios na precificação de bens e serviços ante a reforma tributária

Thuanny Pereira
Joyce da Rocha Silva

INTRODUÇÃO

Nenhuma mudança tributária desde a promulgação da Constituição de 1988 trouxe um redesenho tão profundo na estrutura de apuração e recolhimento de tributos sobre o consumo quanto a reforma tributária formalizada pela Emenda Constitucional n. 132/2023 e regulamentada pela Lei Complementar n. 214/2025. A substituição dos tributos Imposto sobre Circulação de Mercadorias e Serviços (ICMS), Imposto sobre Serviços de Qualquer Natureza (ISS), Programa de Integração Social (PIS) e Contribuição para o Financiamento da Seguridade Social (Cofins) por Imposto sobre Bens e Serviços (IBS) e Contribuição sobre Bens e Serviços (CBS) representa mais do que uma alteração legislativa: trata-se de uma mudança estrutural na lógica de formação de preços.

Segundo o relatório técnico da Confederação Nacional da Indústria que analisa a competitividade de 18 países selecionados (2023-2024), o Brasil ocupa a última posição quando o assunto é competitividade, resultado esse que é atribuído a alguns fatores; o principal é a alta complexidade tributária (Portal da Indústria, 2025).

O Brasil hoje é considerado o país que tem a carga tributária mais complexa do mundo, devido ao grande número de legislações esparsas e de tributos cobrados, fato este que corrobora o cenário da reforma tributária, que visa trazer para o dia a dia empresarial a promessa de simplificação e redução de burocracia, diminuindo o número de tributos a serem pagos, as formas diferentes de apuração de cada um deles e concentrando todas essas informações em legislação unificada.

Diversas pesquisas estatísticas apontam que cerca de 90% das empresas têm dificuldades no momento de precificar seus produtos e serviços.

Isso porque a maioria das empresas precifica de maneira amadora, sem levar em consideração os dados tributários e os custos fixos e despesas variáveis da empresa, marcadores primordiais quando o assunto é precificar com técnica e de maneira correta – o que permite alcançar a lucratividade e operar acima do ponto de equilíbrio da rentabilidade.

A simplificação do sistema tributário atual por meio da adoção de tributos "por fora" e com crédito financeiro promoverá maior transparência na precificação, mas exigirá reestruturação das estratégias fiscais, operacionais e comerciais das empresas.

Diante desse cenário, o papel do tributarista se reposiciona. Surge a figura do Tributarista de Inteligência de Negócios, que alia domínio técnico à capacidade de gerar valor estratégico, articulando variáveis tributárias, contábeis e comerciais para estruturar precificações sustentáveis e competitivas.

Este capítulo tem como objetivo apresentar, de forma aplicada, como estruturar uma consultoria de mercado especializada em precificação, apta a apoiar empresas na adaptação ao novo regime tributário com inteligência técnica, clareza estratégica e segurança operacional.

O IMPACTO DA REFORMA TRIBUTÁRIA NA PRECIFICAÇÃO

A extinção de tributos como ICMS, ISS, PIS e Cofins, substituídos pelo IBS e pela CBS, representa um movimento em direção à simplificação e à padronização da tributação sobre o consumo. No entanto, essa unificação não elimina a complexidade: o IBS será um tributo de gestão compartilhada entre estados e municípios, operado por um Comitê Gestor, o que pode gerar tensões federativas, disputas por receitas e desafios na governança.

Embora a CBS se concentre na esfera federal, com gestão unificada pela União, a operação em paralelo com o IBS exigirá ajustes nos sistemas empresariais, especialmente para empresas com atuação nacional, que precisarão adaptar-se às alíquotas de múltiplos entes.

Alterações na lógica de formação de preços

O modelo "por fora", que destaca os tributos no documento fiscal, visa aumentar a transparência da carga tributária, mas impõe novos desafios. Nesse cenário, o consumidor passa a visualizar explicitamente os tributos sobre o consumo, o que expõe as margens praticadas pelos fornecedores e pode gerar questionamentos comerciais, especialmente em mercados sensíveis a preço.

A não cumulatividade plena amplia a possibilidade de aproveitamento dos valores pagos nas etapas anteriores, mas a substituição do crédito na competência pelo crédito financeiro gerará novos desafios. Esse modelo exige maior controle documental e pode impactar negativamente o fluxo de caixa, já que o crédito só se torna apropriável após a extinção do tributo destacado na aquisição.

Essa nova sistemática altera substancialmente a estrutura de precificação. Os modelos tradicionais baseados em *markup*, que incorporavam a carga tributária ao preço de venda, precisarão ser revistos. A nova sistemática, ao destacar o imposto e permitir o crédito amplo, teoricamente deveria facilitar a competitividade e a transparência. Contudo, na prática, expõe margens, exige maior maturidade técnica da área comercial e eleva o risco de defasagem se o processo de revisão de preços não for dinâmico.

Com um sistema mais transparente, o refazimento do preço a cada etapa da transição para o novo sistema tributário será imprescindível para evitar perda de competitividade.

DIAGNÓSTICO E PLANEJAMENTO: PRIMEIROS PASSOS DA CONSULTORIA

Antes de analisar qualquer solução a ser dada em uma consultoria tributária estratégica voltada para precificação com base em dados tributários, é primordial fazer um raio X da empresa e verificar o diagnóstico de seu cenário atual. Com base nesse diagnóstico inicial é que construímos o início de um planejamento tributário inteligente para avaliar e refazer a estrutura de formação de preços de maneira saudável, competitiva, segura e trazendo lucratividade para a empresa.

Avaliação da estrutura tributária e precificação atual

Quando iniciamos o diagnóstico preliminar, levamos em consideração a situação presente da empresa, a fim de entender qual seu regime de tributação atual e de verificar como está a base de sua formação de preços.

Adotamos como premissas dessa análise inicial alguns pontos cruciais, como: verificar se o regime tributário atual da empresa é o mais vantajoso; como os tributos impactam na composição dos preços atuais; o que está sendo embutido na formação de preço atual e se está sendo considerada toda a tributação, inclusive a indireta, por exemplo, ICMS-ST (substituição tributária), Difal (diferencial de alíquota do ICMS), benefícios fiscais específicos que de alguma forma reduzam a carga tributária.

Esse é o momento de analisar documentos e operações fiscais da empresa e entender se o preço efetivo de venda está cobrindo os custos do negócio, incluindo os tributos e gerando lucro ou se essa margem apurada está incorreta.

A partir dessa análise, é possível identificar possíveis distorções, por exemplo, precificação realizada abaixo do ponto de equilíbrio e da rentabilidade da empresa, e corrigir a rota com base nos dados e números extraídos da própria empresa e que não estavam sendo levados em consideração no momento da formação de preços.

Mapeamento de produtos, serviços e margens

Na sequência, é primordial que se faça um mapeamento de cada produto ou serviço vendido, focando algumas informações que encontramos nas notas fiscais emitidas e recebidas pela empresa. Tudo se inicia na emissão da nota fiscal.

É nesse momento que toda a operação fiscal é definida. Quais produtos são tributados, quais têm benefícios, se estamos vendendo para pessoa física ou jurídica, qual a natureza da operação que estamos realizando, se existe risco ou oportunidade de créditos.

Nesse sentido, analisamos a Nomenclatura Comum do Mercosul (NCM), Código de Situação Tributária (CST), Código Fiscal de Operações e de Prestações (CFOP), Classificação Nacional de Atividades Econômicas (CNAE), para saber se, de acordo com a atividade da empresa, essas classificações estão corretas, se existe algum tipo de benefício fiscal ou aproveitamento de crédito, se existe risco de autuação fiscal por alguma classificação ou prática incorreta.

Nessa mesma linha, analisamos também margem de lucro real por item ou serviço, verificando quanto de fato sobra no fluxo de caixa após o pagamento dos tributos devidos, a curva de produtos mais vendidos e a carga tributária real de cada um deles, além de produtos que estão com margem de lucro negativa por não terem tanta saída, gerando algum tipo de passivo oculto que a empresa não consegue vislumbrar num primeiro momento.

Isso é importante porque reduzir a carga tributária e o custo fixo da empresa é o mesmo que dizer que conseguimos melhorar a precificação, já que tributos e custos fixos devem ser considerados na formação de preço. Toda vez que obtemos uma diminuição nesses dois parâmetros, conseguimos melhorar o preço praticado e, consequentemente, ganhar mais competitividade e lucratividade no mercado.

O mapeamento de tais informações permite uma atuação mais assertiva para ajuste e desenvolvimento de políticas de preços, unindo a parte fiscal, tributária e comercial e permitindo que a empresa utilize o tributário como ferramenta de crescimento e lucratividade a seu favor por meio do planejamento tributário em precificação.

Identificação dos riscos fiscais e comerciais

Ainda, um diagnóstico assertivo para o planejamento tributário em precificação precisa trazer clareza sobre os pontos cegos do negócio, ou seja, aquelas questões que podem trazer riscos reais e que muitas vezes ficam ocultas ou passam desapercebidas no dia a dia empresarial. Esses aspectos podem colocar a operação da empresa em risco tributário de questionamentos futuros por parte do Fisco ou comprometer consideravelmente sua competitividade comercial.

Nesse sentido, os principais pontos a serem observados seriam se existem classificações incorretas nas operações fiscais, algum regime tributário equivocado ou a utilização de benefício fiscal incorreto, erros de escrituração ou omissões.

Ainda, importante observar também se a empresa está de alguma maneira acumulando passivos tributários por má interpretação da legislação tributária ou por ausência de fluxo de caixa devido à má gestão da formação de preços ou, também, se seus preços estão fora do mercado e de sua concorrência porque se ignora alguma questão tributária de que os demais concorrentes fazem uso.

Analisando todos esses pontos, é possível levantar riscos iminentes de autuação e prejuízos por decisões tributárias equivocadas, corrigir a rota e fazer um trabalho preventivo, evitando problemas, por meio do planejamento tributário em precificação.

Portanto, realizar o diagnóstico inicial funciona como a base, a espinha dorsal da consultoria tributária em precificação. Isso porque ele transforma o trabalho de planejamento tributário em instrumento para o empresário tomar decisões estratégicas e assertivas em seu dia a dia, precificando com base em sua realidade tributária e não apenas no achismo, o que agrega lucratividade ao negócio, segurança jurídica às operações e inteligência de mercado, utilizando o tributário a favor da empresa.

FERRAMENTAS E ESTRATÉGIAS PARA PRECIFICAÇÃO NO NOVO MODELO

O novo ambiente tributário exige do Tributarista de Inteligência de Negócios uma visão de 360 graus para a precificação, considerando cada produto ou serviço, ramo de atividade e principalmente a utilização de ferramentas para a construção de cenários e a preparação tributária.

Reestruturação do *markup* e adaptação dos custos

O *markup* é uma das metodologias mais utilizadas no mercado para construção da precificação. Trata-se do índice que deve ser multiplicado pelo custo para se obter um preço de venda que seja capaz de cobrir o custo, as despesas fixas e variáveis, os tributos indiretos e ainda resultar na margem de lucro desejada.

Com o novo modelo tributário, o cálculo do *markup* precisa ser completamente revisto. O antigo coeficiente, que embutia tributos indiretos no preço de venda, perde funcionalidade em um cenário em que os tributos são destacados e creditáveis.

Simulações e ajustes durante o período de transição

Vejamos, a título exemplificativo, um cenário de refazimento de preço considerando o modelo atual, o período de transição, bem como o cenário pós-reforma.

No ano de 2026 iniciará um período de testes na reforma tributária, no qual haverá o informativo no documento fiscal de uma alíquota simbólica de 0,1% para IBS e de 0,9% para CBS. Estas não se somarão ao total do documento fiscal, e, desde que o contribuinte cumpra todas as suas obrigações acessórias corretamente, não haverá o efetivo recolhimento. Portanto, nesse cenário de testes não será vista alteração no cenário de precificação.

Já em 2027 teremos o primeiro grande marco da reforma tributária, a extinção do PIS e da Cofins e a entrada efetiva da CBS, fato que exige atenção do contribuinte a seu preço, já que o PIS e a Cofins fazem parte dele e a CBS será por fora.

Considerando os números fictícios para uma empresa de atividade comercial, teremos:

Markup **= 1 / [1 – (% despesas fixas + % despesas variáveis / tributos + % margem de lucro)]**

Quadro 1 Simulação de precificação para os anos 2025, 2026, 2027 e 2028

Ano 2025/2026		Ano 2027/2028	
Despesas fixas	20%	Despesas fixas	20%
Despesas variáveis (tributos)*	27,25%	Despesas variáveis (tributos)**	18%
Margem de lucro	15%	Margem de lucro	15%
Markup	**2,65**	***Markup***	**2,13**
Custo	**250.000,00**	**Custo**	**250.000,00**
Preço de venda	**662.251,66**	**Preço de venda**	**531.914,89**

* ICMS: 18%; PIS: 1,65%; Cofins: 9,60%.
** ICMS: 18%; extinção do PIS e da Cofins.
ICMS: Imposto sobre Circulação de Mercadorias e Serviços.

Observe que o preço de venda para 2027/2028 passa a ser menor considerando que o PIS e a Cofins foram extintas e já não fazem mais parte da precificação. Mas vale ressaltar que isso não significa que o custo para o cliente será menor, já que a CBS será calculada por fora, a partir do novo preço, e irá compor o valor total da nota fiscal.

De 2029 a 2032 teremos um grande marco na estrutura da precificação, pois o ICMS e o ISS serão reduzidos gradualmente e o IBS será inserido proporcionalmente.

Quadro 2 Redução da cobrança proporcional do ICMS/ISS e inserção gradual do IBS

Período	ICMS E ISS	IBS
2029	90% proporcional	10% proporcional
2030	80% proporcional	20% proporcional
2031	70% proporcional	30% proporcional
2032	60% proporcional	40% proporcional

IBS: Imposto sobre Bens e Serviços; ICMS: Imposto sobre Circulação de Mercadorias e Serviços; ISS: Imposto sobre Serviços de Qualquer Natureza.

Vejamos na prática, no Quadro 3, o refazimento do preço para essa empresa comercial fictícia, considerando esse período de redução gradual do ICMS e a inserção proporcional do IBS.

Quadro 3 Simulação de precificação para os anos 2029, 2030, 2031 e 2032

Ano 2029		Ano 2030	
Despesas fixas	20%	Despesas fixas	20%
Despesas variáveis (tributos)	16,2%	Despesas variáveis (tributos)	14,4%
Margem de lucro	15%	Margem de lucro	15%
Markup	**2,05**	***Markup***	**1,98**
Custo	**250.000,00**	**Custo**	**250.000,00**
Preço de venda	**512.295,08**	**Preço de venda**	**494.071,15**
ICMS	*18%*	*ICMS*	*18%*
Redução de 10%	*16,2%*	*Redução de 20%*	*14,4%*
Ano 2031		**Ano 2032**	
Despesas fixas	20%	Despesas fixas	20%
Despesas variáveis (tributos)	12,6%	Despesas variáveis (tributos)	10,8%
Margem de lucro	15%	Margem de lucro	15%
Markup	**1,91**	***Markup***	**1,85**
Custo	**250.000,00**	**Custo**	**250.000,00**
Preço de venda	**477.099,24**	**Preço de venda**	**461.254,61**
ICMS	*18%*	*ICMS*	*18%*
Redução de 30%	*12,6%*	*Redução de 40%*	*10,8%*

ICMS: Imposto sobre Circulação de Mercadorias e Serviços.

Com o passar dos anos, o ICMS embutido no preço é reduzido e consequentemente o preço de venda segue a mesma sistemática, lembrando que após obter o preço de venda será necessário calcular a CBS e o IBS "por fora" para obter o valor total da nota fiscal.

No cenário pós-reforma, essa empresa, que inicialmente apresentava uma carga tributária de 27,25% embutida no preço, passa a ter 0% de tributos incorporados à precificação, tornando real a nova sistemática de cálculo "por fora" em cumprimento do princípio da transparência.

Quadro 4 Simulação de precificação para o ano 2033

Ano 2033	
Despesas fixas	20%
Despesas variáveis (tributos)	0%
Margem de lucro	15%
Markup	**1,54**
Custo	**250.000,00**
Preço de venda	**384.615,38**

ALINHAMENTO ENTRE SETORES FISCAL, CONTÁBIL, COMERCIAL E DE CUSTOS

O novo ambiente tributário exige um nível de integração inédito entre os setores fiscal, contábil, comercial e de custos. A precificação passa a depender diretamente da atualização constante da evolução gradual da implementação da reforma tributária, o que torna insustentável o funcionamento isolado dessas áreas.

O setor fiscal, responsável pela parametrização das regras do IBS e da CBS, precisa dialogar com a contabilidade para refletir corretamente os efeitos na escrituração, sendo o inverso verdadeiro no que diz respeito à tributação dos recebimentos antecipados.

O setor comercial, que atualmente é focado em técnicas de vendas, deverá compreender junto ao setor de custos o impacto tributário nas margens e nas políticas de preços. O desalinhamento entre essas áreas pode levar à formação de preços incoerentes e à perda de competitividade. A governança interna estruturada por um Tributarista de Inteligência de Negócios passa a ser um diferencial competitivo, e a comunicação técnica entre áreas deixa de ser uma opção para se tornar uma necessidade operacional.

OPORTUNIDADES PARA O CONSULTOR NA NOVA ERA TRIBUTÁRIA

A reforma tributária é o início de um novo jogo para todos os profissionais da área tributária. Claro que todos os profissionais do mercado já levam consigo a bagagem do sistema tributário atual, que auxilia muito no entendimento do novo sistema; porém, para quem ingressa agora no mercado de trabalho, a reforma tributária é uma grande oportunidade, já que traz um cenário totalmente novo para os profissionais.

Com a criação dos novos tributos IBS e CBS, temos mudanças significativas, como a questão da não cumulatividade plena com maior aproveitamento de créditos, o fim da guerra fiscal entre estados e municípios, além de maior transparência nas operações fiscais.

Vale salientar que abre um espaço inédito para quem domina um ponto muito importante, que é a interpretação prática da legislação tributária, conseguindo conectar o linguajar difícil e rebuscado da legislação com a realidade e as oportunidades de negócios.

Esse novo cenário tributário exige muito mais do que apenas cálculos, apurações de tributos e preenchimento de obrigações acessórias: exige análise, inteligência estratégica e desenvolvimento do trabalho consultivo por meio da interpretação das novas leis e regras tributárias.

Estruturação da consultoria de mercado

Para atuar de forma assertiva e lucrativa nesse novo cenário, o profissional precisa abandonar a ideia de respostas técnicas isoladas e tradicionais, com linguagem complexa e uso de "juridiquês", e substituir isso por uma consultoria clara, sem dificuldade, que aproxime o cliente do profissional da área tributária e que traga efetivamente uma transformação na empresa, traduzindo a legislação em entregas palpáveis e que possam ser mensuradas e visualizadas, entendendo as dores específicas de cada negócio e cada segmento e sendo um profissional estratégico e não somente um executor.

O empresário gosta de ver números, e o entendimento da linguagem dele é um grande passo para conseguir fechar mais negócios. O importante para uma empresa hoje é entender sua lucratividade, sua segurança, sua precificação, seu grau de risco e o que ela pode economizar do ponto de vista tributário.

Assim, o profissional do novo cenário tributário é aquele que consegue vender uma consultoria que entregue clareza, planejamento, economia, resultado e inteligência de negócios, gerando valor para seu cliente.

Definição de escopo e entrega de valor

É importante salientar que preço é diferente de valor. Preço é o que cobramos pelo nosso serviço ou produto, e valor é o que efetivamente entregamos a quem nos contrata ou consome o nosso produto.

Valor tem relação com a experiência do cliente ao contratar seu serviço ou comprar seu produto, como ele vai se sentir.

É importante demonstrar essa diferença porque um dos maiores erros na venda de uma consultoria principalmente é não definir de forma clara o escopo e as entregas do trabalho a ser realizado.

Nesse sentido, é preciso delimitar bem o escopo do trabalho a ser prestado e ser um profissional que entrega estratégia, demonstrando etapa a etapa do que pretende entregar, como será feita essa entrega e o que o cliente ganha ao contratar esse serviço.

Para o cenário da reforma tributária, um leque de oportunidades se abriu para os trabalhos consultivos. Vamos salientar aqui algumas das principais oportunidades para ser considerado de fato um Tributarista de Inteligência de Negócios:

- Diagnóstico de impacto da reforma tributária.
- Simulação comparativa entre regimes e tributações.
- Revisão e reclassificação de NCM e CST.
- Planejamento tributário com foco na nova não cumulatividade.
- Precificação baseada na carga tributária futura.

O que o profissional da área tributária que também é um profissional de inteligência de negócios entrega ao seu cliente não é apenas um relatório com dados tributários, contábeis e fiscais, mas sim uma trilha clara e sem complicações de decisões que devem ser tomadas com base em dados tributários da própria empresa.

Ou seja, o profissional do novo cenário tributário e da inteligência de negócios acompanha o empresário nessa caminhada de transição para o novo sistema tributário, fidelizando esse cliente e ganhando autoridade e visibilidade no mercado.

MODELOS DE SERVIÇO: CONSULTORIA PONTUAL E RECORRENTE, BPO E AUDITORIA

Além de tudo o que já foi exposto em termos de oportunidades tributárias, nesse novo cenário o Tributarista de Inteligência de Negócios deve explorar os modelos de serviços que vão gerar fluxo de caixa previsível e ampliar seu portfólio atual, por exemplo, oferecendo consultorias pontuais, consultorias recorrentes, *business process outsourcing* (BPO) tributário estratégico e auditorias e revisões fiscais preventivas.

A consultoria pontual deve ter um escopo menor e mais delimitado, envolvendo diagnóstico e planejamento tributário para o novo cenário da reforma.

Já na consultoria recorrente é possível agregar mais valor por meio de acompanhamento mensal e de apoio técnico estratégico e preventivo para todas as novidades que ainda virão no período de transição entre os regimes tributários.

No BPO tributário estratégico é possível realizar um *compliance* fiscal observando oportunidades de créditos que ainda não foram tomados e que serão extintos por conta da extinção dos tributos que temos no sistema tributário atual, além de realizar com inteligência fiscal um novo cenário de precificação assertiva para as empresas.

E, na auditoria e revisão fiscal preventiva, é possível aplicar a nova legislação como quadro comparativo com a legislação atual que ainda temos e identificar riscos e oportunidades tributárias.

Esses trabalhos podem ser vendidos pelo Tributarista de Inteligência de Negócios individualmente ou na forma de pacotes a depender da necessidade dos empresários atendidos, permitindo ao profissional maior assertividade, escala e previsibilidade financeira e trazendo posicionamento dentro da nova realidade do mercado de trabalho tributário.

Assim, o novo cenário tributário é considerado um oceano azul, a maior janela de oportunidade das últimas décadas.

O profissional que entender o momento tributário, criar metodologia, saber interpretar a legislação e atuar de maneira analítica e estratégica sairá na frente.

Mais do que técnica, essa nova fase exige visão de negócio, linguagem clara e postura consultiva. A oportunidade está posta – quem se posicionar com estratégia colherá os frutos da nova tributação.

CONSIDERAÇÕES FINAIS

A reforma tributária promove mudanças significativas na estrutura de incidência dos tributos sobre o consumo e, por consequência, altera o modo como as empresas calculam seus preços. A substituição dos tributos atuais por IBS e CBS, com novos critérios de apuração e incidência, exige das organizações uma revisão imediata de seus modelos de precificação, sob pena de perda de competitividade, distorções financeiras e riscos fiscais.

A precificação passa a demandar uma atuação coordenada entre os setores, pois envolve não apenas o conhecimento técnico das novas regras, mas também a capacidade de aplicação prática.

Nesse cenário, a consultoria tributária assume o protagonismo como ferramenta de transformação empresarial. A estruturação de uma consultoria de mercado especializada em precificação, com base no novo sistema tributário, não se limita ao cumprimento de normas, mas se converte em um serviço de inteligência técnica e apoio estratégico à tomada de decisão.

O verdadeiro profissional estratégico para o mercado será aquele que agregar valor ao seu negócio e aos clientes que atender, sendo auxiliar na tomada de decisões da empresa, traduzindo a legislação tributária em linguagem clara e descomplicada e ensinando ao empresário que é possível utilizar o tributário como ferramenta de crescimento a favor da empresa não só com base na economia tributária ou em créditos, mas também da lucratividade por meio da precificação assertiva baseada em dados tributários.

O Tributarista de Inteligência de Negócios se consolida como agente indispensável nesse processo de transição, com a incumbência de traduzir a nova legislação em impacto prático, promover alinhamento entre os departamentos, propor soluções viáveis, antecipar riscos e oportunidades. A reforma tributária impõe agilidade e preparo, e aqueles que dominarem sua lógica estarão na vanguarda da transformação do ambiente de negócios brasileiro.

REFERÊNCIAS

BRASIL. *Constituição da República Federativa do Brasil de 1988*. Disponível em: https://www.planalto.gov.br/ccivil_03/constituicao/constituicao.htm. Acesso em: 31 jul. 2025.

BRASIL. *Emenda Constitucional n. 132, de 20 de dezembro 2023*. Altera o Sistema Tributário Nacional. Disponível em: https://www.planalto.gov.br/ccivil_03/constituicao/emendas/emc/emc132.htm. Acesso em: 31 jul. 2025.

BRASIL. *Lei n. 5.172, de 25 de outubro de 1966*. Dispõe sobre o Sistema Tributário Nacional e institui normas gerais de direito tributário aplicáveis à União, Estados e Municípios. Disponível em: https://www.planalto.gov.br/ccivil_03/leis/l5172compilado.htm. Acesso em: 31 jul. 2025.

BRASIL. *Lei Complementar n. 214, de 16 de janeiro de 2025*. Institui o Imposto sobre Bens e Serviços (IBS), a Contribuição Social sobre Bens e Serviços (CBS) e o Imposto Seletivo (IS); cria o Comitê Gestor do IBS e altera a legislação tributária. Disponível em: https://www.planalto.gov.br/ccivil_03/leis/lcp/lcp214.htm. Acesso em: 31 jul. 2025.

PORTAL DA INDÚSTRIA. Brasil na última posição, mas indicadores apresentam oportunidades para o futuro. *Indicadores Econômicos CNI*, Brasília, DF, 16 abr. 2025. Disponível em: https://www.portaldaindustria.com.br/estatisticas/competitividade-brasil-comparacao-com-paises-selecionados/. Acesso em: 20 set. 2025.

Capítulo 4

Tributação e Inteligência de Negócios na redução de dívidas tributárias por meio de estratégias jurídicas

Isabel Cristina Alves Silva

INTRODUÇÃO

A atuação jurídica estratégica na redução de dívidas tributárias em um cenário empresarial cada vez mais complexo tornou-se imprescindível. O contexto pré-reforma tributária tem sido marcado pela alta carga tributária e por frequentes alterações legislativas, assim a gestão eficiente do passivo tributário tornou-se não apenas uma necessidade, mas um imperativo de sobrevivência para empresas de todos os portes.

A advocacia tributária moderna, especialmente quando associada à inteligência de negócios, posiciona-se como fator essencial na redução legal e segura de dívidas tributárias. Seja por meio de instrumentos administrativos ou judiciais, os resultados comprovam que a aplicação de estratégias jurídicas bem fundamentadas pode gerar reduções de até 100% das dívidas tributárias.

Os casos concretos analisados em minha rotina como advogada tributarista e coordenadora jurídica da IBPT LA Business, Tax & Education são exemplos claros de que a gestão eficaz do passivo tributário exige um posicionamento jurídico proativo, distante da advocacia tradicional, que se limita ao simples peticionamento e às defesas em execuções fiscais.

Alguns desses casos, inclusive, serão compartilhados ao longo deste capítulo, para ilustrar como uma estratégia jurídica bem aplicada pode transformar a realidade de uma empresa, assegurando não apenas sua regularidade fiscal, mas também a continuidade saudável de suas operações.

CAMINHOS JURÍDICOS PARA A REDUÇÃO DO PASSIVO: DA ESFERA ADMINISTRATIVA À JUDICIAL

Quando o contribuinte tem débitos inscritos apenas na Receita Federal, sem o encaminhamento formal para a Procuradoria-Geral da Fazenda Nacional (PGFN), suas possibilidades de regularização e negociação são severamente limitadas.

Nessa fase administrativa, o único instrumento de parcelamento disponível é o ordinário em até 60 parcelas, modelo que, além de não oferecer qualquer tipo de desconto em multas, juros ou encargos legais, costuma inviabilizar o fluxo de caixa de empresas já fragilizadas.

Por esse motivo, o primeiro passo estratégico é requerer o encaminhamento dos débitos da Receita Federal para a PGFN, com fundamento no art. 2º da Portaria MF n. 447/2018 e o art. 3º da Portaria PGFN n. 33/2018. Esse pedido administrativo visa abrir portas para negociações mais vantajosas, como as modalidades de transação tributária previstas em editais com condições especiais de parcelamento e descontos expressivos, seja pela capacidade de pagamento do contribuinte seja pela classificação de recuperabilidade do crédito.

No entanto, é comum que esse requerimento administrativo seja negado pela Receita Federal, sob alegações formais ou omissões administrativas que desconsideram o direito do contribuinte de aderir aos programas de transação vigentes. Essa negativa, ainda que inconstitucional ou ilegal, exige uma atuação técnica imediata e firme da advocacia.

Nesse cenário, ingressamos com o mandado de segurança, uma ação robusta, que visa garantir o direito líquido e certo do contribuinte ao encaminhamento dos débitos à PGFN. Esse instrumento jurídico é fundamentado na proteção contra ilegalidade ou abuso de poder, uma vez que a omissão da Receita inviabiliza o acesso a políticas públicas de regularização tributária previstas em lei.

Contudo, não basta ajuizar o mandado. A atuação estratégica exige também despachos com o juiz da causa, especialmente em casos com urgência, como quando há prazo-limite de adesão a editais específicos da PGFN. O diálogo técnico com o magistrado, sustentado por fundamentos legais, dados da empresa e simulações de adesão, é fundamental para demonstrar a relevância e viabilidade econômica da medida liminar, que, quando concedida, possibilita o redirecionamento do crédito e a posterior adesão a programas com até 70% de desconto.

Para ilustrar esse impacto, cito o caso concreto de um cliente que tinha uma dívida expressiva na Receita Federal. No cenário original, para aderir ao parcelamento ordinário, a entrada exigida para sua regularização totalizava R$ 1.142.915,26, valor incompatível com a realidade financeira da empresa. Contudo, ao encaminharmos os débitos para a Procuradoria e trabalharmos uma adesão estratégica ao parcelamento, conseguimos, já na fase inicial, reduzir o valor da entrada para apenas R$ 196.749,22.

Essa diferença representou um fôlego de caixa imediato, tornando viável a regularização fiscal, e permitiu à empresa direcionar recursos para a retomada operacional e a renegociação de contratos, além de viabilizar sua participação em um iminente processo licitatório.

Ao articular a esfera administrativa e judicial com assertividade, a advocacia assume o protagonismo na defesa dos interesses empresariais e promove o acesso à justiça fiscal. Essa etapa, quando bem conduzida, pode representar o marco inicial da virada tributária de empresas em crise, abrindo espaço para reequilíbrio financeiro, reestruturação operacional e retomada do crescimento com segurança jurídica.

IMPEDIMENTOS À TRANSAÇÃO: ESTRATÉGIAS JURÍDICAS PARA QUEBRAR BARREIRAS NA PGFN

Apesar da crescente abertura da Fazenda Nacional para negociações por meio das transações tributárias, muitos contribuintes ainda enfrentam restrições legais e operacionais que os impedem de acessar esses benefícios. O impedimento à transação é uma realidade que afeta diretamente empresas com histórico de rescisão recente de transações junto à PGFN. Nesses casos, a atuação jurídica estratégica torna-se novamente o diferencial entre o agravamento do passivo e a possibilidade real de recuperação.

Uma das primeiras alternativas viáveis nesses casos é o ajuizamento de mandado de segurança com o objetivo de quebrar o impedimento de transação imposto ao contribuinte. A tese jurídica sustenta-se na ilegalidade de restringir o acesso à política pública de transação com base em critérios meramente formais ou desproporcionais, especialmente quando o contribuinte demonstra capacidade de cumprimento e interesse legítimo em regularizar sua situação fiscal.

A fundamentação dessa ação se baseia na Lei n. 13.988/2020, que regulamenta o art. 171 do Código Tributário Nacional (CTN) e permite que, mediante concessões mútuas, a União e os contribuintes resolvam pendências fiscais. Ademais, a transação tributária é um mecanismo de extinção do crédito tributário (art. 156, III, do CTN), não devendo se sujeitar à interpretação estrita do art. 111 do CTN, pois a aplicação rigorosa da vedação pode ser contrária ao interesse da Administração Pública e ao princípio da eficiência (art. 37 da Constituição Federal).

Em diversas ações ajuizadas pela nossa equipe, obtivemos decisões favoráveis e liminares deferidas, garantindo a quebra do impedimento e, consequentemente, a adesão à transação tributária. Essas decisões reforçam o entendimento de que o Poder Judiciário reconhece a urgência e a razoabilidade de conceder ao contribuinte um meio legítimo de reorganização tributária, especialmente quando demonstrada a viabilidade da proposta e o interesse público na arrecadação viável.

Nosso primeiro *case* de sucesso envolvendo a quebra de impedimento à transação tributária foi protagonizado por um cliente do Estado do Pará. Na ocasião, ajuizamos mandado de segurança com pedido liminar e obtivemos decisão favorável da 1ª Vara Federal Cível da Seção Judiciária do Pará, no Processo n. 1041192-25.2024.4.01.3900. Na decisão, o magistrado reconheceu a contradição do próprio sistema da PGFN, que, ao mesmo tempo que cria programas de regularização para devedores, impõe entraves para a adesão a eles, mesmo nos casos em que o próprio edital admite a possibilidade de regularização por contribuintes com histórico de rescisão.

De forma clara e enfática, o juiz destacou que "é irrazoável (e até escapa da lógica) criar um programa para atrair devedores tributários, pretender que eles adiram e assim quitem suas dívidas e, ao mesmo tempo, criar obstáculos a essa adesão". Reconheceu ainda que a omissão da PGFN configura ato ilegal, cujo efeito prático é impedir o contribuinte de acessar mecanismos legais de regularização.

A liminar foi deferida, determinando, no prazo de 10 dias, o desbloqueio da modalidade de transação referente a "demais débitos e débitos previdenciários" no sistema PGDAU n. 2/2024. Essa vitória jurídica representa um marco importante na atuação estratégica em face dos obstáculos criados administrativamente, reforçando que a advocacia proativa e bem fundamentada pode reverter cenários de limitação e garantir o acesso efetivo à justiça fiscal.

Após a concessão da liminar, o desbloqueio da modalidade de transação foi devidamente realizado pela PGFN, o que possibilitou a criação das contas e emissão das guias para pagamento. O cliente pôde, então, regularizar seus débitos junto à União de forma viável e juridicamente segura, além disso obteve a tão desejada certidão de regularidade fiscal. O resultado foi não apenas a superação do impedimento que o mantinha à margem das negociações tributárias, mas também a comprovação de que a atuação jurídica estratégica e personalizada é capaz de reverter cenários aparentemente definitivos.

Esse cliente, assim como outros que alcançaram resultados semelhantes mediante decisões judiciais favoráveis obtidas por intermédio de nossa atuação estratégica, manifestou sua total satisfação com os serviços prestados e os resultados obtidos, o que evidencia a eficácia da transação realizada com os descontos devidamente aplicados.

Contudo, nem sempre a via judicial alcança o resultado esperado. Em alguns casos, mesmo com a impetração do mandado de segurança, o juiz não concede a liminar ou entende que não há direito líquido e certo a ser protegido. Nesses contextos, é preciso avançar para alternativas jurídicas igualmente seguras e eficazes.

Uma das estratégias que temos aplicado com sucesso é a negociação das dívidas na pessoa física do sócio responsável. Embora a PGFN sustente que essa manobra poderia configurar tentativa de burlar o sistema de impedimento, a prática demonstra que em nenhuma das situações em que atuamos com essa abordagem houve qualquer tipo de contestação formal por parte da Procuradoria ou rescisão da transação firmada no CPF do sócio.

Trata-se, portanto, de um meio legítimo de alcançar a regularidade fiscal, sobretudo quando a responsabilidade tributária já foi redirecionada para a pessoa física ou está em vias de ser discutida judicialmente. Nesses casos, a adesão a um edital de transação com descontos substanciais pode garantir fôlego financeiro e segurança jurídica imediata, além de impedir novas medidas coercitivas da Fazenda.

Outra estratégia amplamente aplicável para empresas impedidas de transacionar é a propositura do Negócio Jurídico Processual (NJP). O NJP tem sido utilizado como um instrumento de negociação direta com a PGFN, com o objetivo de suspender execuções fiscais e formalizar condições específicas de pagamento ou quitação, ainda que fora dos moldes tradicionais da transação.

O NJP é um instituto do Código de Processo Civil (CPC) brasileiro que permite às partes ajustarem, de comum acordo, aspectos procedimentais em um processo judicial. Previsto nos arts. 190 e 191 do CPC/2015, ele visa flexibilizar o procedimento para atender às necessidades específicas das partes, desde que respeitados os limites legais. As partes podem estipular mudanças no procedimento e convencionar sobre ônus, poderes e deveres processuais, antes ou durante o processo, e também podem fixar um calendário para a prática de atos processuais em comum acordo com o juiz.

Mesmo sem os benefícios de desconto ou parcelamento alongado, o NJP permite negociar cláusulas específicas de execução, prazos, garantias e outras medidas que reduzem o impacto do passivo tributário. Além disso, funciona como um acordo processual capaz de impedir bloqueios bancários, leilões de bens e outras medidas executivas comumente determinadas nas execuções fiscais, viabilizando a continuidade das atividades da empresa.

Assim, mesmo diante do impedimento formal à transação, a advocacia tributária atual dispõe de um leque estratégico de alternativas jurídicas, capazes de preservar a saúde fiscal das empresas e de mitigar os riscos de responsabilização de sócios, encerramento forçado das atividades ou inviabilidade contratual com entes públicos e outras empresas do setor privado.

ESTRATÉGIAS PARA A SUSPENSÃO DA EXECUÇÃO FISCAL: PRESERVANDO O FÔLEGO DA EMPRESA DURANTE A NEGOCIAÇÃO

A suspensão da execução fiscal é uma medida crucial para empresas que buscam tempo e estabilidade enquanto conduzem tratativas administrativas ou judiciais voltadas à regularização do passivo tributário. Mais do que uma medida processual, trata-se de um escudo jurídico que preserva o patrimônio e a reputação do contribuinte, especialmente em momentos delicados de reestruturação financeira ou negociação de débitos.

Entre as estratégias que utilizamos frequentemente, destacam-se os pedidos de suspensão baseados em protocolos administrativos de transação individual ou de NJP, que também pode ser realizado diretamente na via judicial. A simples existência de um requerimento administrativo em trâmite junto à PGFN, principalmente quando acompanhado de documentação robusta e demonstração de capacidade de pagamento, pode ser o suficiente para convencer magistrados a suspenderem os atos executivos até que haja decisão final sobre a negociação proposta.

Outra estratégia recorrente é o ajuizamento de mandado de segurança para quebra de impedimento de transação, e a utilização desse processo judicial como fundamento para a suspensão da execução fiscal. Em muitos dos nossos casos, ao demonstrarmos que o contribuinte busca ativamente a regularização fiscal e aguarda uma decisão judicial sobre o desbloqueio para adesão a programas da PGFN, os juízes têm reconhecido a boa-fé da parte e determinado a suspensão da execução enquanto perdura a análise do mandado.

Além disso, é imprescindível reforçar a importância de uma análise técnica minuciosa quanto à prescrição e à prescrição intercorrente. A inércia da Fazenda Pública, caracterizada pela ausência de atos concretos e eficazes de cobrança no curso do processo executivo, pode resultar na extinção da execução fiscal por decurso do prazo legal, nos termos do art. 40 da Lei n. 6.830/80 e da jurisprudência consolidada dos tribunais superiores.

Nesses casos, a decretação da prescrição representa uma solução definitiva e altamente vantajosa para o contribuinte, muitas vezes superior às estratégias de mera suspensão da exigibilidade, pois implica a extinção total do crédito tributário, afastando de forma definitiva o risco de cobrança, protesto ou responsabilização de sócios e terceiros.

Por fim, a depender do caso concreto, é possível ainda invocar o art. 151 do CTN, que enumera as hipóteses de suspensão da exigibilidade do crédito tributário, aplicando-as em conjunto com decisões judiciais, protocolos administrativos ou adesões em andamento. O uso inteligente e articulado desse dispositivo legal tem sido fundamental para suspender execuções mesmo antes da formalização de acordos, desde que haja boa-fé e transparência por parte do contribuinte.

Dessa forma, o caminho da suspensão não apenas assegura tempo estratégico para a empresa se reorganizar como também evita bloqueios em contas bancárias, constrições patrimoniais e outros efeitos colaterais que comprometem a continuidade das atividades. O papel da advocacia, nesse cenário, é antecipar riscos e propor soluções fundamentadas que resguardem os interesses do cliente até a resolução definitiva do passivo.

AGILIDADE ESTRATÉGICA: COMO O PODER JUDICIÁRIO PODE ACELERAR PROCEDIMENTOS ADMINISTRATIVOS NA PGFN

A morosidade administrativa é uma das grandes barreiras enfrentadas por contribuintes que buscam regularizar sua situação fiscal por meio das modalidades disponíveis de negociação com a Fazenda Nacional. Situações como a demora excessiva na análise de pedidos de transação individual ou de revisão da capacidade de pagamento (Capag) comprometem não apenas a previsibilidade jurídica, mas também a saúde financeira das empresas que dependem dessas decisões para acessar os programas legais de regularização tributária.

Nesse contexto, o uso estratégico do mandado de segurança tem se revelado um poderoso instrumento jurídico para acelerar a tramitação de procedimentos administrativos na PGFN, especialmente quando demonstrada a urgência e a relevância do pedido.

Amparados pelos princípios constitucionais da eficiência, razoabilidade e proporcionalidade, os contribuintes podem e devem recorrer ao Poder Judiciário quando a demora na resposta administrativa compromete o direito à regularização fiscal ou impede o exercício de oportunidades legais, como a adesão a editais com prazos limitados.

Um caso emblemático em nossa atuação envolveu uma empresa em processo de recuperação judicial, cujo pedido de transação individual junto à PGFN se arrastava por mais de 180 dias sem qualquer manifestação. A morosidade colocava em risco o cumprimento do plano de recuperação homologado judicialmente e impedia o acesso às condições especiais oferecidas pela Fazenda Nacional para contribuintes nessa situação.

Diante do cenário, ajuizamos um mandado de segurança com pedido liminar, argumentando que a inércia da PGFN violava o art. 5º, XXXIV e LXXVIII, da Constituição Federal, que consagra o direito de petição e da razoável duração dos processos administrativos. A decisão judicial foi favorável, com deferimento de liminar que determinou o prazo de 30 dias para que a PGFN analisasse o requerimento.

O mesmo entendimento pode e deve ser aplicado aos pedidos de revisão da Capag protocolados, pois a análise da capacidade de pagamento é um dos principais critérios para definição das condições de desconto e parcelamento nas modalidades da PGFN, sendo, portanto, elemento central nas estratégias de redução de passivo.

Apesar do protocolo administrativo e da documentação robusta apresentada, a PGFN por diversas vezes permanece inerte por período superior ao razoável. Assim, é cabível acionar o Judiciário por meio de mandado de segurança para obter liminar que obrigue à análise do pedido em prazo fixado. Essa medida possibilitará não apenas a conclusão do processo administrativo, mas o acesso imediato a uma nova transação com condições mais vantajosas.

O Judiciário pode funcionar como aliado do contribuinte, não apenas em litígios clássicos, mas também como indutor da efetividade administrativa, garantindo que os órgãos públicos respeitem os prazos e as obrigações legais no tratamento dos pedidos tributários. Mais do que uma medida de urgência, o uso do mandado de segurança para acelerar a análise de procedimentos administrativos representa uma estratégia preventiva e de gestão eficiente, com impacto direto na viabilidade da empresa, segurança jurídica e planejamento tributário de curto e médio prazo.

ADVOCACIA PROATIVA E ESTRATÉGICA: O DIFERENCIAL NA REDUÇÃO DE DÍVIDAS TRIBUTÁRIAS

A redução significativa de dívidas tributárias, especialmente em cenário de alta complexidade normativa e restrições administrativas, não se alcança apenas com o ajuizamento de petições e a invocação literal de dispositivos legais. O verdadeiro diferencial está na advocacia proativa, que atua para além da letra da lei, antecipando riscos, identificando oportunidades e construindo soluções personalizadas para cada contribuinte.

Essa postura exige constante reforço das teses apresentadas, seja por meio de memoriais escritos ou de despachos diretos com magistrados, sempre ressaltando a urgência e a relevância econômica da análise célere do caso do cliente. Mais do que redigir peças processuais consistentes, é fundamental acompanhar ativamente cada etapa do processo, assegurando que nenhum detalhe jurídico ou fático relevante passe despercebido.

A advocacia tributária contemporânea demanda, ainda, pensar fora da caixa. Isso significa que, mesmo quando inexistem argumentos jurídicos claros ou previsões legais específicas, é possível articular medidas criativas, fundamentadas nos princípios constitucionais e na lógica do sistema tributário, para proteger os direitos do contribuinte e viabilizar soluções concretas.

Em um dos casos que ilustram bem essa atuação diferenciada, representamos um cliente que havia aderido a uma transação tributária. Um atraso de poucos dias no pagamento levou a PGFN a cancelar o acordo. No entanto, em menos de 7 dias o valor devido foi quitado e o próprio sistema restabeleceu a transação. Apesar disso, o débito foi indevidamente protestado. Mesmo sem previsão legal clara para impedir o protesto nessa situação, ajuizamos mandado de segurança, demonstrando a ausência de justa causa para a manutenção da restrição. A liminar foi concedida e o protesto foi retirado, preservando a imagem e a credibilidade comercial da empresa.

Outro exemplo envolve um cliente que, após atraso de poucos dias no pagamento de parcela, teve sua transação cancelada. Ao tentar nova adesão, constatou que sua Capag havia sido alterada para um nível que não permitia qualquer desconto, o que inviabilizou financeiramente a negociação. Ingressamos com mandado de segurança sob o fundamento de que, em razão de o atraso ter sido mínimo, o contribuinte deveria ter sido formalmente notificado antes do cancelamento. O juiz acolheu os argumentos e determinou o restabelecimento da transação original, com todos os descontos previstos, garantindo um alívio expressivo no passivo tributário.

Esses casos demonstram que, mais do que dominar a legislação, a advocacia tributária de alta *performance* requer postura ativa, análise estratégica e capacidade de adaptação às particularidades de cada cliente. É essa atuação diferenciada que transforma impasses tributários complexos em oportunidades reais de recuperação financeira e regularização fiscal, promovendo não apenas a sobrevivência, mas o fortalecimento das empresas no mercado.

CONSIDERAÇÕES FINAIS

Em um cenário tributário cada vez mais complexo e desafiador, marcado por elevada carga fiscal, constantes alterações legislativas e rigidez administrativa, a redução efetiva de dívidas tributárias não é fruto do acaso, é resultado direto de estratégias jurídicas inteligentes, bem fundamentadas e executadas de forma proativa.

Ao longo deste capítulo, demonstramos que a combinação entre conhecimento técnico e inteligência de negócios é capaz de abrir caminhos que vão desde a esfera administrativa até a judicial, rompendo barreiras impostas por impedimentos, suspendendo execuções fiscais e acelerando análises administrativas estratégicas. Casos concretos comprovam que essa abordagem não apenas garante o acesso a programas de transação e descontos expressivos, mas também preserva o fluxo de caixa e a regularidade fiscal, pilares essenciais para a continuidade das atividades empresariais.

Mais do que aplicar a lei, a advocacia tributária do século XXI atua de forma personalizada e acompanha cada movimento processual de perto. É essa postura que permite identificar oportunidades onde outros veem apenas obstáculos, transformando restrições em soluções e incertezas em segurança jurídica.

O compromisso com a defesa dos interesses do contribuinte exige diálogo constante com magistrados, fundamentação técnica sólida e disposição para inovar, com o objetivo maior de reduzir o passivo tributário, recuperar a saúde financeira e garantir a competitividade empresarial.

A experiência prática e os resultados obtidos reforçam que a advocacia tributária proativa não é apenas uma opção, é uma necessidade vital para conseguirmos ajudar empresas que buscam sobreviver e prosperar no atual ambiente econômico.

Portanto, sempre é bom lembrar, quando estratégia e execução se alinham, o que antes parecia impossível torna-se possível em nossa atuação diária.

REFERÊNCIAS

BRASIL. Justiça Federal da 1ª Região. 1ª Vara Federal Cível da Seção Judiciária do Pará. *Processo n. 1041192-25.2024.4.01.3900*. Pará, 2024.

BRASIL. Lei n. 5.172, de 25 de outubro de 1966. Dispõe sobre o Sistema Tributário Nacional e institui normas gerais de direito tributário aplicáveis à União, Estados e Municípios (Código Tributário Nacional). *Diário Oficial da União*, Brasília, DF, 27 out. 1966. Disponível em: https://www.planalto.gov.br/ccivil_03/leis/l5172compilado.htm. Acesso em: 2 set. 2025.

BRASIL. Lei n. 6.830, de 22 de setembro de 1980. Dispõe sobre a cobrança judicial da Dívida Ativa da Fazenda Pública, e dá outras providências. *Diário Oficial da União*, Brasília, DF, 23 set. 1980. Disponível em: https://www.planalto.gov.br/ccivil_03/leis/l6830.htm. Acesso em: 2 set. 2025.

BRASIL. Lei n. 13.105, de 16 de março de 2015. Código de Processo Civil. *Diário Oficial da União*, Brasília, DF, 17 mar. 2015. Disponível em: https://www.planalto.gov.br/ccivil_03/_ato2015-2018/2015/lei/l13105.htm. Acesso em: 2 set. 2025.

BRASIL. Lei n. 13.988, de 14 de abril de 2020. Dispõe sobre a transação nas hipóteses que especifica. *Diário Oficial da União*, Brasília, DF, 14 abr. 2020. Disponível em: https://www.planalto.gov.br/ccivil_03/_ato2019-2022/2020/lei/l13988.htm. Acesso em: 2 set. 2025.

BRASIL. Ministério da Fazenda. Portaria MF n. 447, de 25 de outubro de 2018. Dispõe sobre a inscrição e o cancelamento de débitos na Dívida Ativa da União. *Diário Oficial da União*. Brasília, DF, 26 out. 2018. Disponível em: https://www.in.gov.br/materia/-/asset_publisher/Kujrw0TZC2Mb/content/id/48744963. Acesso em: 2 set. 2025.

BRASIL. Procuradoria-Geral da Fazenda Nacional. Portaria PGFN n. 33, de 8 de fevereiro de 2018. Dispõe sobre o parcelamento e as condições de negociação de débitos inscritos em dívida ativa da União. *Diário Oficial da União*, Brasília, DF, 9 fev. 2018. Disponível em: https://www.in.gov.br/materia/-/asset_publisher/Kujrw0TZC2Mb/content/id/34405294. Acesso em: 2 set. 2025.

Capítulo 5

Tributação, tecnologia e inovação

Daniel Silos

INTRODUÇÃO

A reforma tributária brasileira representa muito mais do que uma simples alteração nas alíquotas ou na base de cálculo dos impostos; ela se configura como uma profunda e inevitável transformação digital no cenário fiscal do país. Nesse contexto, a capacidade das empresas de se adaptarem não reside apenas na compreensão da nova legislação, mas, crucialmente, na reestruturação de suas infraestruturas tecnológicas e na integração estratégica da inteligência de negócios em suas operações fiscais. O alinhamento intrínseco entre tributação e tecnologia emerge, assim, como um pilar essencial para a competitividade e a sustentabilidade no novo paradigma fiscal.

Este capítulo se propõe a analisar, em profundidade, os impactos da tecnologia e da inovação nos sistemas tributários contemporâneos, com ênfase particular na reforma tributária como um catalisador para essa transformação digital. Abordaremos o papel crítico da infraestrutura de Tecnologia da Informação (TI) na conformidade fiscal, os ajustes mandatórios em sistemas de *Enterprise Resource Planning* (ERP), a integração com plataformas governamentais e a utilização de tecnologias disruptivas, como o *split payment*, a automação de obrigações acessórias e o vasto potencial da Inteligência Artificial (IA) na gestão fiscal. Avaliaremos a capacidade tecnológica das empresas diante das exigências de *compliance* tributário e as oportunidades de inovação que se abrem na área fiscal, baseando-nos em estudos e projeções recentes.

COMPREENDENDO O *SPLIT PAYMENT*: DA OPERAÇÃO FINANCEIRA À INOVAÇÃO TRIBUTÁRIA

O conceito de *split payment*, ou pagamento dividido, não é uma novidade no universo financeiro. Ele é, de fato, utilizado rotineiramente em diversas transações, muitas vezes sem que se perceba. Um exemplo claro é a dinâmica das plataformas de aplicativos de transporte, em que o valor pago pelo usuário é automaticamente bifurcado, sendo uma parcela direcionada à plataforma e outra ao motorista parceiro.

A grande inovação que a reforma tributária brasileira propõe é estender essa lógica ao sistema de arrecadação de tributos. A ideia central é automatizar o pagamento do tributo no próprio ato do recebimento da transação. Em vez de a empresa receber o valor total de uma venda e, posteriormente, efetuar o pagamento da guia de tributos, o prestador de serviço de pagamento (como adquirentes de cartão ou bancos) realizará a bifurcação. Uma parcela será destinada diretamente ao governo a título de tributos, e a outra, o valor líquido, ao fornecedor. Esse mecanismo busca, primordialmente, reduzir a sonegação e a inadimplência, otimizar o recolhimento fiscal, diminuir o custo de conformidade para as empresas e aprimorar a fiscalização. Trata-se de um avanço significativo rumo a um sistema tributário mais eficiente e menos burocrático, embora com notáveis desafios de adaptação para todos os envolvidos.

Impactos no fluxo de caixa e a preocupação com a retenção em excesso

Uma das maiores preocupações de empresários de todos os portes é o impacto direto no fluxo de caixa. O *split payment* reterá o tributo no momento da transação, e a forma como essa retenção será gerenciada é vital para a saúde financeira das empresas. A legislação foi cuidadosamente desenhada com a premissa basilar de não permitir retenção de caixa em excesso. Essa diretriz é crucial, pois experiências internacionais demonstraram que modelos de *split* falharam justamente por reterem tributos sobre o valor bruto da nota, desconsiderando os créditos a que a empresa já fazia jus. Preservar a liquidez das empresas é essencial. O objetivo é que, se houver uma retenção inicial, o valor correspondente aos créditos do contribuinte seja liberado em um prazo máximo de três dias úteis.

Para isso, o modelo conhecido como *split* inteligente *offline* prevê que, após a retenção inicial, o Comitê Gestor (em colaboração com a Receita Federal) verificará a situação tributária do contribuinte. Caso o valor retido já tenha sido coberto por créditos, o excedente será liberado para o fornecedor dentro do prazo estabelecido. O cenário ideal, ainda em fase de concepção e desenvolvimento, é o *split* superinteligente *real time online*, que permitiria uma consulta prévia aos créditos antes da liquidação, liberando apenas o valor líquido já no ato da transação. No entanto, essa modalidade demanda um nível de desenvolvimento tecnológico e um tempo de maturação consideravelmente maiores.

A nova lógica de crédito e o estabelecimento de um ciclo virtuoso

A reforma tributária inaugura uma nova e transformadora dinâmica para o crédito tributário. Diferente do modelo anterior, no qual as empresas acumulavam débitos e apuravam créditos posteriormente, o novo sistema, impulsionado pelo *split*, promete ser mais automático, com a vinculação do débito na competência e o crédito em caixa.

Em outras palavras, as empresas tenderão a buscar parceiros de negócios que demonstrem eficiência e transparência em suas operações fiscais, o que, por sua vez, forçará a formalização e a modernização de toda a cadeia de suprimentos. Essa interdependência marca uma transição do que se pode chamar de "ilhas tributárias" - onde cada empresa gere sua tributação de forma isolada - para um "arquipélago tributário", em que a situação fiscal de uma empresa está intrinsecamente conectada à de seus parceiros na cadeia de valor.

Aprofundando o *split payment*: mecanismos, abrangência e desafios tecnológicos

Em nossa perspectiva como especialistas em Tributação e Inteligência de Negócios (TIN), é fundamental que compreendamos as profundas transformações que a reforma tributária brasileira introduzirá, particularmente no que se refere à digitalização e automação dos processos fiscais. A análise do *split payment*, ou pagamento dividido, revela-se um pilar central dessa reestruturação.

O setor financeiro, por meio de entidades como a Federação Brasileira de Bancos (Febraban) - uma instituição com relevância histórica no cenário nacional, atuante desde 1967 e representando grande parte do segmento bancário -, tem sido fundamental na concepção e no desenvolvimento das soluções necessárias para a implementação dessas novas regras. Compreende-se que a colaboração entre as diversas associações financeiras, como a antiga Confederação Nacional das Instituições Financeiras, a CNF (hoje FIN), é crucial para unificar as visões e garantir a viabilidade de uma solução que perpassará todos os arranjos de pagamento no país.

O *SPLIT PAYMENT*: MECANISMO E ABRANGÊNCIA NOS ARRANJOS DE PAGAMENTO

Para que a aplicação do *split payment* seja eficaz, é fundamental entender a diversidade dos arranjos de pagamento em nosso sistema. Estes são, em essência, as estruturas de participantes que viabilizam um meio de pagamento específico. No contexto brasileiro, destacam-se:

- **Arranjo Pix:** um sistema instantâneo que envolve provedores de serviços de pagamento (PSP), o Banco Central como câmara de liquidação via Sistema de Pagamentos Instantâneos (SPI) e o Dicionário de Chaves (DICT). Sua natureza instantânea e as diferentes modalidades de iniciação (via chave ou QR *code*) apresentam desafios específicos para a integração do *split*.
- **Arranjo de boletos:** caracterizado por uma gestão financeira centralizada, tipicamente pela Núclea. Os boletos, embora não sejam um meio novo, demandam adaptações para a segregação do tributo no momento do pagamento.
- **Arranjo de cartões:** estruturado em um modelo de quatro partes, envolvendo adquirentes, bandeiras e instituições financeiras. A complexidade aqui reside na integração com fluxos já consolidados e na garantia da conformidade tributária.
- **Arranjo TED:** embora considerado um mecanismo mais tradicional, a Transferência Eletrônica Disponível ainda é amplamente utilizada em transações B2B (*Business to Business*). A adaptação da TED para o *split* é particularmente desafiadora devido a sua arquitetura mais antiga e à ausência de campos para informações fiscais detalhadas.

A complexidade da implementação reside justamente em como harmonizar o *split payment* com as particularidades e tecnologias inerentes a cada um desses arranjos, mantendo a segurança e a eficiência operacional.

A salvaguarda legal: art. 48 da Lei Complementar n. 214/2025

Minha análise das disposições legais relativas à reforma tributária aponta para a existência de um mecanismo de contingência que oferece segurança e flexibilidade, especialmente em um projeto da complexidade do *split payment*. O art. 48 da Lei Complementar n. 214/2025 cumpre esse papel.

Essa legislação estabelece que, na ausência da liquidação financeira via *split payment*, o crédito tributário pode ser reconhecido por meio da nota fiscal, seguindo a prática atual. Contudo, o inciso II do referido artigo introduz uma prerrogativa crucial: a possibilidade de o adquirente (comprador) efetuar o recolhimento do tributo em nome do fornecedor. Esse dispositivo permite que, mesmo que o fornecedor não realize o pagamento, o comprador possa fazê-lo para assegurar o próprio crédito, e essa funcionalidade já está sendo desenvolvida em sistemas como o Serviço Federal de Processamento de Dados (Serpro).

Essa previsão legal é transformadora. Ela não apenas protege as empresas da perda de créditos tributários, mas também atua como um poderoso instrumento de combate à sonegação, coibindo práticas como a emissão de "notas frias" ou a atuação de "empresas noteiras" que transacionam documentos fiscais sem a devida operação financeira subjacente. A opcionalidade do *split payment* na fase B2B é, portanto, uma estratégia inteligente que, ao mesmo tempo que permite a adaptação do mercado, cria um ambiente de pressão negocial que naturalmente impulsionará a adesão ao mecanismo.

A CALCULADORA DA CBS E O FUTURO DA INTELIGÊNCIA DE NEGÓCIOS TRIBUTÁRIA

A reforma tributária brasileira, particularmente no que concerne à tributação do consumo, transcende a mera alteração de alíquotas ou regras. Ela catalisa uma profunda transformação digital na forma como as obrigações fiscais serão geridas por empresas e entes governamentais. Nesse cenário de mudança, a atuação do Tributarista de Inteligência de Negócios revela-se indispensável, exigindo não apenas domínio legislativo, mas também uma compreensão apurada das ferramentas tecnológicas que redefinirão o panorama fiscal. Uma das iniciativas mais estratégicas dessa transformação é o projeto-piloto da Calculadora da Contribuição sobre Bens e Serviços (CBS), uma colaboração entre a Receita Federal do Brasil (RFB) e o Serpro. Esse projeto elucida os detalhes e as implicações desse posicionamento como um caso exemplar da interseção entre tributação, tecnologia e inteligência de negócios.

O projeto-piloto da reforma tributária do consumo: um esforço colaborativo

A RFB, em uma iniciativa conjunta com o Serpro, as Secretarias de Fazenda Estaduais (Sefaz) e as administrações tributárias municipais, concebeu um projeto-piloto com o objetivo primordial de fomentar um ambiente de inovação e colaboração federativa. Instituído pela Portaria RFB n. 549, de 13 de junho de 2025, esse piloto visa testar e aprimorar os sistemas necessários para a plena implementação da reforma tributária.

A visão subjacente é inequívoca: convergir para um sistema tributário mais simples, transparente e confiável, por meio da conexão de sistemas e da mitigação de erros impulsionada pela tecnologia. O projeto foi iniciado com um grupo inicial de 50 empresas que já cooperavam com a RFB, seja por sua participação no programa Confia ou em homologações do Sped. A expectativa é expandir significativamente essa base de participantes ao longo dos próximos meses. Essa abordagem colaborativa reflete uma mudança de paradigma fundamental na relação entre o Fisco e o contribuinte. O esforço é de abrangência federativa, integrando estados e municípios na discussão e implementação das novas normas de CBS e IBS. Essa cooperação é um pilar essencial para a construção de um ambiente fiscal mais harmonioso e eficiente, consolidando a reforma tributária como uma autêntica transformação digital na esfera tributária.

Impacto da tecnologia e inovação na conformidade fiscal

A Calculadora da CBS ilustra concretamente como a tecnologia pode ser empregada para revolucionar a conformidade fiscal. Ela opera como uma "revolução silenciosa", pois sua integração ideal se dá de maneira imperceptível dentro dos sistemas de gestão empresarial (ERP). A concepção é a de que o contribuinte utilize seu próprio ERP, sem a necessidade de interações externas ou transferências manuais de dados.

As funcionalidades dessa ferramenta personificam a visão de uma administração tributária 3.0 e o conceito de "*compliance by design*" (conformidade desde a concepção):

- **Motor de cálculo oficial:** garante que o cálculo dos tributos sobre consumo seja executado de maneira uniforme e precisa, traduzindo a legislação em "*Rollers S code*" – código legível por máquinas.
- **Transparência e abertura:** o componente é de código-fonte aberto, permitindo que desenvolvedores o auditem e o integrem diretamente a seus sistemas. Essa abertura estratégica visa democratizar o acesso à tecnologia e acelerar a adaptação das empresas.
- **Simulação e validação pré-emissão:** a calculadora possibilita a simulação e validação de cálculos e da estrutura do documento fiscal antes mesmo de sua emissão. Isso previne erros e aprimora a assertividade, um pilar inabalável da conformidade proativa.
- **Apuração assistida:** mesmo após a emissão e o processamento do documento fiscal pela plataforma da RFB, o sistema identifica "pontos de inconformidade" na apuração assistida, concedendo uma segunda oportunidade para revisão e correção antes da entrega da declaração.

Essa integração, que se inicia na fase de concepção, quando um componente do Fisco está acessível para auxiliar no cumprimento das obrigações antes mesmo da geração do documento fiscal, estabelece um novo marco para a gestão fiscal contemporânea.

Infraestrutura de TI e ajustes em sistemas ERP

A implementação da calculadora impõe às empresas a necessidade de adaptar suas infraestruturas de TI. O projeto-piloto demonstrou as principais vias de acesso e integração:

- **Simulador *online*:** uma interface *web* acessível via navegador, ideal para profissionais que buscam simulações rápidas.
- **Componente de uso local (*offline*):** para profissionais de TI, a calculadora é disponibilizada como uma imagem Docker ou um pacote JAR, permitindo o *download* e a integração direta no ambiente do contribuinte. Essa abordagem garante que o sistema permaneça sob o controle da empresa, minimizando problemas de conexão e impactos no serviço.

Uma documentação técnica detalhada para desenvolvedores de *software*, incluindo uma API (*Application Programming Interface*) completa, está disponível para facilitar essa integração. Essa API oferece serviços para cálculo do tributo, geração de XML, validação de XML e consulta a "dados abertos" (como alíquotas, **cClassTrib** e fundamentação legal). A capacidade de gerar e validar blocos XML dos tributos (CBS, IBS e Imposto Seletivo – IS) para notas fiscais eletrônicas (modelo 55) representa um dos avanços mais práticos. Isso possibilita que os sistemas das empresas gerem automaticamente os grupos de tributos para inserção no documento fiscal e validem a estrutura do documento antes do envio para autorização. Essa funcionalidade é crucial para assegurar a conformidade dos dados estruturados, um desafio comum na adaptação de sistemas ERP às novas exigências fiscais.

A REFORMA TRIBUTÁRIA COMO HABILITADORA DE TECNOLOGIAS DISRUPTIVAS

A Calculadora da CBS não é um fim em si mesma, mas sim uma plataforma robusta para a materialização de outras tecnologias disruptivas na gestão fiscal. Embora não se detalhe especificamente o *split payment* ou o Drex nesse contexto da Calculadora da CBS, a filosofia subjacente à calculadora (automação, validação na origem, apuração assistida) é intrínseca à viabilidade e eficácia dessas futuras inovações:

- **Automação de obrigações acessórias:** a padronização dos cálculos e a capacidade de gerar e validar blocos XML de forma automatizada são etapas cruciais para a automação de diversas obrigações acessórias, diminuindo significativamente a carga de trabalho manual e o risco de erros.

- **Inteligência Artificial (IA) na gestão fiscal:** o motor de cálculo oficial e a disponibilização de dados abertos criam um ambiente propício para o desenvolvimento de soluções de IA. Sistemas de IA podem alavancar esses dados e regras para otimizar o planejamento tributário, identificar anomalias, prever impactos fiscais e, inclusive, apoiar a auditoria interna de conformidade. A validação estrutural do documento, por exemplo, pode ser aprimorada por algoritmos de IA capazes de aprender padrões de conformidade e detectar desvios.
- **Integração com plataformas governamentais (e-gov, Serpro, Comitê Gestor):** a calculadora, como um componente replicável e integrável, ilustra o modelo de interoperabilidade necessário para a troca de informações em tempo real entre empresas e plataformas governamentais. A Receita Federal e o Serpro, ao disponibilizarem essa ferramenta, estão pavimentando o caminho para uma infraestrutura fiscal verdadeiramente digital e conectada.

DESAFIOS E OPORTUNIDADES: O PAPEL DO TRIBUTARISTA DE INTELIGÊNCIA DE NEGÓCIOS E A CAPACIDADE TECNOLÓGICA DAS EMPRESAS

Apesar dos notáveis avanços, o projeto da calculadora encontra-se em versão beta, o que implica um processo contínuo de aprimoramento. Abordam-se transparentemente as atualizações frequentes (como as tabelas de **cClassTrib**, que podem ser atualizadas a cada 15 dias) e os desafios de manter a ferramenta totalmente alinhada em um cenário legislativo ainda em desenvolvimento. Essa dinamicidade exige das empresas capacidade tecnológica para gerenciar atualizações constantes e preservar a conformidade de seus sistemas.

Para o Tributarista de Inteligência de Negócios, isso se traduz em significativas oportunidades de inovação na área fiscal:

- **Consultoria estratégica:** o Tributarista de Inteligência de Negócios pode auxiliar as empresas na avaliação de sua capacidade tecnológica, na seleção das abordagens de integração mais adequadas (*online vs. offline*, API específicas) e na otimização de seus processos de conformidade.
- **Desenvolvimento de soluções:** a abertura do código-fonte e das API permite que empresas de tecnologia fiscal (TaxTechs) e departamentos de TI internos desenvolvam soluções complementares ou personalizadas, agregando valor à calculadora oficial.
- **Gestão da mudança:** o Tributarista de Inteligência de Negócios será crucial na comunicação e no treinamento das equipes internas sobre as novas

ferramentas e processos, assegurando uma transição fluida para o novo modelo de conformidade.

- **Acompanhamento legislativo e tecnológico:** a imperatividade de manter os sistemas atualizados em relação às mudanças legislativas (cClassTrib, alíquotas, regras) reforça a importância de profissionais que não apenas interpretem a lei, mas também compreendam sua materialização em código e sistemas.

A Receita Federal reconhece a relevância da colaboração contínua, buscando *feedback* da comunidade de TI e dos contribuintes para aperfeiçoar tanto o contato quanto a ferramenta. Essa postura colaborativa é um convite explícito para que o mercado atue ativamente na edificação do futuro da tributação.

CONSIDERAÇÕES FINAIS

A reforma tributária brasileira é, em sua essência, um marco de transformação digital para a gestão fiscal das empresas. Os *insights* fornecidos deixam claro que a tecnologia é o fio condutor indispensável para navegar por esse novo cenário. Desde a adaptação de sistemas de documentos fiscais e ERP, passando pela complexa implementação do *split payment*, até a necessidade de integração profunda com plataformas governamentais e o vasto potencial da IA, cada desafio imposto pela reforma exige uma resposta tecnológica robusta e estratégica.

Para o Tributarista de Inteligência de Negócios, isso significa ir muito além da mera interpretação legal. Significa ser um estrategista que compreende a profunda interconexão entre as normativas fiscais, a infraestrutura de TI e a capacidade analítica. A empresa que conseguir avaliar proativamente sua capacidade tecnológica, investir em soluções inovadoras e integrar a gestão fiscal a sua estratégia de negócios por meio da inteligência de dados estará posicionada não apenas para sobreviver, mas para prosperar e alcançar uma vantagem competitiva significativa no ambiente tributário pós-reforma.

O projeto-piloto da Calculadora da CBS, como exemplificado, e a iminente realidade do *split payment*, representam mais do que meras ferramentas; eles fazem parte de uma nova era na gestão fiscal brasileira. Ao promover a cooperação, a transparência, a validação na origem e a automação, a Receita Federal pavimenta o caminho para um ambiente tributário mais eficiente, previsível e digitalmente integrado.

O futuro da tributação é colaborativo, digital e inteligente. Estar na vanguarda desse movimento, compreendendo e dominando tanto os aspectos legais como os tecnológicos, será o diferencial inestimável para os profissionais que moldarão a próxima geração da gestão fiscal. A capacidade de se adaptar rapidamente, de buscar conhecimento e de investir em *Business Intelligence* será um fator determinante para a sobrevivência e o crescimento das empresas.

A transição será desafiadora e custosa, estendendo-se até 2033, mas é um esforço necessário para um futuro fiscal mais eficiente, justo e transparente no Brasil.

REFERÊNCIAS

BRASIL. *Lei Complementar n. 214, de 30 de dezembro de 2023*. Dispõe sobre a instituição da Contribuição sobre Bens e Serviços – CBS. Disponível em: https://www.planalto.gov.br/ccivil_03/leis/lcp/lcp214.htm. Acesso em: 2 set. 2025.

BRASIL. Receita Federal. *Calculadora do consumo – Calculadora offline*. Disponível em: https://piloto-cbs.tributos.gov.br/servico/calculadora-consumo/calculadora/calculadora-offline. Acesso em: 2 set. 2025.

BRASIL. Receita Federal. *Calculadora do consumo – Documentação*. Disponível em: https://piloto-cbs.tributos.gov.br/servico/calculadora-consumo/calculadora/documentacao. Acesso em: 2 set. 2025.

BRASIL. Receita Federal. *Calculadora do consumo – Regime geral*. Disponível em: https://piloto-cbs.tributos.gov.br/servico/calculadora-consumo/calculadora/regime-geral. Acesso em: 2 set. 2025.

BRASIL. Receita Federal. *Portal da Receita Federal*. Disponível em: https://www.gov.br/receitafederal/pt-br. Acesso em: 2 set. 2025.

CONFEDERAÇÃO NACIONAL DAS INSTITUIÇÕES FINANCEIRAS (CNF). Split payment *traz segurança ao modelo tributário, diz diretora da CNF*. Disponível em: https://cnf.org.br/split-payment-traz-seguranca-ao-modelo-tributario-diz-diretora-da-fin/. Acesso em: 2 set. 2025.

FEDERAÇÃO BRASILEIRA DE BANCOS (FEBRABAN). *Portal Febraban*. Disponível em: https://portal.febraban.org.br/paginas/10/pt-br/#. Acesso em: 2 set. 2025.

NÚCLEA. *Matriz de sistemas*. Disponível em: https://www.nuclea.com.br/matriz-de-sistemas/. Acesso em: 2 set. 2025.

SERVIÇO FEDERAL DE PROCESSAMENTO DE DADOS (SERPRO). *Portal Serpro*. Disponível em: https://www.serpro.gov.br/. Acesso em: 2 set. 2025.

Capítulo 6

Capacidade de Pagamento (Capag) como ferramenta estratégica na transação tributária

Helena Pereira Roberto

INTRODUÇÃO

A incorporação sistemática da transação tributária ao ordenamento brasileiro, a partir da promulgação da Lei n. 13.988, de 14 de abril de 2020, inaugurou um modelo mais flexível de composição de débitos inscritos em dívida ativa da União. Diferente do paradigma exclusivamente coercitivo que caracterizava a cobrança fiscal, esse instrumento passou a admitir a adequação das condições de pagamento à efetiva situação econômica do devedor, conciliando o interesse público na recuperação do crédito com a preservação da atividade empresarial e da função social da empresa.

No âmbito da Procuradoria-Geral da Fazenda Nacional (PGFN), esse mecanismo apresenta quatro formatos centrais:

1. **Transação por adesão**, com regramento previamente fixado em editais que definem o perfil dos débitos elegíveis e as condições de quitação.
2. **Transação individual**, destinada a créditos de valor expressivo ou complexidade elevada, admitindo negociação sob medida.
3. **Transação excepcional**, acionada em períodos de crise econômica generalizada ou com impacto setorial relevante.
4. **Transação de pequeno valor**, voltada a dívidas de baixa monta, com rito simplificado.

Apesar das diferenças procedimentais, todas essas modalidades convergem para um elemento nuclear: a Capacidade de Pagamento (Capag). Trata-se de um indicador definido pelo art. 24 da Portaria PGFN n. 6.757/2022, que classifica o contribuinte de “A” (alta capacidade) a “D” (sem capacidade), servindo como referência para a definição de descontos, prazos e valor de entrada.

O texto normativo, entretanto, não oferece metodologia minuciosa para apuração da Capag Efetiva – aquela apresentada pelo próprio contribuinte para contestar ou ajustar a classificação atribuída de forma automática pela PGFN, denominada Capag Presumida. Essa lacuna abre espaço para a atuação estratégica de profissionais especializados na construção de laudos técnicos consistentes, capazes de retratar com precisão a realidade econômico-financeira da empresa.

A vivência prática na elaboração de Capag deferidas pela PGFN evidencia a importância de compreender nuances de cálculo, identificar ativos e passivos de forma criteriosa e ajustar indicadores financeiros para maximizar benefícios. O objetivo deste capítulo é justamente sistematizar esse conhecimento, conjugando base legal, metodologia e exemplos reais, de modo que gestores e tributaristas possam utilizar a Capag como ferramenta de inteligência negocial na redução de passivos.

FUNDAMENTOS E EMBASAMENTO LEGAL DA TRANSAÇÃO TRIBUTÁRIA

A transação tributária configura instrumento de solução consensual de litígios e de recuperação de créditos fiscais cuja aplicação prática, até poucos anos, encontrava amparo apenas pontual em normas esparsas. Sua consolidação ocorreu com a edição da Lei n. 13.988/2020, que passou a disciplinar de forma abrangente a possibilidade de negociação de débitos inscritos em dívida ativa da União, estabelecendo balizas para a concessão de benefícios e condições de pagamento.

No contexto da PGFN, a regulamentação detalhada encontra-se na Portaria PGFN n. 6.757/2022, que descreve as modalidades disponíveis, os requisitos de adesão e os critérios para cálculo de descontos, parcelamentos e exigência de garantias.

As quatro modalidades atualmente praticadas são:

1. **Adesão:** operacionalizada por meio de editais que uniformizam condições para grupos de débitos enquadrados em critérios previamente divulgados.
2. **Individual:** aplicável a passivos de maior vulto ou complexidade, permitindo negociação direta e personalizada com o órgão fazendário.
3. **Excepcional:** utilizada em contextos de crise sistêmica ou setorial, oferecendo condições diferenciadas para viabilizar a continuidade das atividades econômicas.
4. **Pequeno valor:** destinada a créditos de baixo impacto econômico, com rito célere e simplificação documental.

Independentemente da modalidade, a Capag é o elemento decisivo para definição das condições concedidas. Prevista no art. 24 da portaria, essa métrica permite enquadrar o devedor em uma das seguintes faixas:

- A – alta capacidade de pagamento.
- B – capacidade média.
- C – baixa capacidade.
- D – ausência de capacidade.

O enquadramento influencia diretamente os percentuais máximos de redução, a quantidade de parcelas e o valor mínimo de entrada. Quanto menor a capacidade de pagamento apurada, maiores tendem a ser os benefícios oferecidos.

O regulamento, contudo, não estabelece fórmula pública e detalhada para mensuração da Capag Efetiva, abrindo margem para metodologias diferenciadas, fundamentadas em laudos contábeis e econômicos elaborados pelo contribuinte. Essa possibilidade, quando bem explorada, permite corrigir distorções da Capag Presumida – normalmente calculada com base em dados defasados – e alcançar condições negociais mais vantajosas.

METODOLOGIA DE CÁLCULO DA CAPAG

A Capag representa o critério técnico adotado pela Procuradoria-Geral da Fazenda Nacional para enquadrar contribuintes em faixas que condicionam o alcance dos benefícios previstos nas modalidades de transação tributária. A apuração pode ocorrer por dois caminhos distintos, que diferem quanto à origem dos dados e ao grau de aderência à realidade econômico-financeira do devedor.

Capag Presumida (Capag-p)

Corresponde ao cálculo interno e padronizado realizado pela PGFN com base em informações fiscais e cadastrais previamente transmitidas pelo próprio contribuinte a órgãos federais, tais como Escrituração Contábil Fiscal (ECF), Declaração de Débitos e Créditos Tributários Federais (DCTF) e Escrituração Fiscal Digital (EFD).

Por se apoiar em dados históricos, essa modalidade normalmente utiliza balanços e demonstrações de períodos anteriores, podendo refletir situação defasada ou superestimada.

Capag Efetiva (Capag-e)

Consiste na apuração desenvolvida pelo próprio contribuinte – geralmente com suporte de equipe contábil e/ou financeira especializada – para revisão da classificação atribuída pela Capag-p. É formalizada em **laudo técnico**, que apresenta documentação contábil recente, fluxo de caixa e justificativas que retratem de forma precisa a real capacidade de pagamento, ajustando indicadores quando cabível.

A Portaria PGFN n. 6.757/2022 admite expressamente a substituição da Capag-p pela Capag-e, desde que esta demonstre de forma fundamentada que a apuração interna da PGFN não reflete a realidade empresarial.

Embora se fundamente em dados contábeis, a elaboração do laudo Capag demanda análise técnica de natureza financeira, podendo ser conduzida por profissionais habilitados em gestão ou administração, desde que observada a metodologia exigida pela PGFN.

Comparativo entre Capag Presumida e Capag Efetiva

Quadro 1 Comparação entre Capag Presumida e Capag Efefiva

Elemento	Capag Presumida (Capag-p)	Capag Efetiva (Capag-e)
Fonte dos dados	Dados fiscais já declarados (SPED, ECF, DCTF etc.)	Documentação contábil atualizada do contribuinte
Natureza do cálculo	Automática, padronizada e interna à PGFN	Técnica, construída com base contábil e financeira ajustada à realidade empresarial
Atualização dos dados	Defasada: PGFN utiliza informações de até 2 anos anteriores (p. ex., dados de 2023 em 2025)	Atual, com base no último exercício encerrado e em documentos do próprio contribuinte
Possibilidade de ajustes	Não	Sim, mediante justificativas contábeis e técnicas válidas
Grau de aderência à realidade	Médio a baixo, especialmente em situações atípicas ou financeiras deterioradas	Alto, quando bem fundamentado
Influência na classificação	Frequentemente desfavorável, resultando em classificação A ou B	Pode favorecer o enquadramento como C ou D
Possibilidade de revisão	Não prevista administrativamente	Sim, por meio de apresentação formal do Laudo de Capag-e

DCTF: Declaração de Débitos e Créditos Tributários Federais; ECF: Escrituração Contábil Fiscal; PGFN: Procuradoria-Geral da Fazenda Nacional; SPED: Sistema Público de Escrituração Digital.
Fonte: elaborada pela autora.

Critérios objetivos de classificação da Capag

Ainda que a legislação não divulgue parâmetros numéricos expressos, estudos e práticas indicam a seguinte relação entre Capag e dívida consolidada (Migalhas, 2023):

- **Faixa A:** Capag ≥ 2 × dívida.
- **Faixa B:** Capag ≥ 1 × dívida e < 2 × dívida.
- **Faixa C:** Capag ≥ 0,5 × dívida e < 1 × dívida.

- **Faixa D:** Capag < 0,5 × dívida.

O domínio desses intervalos permite ao contribuinte planejar pedidos de revisão com maior previsibilidade, antecipando o impacto da reclassificação tanto no percentual de descontos como nas condições de parcelamento.

Cálculo do desconto

O desconto calculado com base na Capag segue a lógica:

$$\text{Desconto (\%)} = 1 - \left(\frac{\text{Capag}}{\text{Dívida consolidada}} \right)$$

Quanto maior a diferença entre a Capag e o valor total da dívida, maior será o desconto, limitado, em regra, a 65 ou 70% do montante total, conforme os tetos fixados no edital.

Importante: os percentuais de desconto incidem **exclusivamente sobre juros, multas e encargos da dívida ativa**, e não sobre o principal tributário.

Exemplo prático:

- Dívida total (principal + encargos): R$ 100.000,00.
- Principal: R$ 20.000,00.
- Classificação: Capag D (direito à redução integral de juros, multas e encargos).
- Limite do edital: 70% do valor total.

Mesmo com direito a 100% de abatimento sobre encargos, o desconto efetivo será limitado a R$ 70.000,00, devido ao teto do edital. Isso significa que, na prática, **o desconto percentual sobre o total da dívida será inferior ao abatimento aplicado apenas sobre os encargos**, fato que frequentemente causa confusão entre os contribuintes.

Esse entendimento é fundamental para que o contribuinte alinhe expectativas e modele corretamente sua proposta de transação, evitando frustrações no momento da homologação.

Compreendidos os limites e a forma de cálculo do desconto, é possível aplicar esse conhecimento de maneira estratégica, como demonstram os estudos de caso a seguir.

ESTUDOS DE CASO SOBRE REVISÃO ESTRATÉGICA DA CAPAG

A análise prática da aplicação da Capag evidencia seu papel determinante nas negociações tributárias junto à PGFN. A seguir, apresentam-se dois casos reais que demonstram como a reclassificação estratégica pode ampliar benefícios e viabilizar acordos mais vantajosos.

Revisão de Capag deferida pela PGFN

Em um caso concreto, uma empresa inicialmente classificada na faixa A pela Capag-p, com capacidade estimada em aproximadamente R$ 23 milhões, não obtinha descontos relevantes. Após elaboração de laudo Capag-e, fundamentado em dados contábeis recentes, fluxo de caixa real e ajustes legítimos, o resultado foi substancialmente reduzido:

- Geração de Resultados Econômicos (GRE): R$ 0,00 (operacional negativo).
- Ativos realizáveis considerados:
  Títulos de capitalização: R$ 723.776,36 → 50% = R$ 361.888,18.
  Duplicatas a receber: R$ 14.824.482,61 → 10% = R$ 1.482.448,26.
  Investimentos: R$ 2.617.174,24 → 50% = R$ 1.308.587,12.
- Total de PLR ajustado: R$ 3.152.923,56.
- Dívida consolidada: R$ 4.883.208,59.
- Nova classificação: Faixa C → direito a desconto de até 35,43%.

Esse resultado demonstra que a correta mensuração de ativos e a análise detalhada da geração de caixa podem alterar de forma significativa o enquadramento e, consequentemente, os benefícios possíveis.

Reclassificação estratégica em grupo empresarial

Um grupo econômico acumulava aproximadamente R$ 63 milhões em débitos inscritos junto à PGFN, distribuídos entre:

- Empresa A: classificação Capag C (baixa capacidade).
- Empresa B: classificação Capag B (capacidade média).

A estratégia concentrou-se na reclassificação da empresa B, cujo enquadramento mais elevado restringia substancialmente o alcance dos benefícios. Utilizando a metodologia de Fluxo de Caixa Operacional Ajustado, o laudo evidenciou:

- Redução expressiva de faturamento.
- Fluxo de caixa operacional negativo.
- Existência de ativos imobilizados essenciais à continuidade da atividade, justificando sua exclusão do cálculo.

O trabalho técnico foi acompanhado de documentação contábil atualizada, notas explicativas e quadro comparativo entre Capag-p e Capag-e, sustentando de forma consistente o enquadramento pretendido.

Resultado: a PGFN deferiu a reclassificação da empresa B, o que viabilizou a celebração de transação individual do grupo com desconto global de 46% sobre o passivo, além de prazos de pagamento ampliados. Essa reclassificação possibilitou a consolidação de um acordo unificado, preservando a operação das empresas e reduzindo de forma relevante a dívida consolidada.

ANÁLISE CRÍTICA

O primeiro ponto crítico é a falta de padronização legal para a elaboração da Capag Efetiva. A legislação e a regulamentação da PGFN conferem ampla discricionariedade à Administração para aceitar ou não os critérios apresentados nos laudos, sem estabelecer parâmetros objetivos mínimos. Essa lacuna dificulta a previsibilidade jurídica e eleva a complexidade dos pedidos de revisão, exigindo do contribuinte uma atuação técnica altamente qualificada.

Além disso, o modelo da Capag-p, gerado automaticamente com base em dados fiscais, frequentemente apresenta distorções relevantes, sobretudo em empresas que passaram por reestruturações, enfrentam sazonalidades operacionais ou que têm patrimônio elevado, mas com baixa liquidez. Isso faz com que contribuintes com real fragilidade financeira sejam indevidamente enquadrados em faixas superiores, o que inviabiliza o acesso a benefícios adequados.

Outro aspecto relevante é a ausência de critérios específicos sobre o tratamento de ativos e passivos no cálculo da Capag-e. Cada procuradoria regional adota padrões distintos para aceitar exclusões de ativos operacionais, aplicação de deságios ou projeções financeiras negativas, o que gera insegurança jurídica e favorece decisões subjetivas.

Na prática, observa-se também que os sistemas da PGFN ainda carecem de integração com a lógica da Capag-e, limitando a possibilidade de simulações automáticas e dificultando a análise técnica dos servidores responsáveis pela homologação dos pedidos. Isso contribui para a morosidade nos processos de deferimento, que podem comprometer o *timing* estratégico das negociações.

Por fim, a própria lógica de classificação em faixas (A a D), embora útil para decisões administrativas, tende a simplificar excessivamente situações complexas, desconsiderando nuances operacionais, setoriais e regionais que impactam a real capacidade de pagamento do contribuinte.

Propostas de aperfeiçoamento incluem:

- Publicação de um **manual técnico nacional de elaboração da Capag-e**, com parâmetros objetivos mínimos.

- Ampliação do uso de dados setoriais e regionais como moderadores da análise.
- Estabelecimento de um canal consultivo prévio entre contribuintes e PGFN para validação técnica de premissas do laudo.

A consolidação de uma metodologia mais transparente, objetiva e acessível é essencial para que a Capag cumpra sua função: promover justiça fiscal com base na realidade econômica, sem penalizar contribuintes que enfrentam dificuldades genuínas, mas buscam regularizar sua situação com responsabilidade e boa-fé.

CONSIDERAÇÕES FINAIS

A correta compreensão e aplicação da Capacidade de Pagamento (Capag) no contexto da transação tributária representam um diferencial estratégico para contribuintes e profissionais que atuam na gestão de passivos fiscais.

A experiência prática demonstra que a Capag Efetiva, quando elaborada com metodologia clara, documentação robusta e fundamentação consistente, é capaz de corrigir distorções da Capag Presumida, permitindo reclassificações que ampliam prazos de pagamento e viabilizam descontos expressivos sobre encargos.

Os casos analisados evidenciam que, mesmo em passivos elevados, ajustes técnicos bem fundamentados podem alterar significativamente o enquadramento e, consequentemente, o resultado econômico da negociação. A utilização da Capag como ferramenta de inteligência de negócios demanda não apenas conhecimento técnico, mas também visão estratégica para identificar oportunidades e antecipar cenários.

Ainda que a legislação e os editais de transação apresentem lacunas quanto a parâmetros objetivos e modelos padronizados, a prática mostra que a argumentação técnica qualificada, aliada a dados financeiros atualizados, constitui o elemento central para o deferimento de pedidos de revisão de Capag.

Em síntese, a gestão eficiente da Capag não se limita ao cálculo numérico, mas envolve a capacidade de transformar informações financeiras em argumentos jurídicos e estratégicos que sustentem a viabilidade econômica da transação tributária, alinhando os interesses do contribuinte às exigências da PGFN.

REFERÊNCIAS

BRASIL. Lei n. 13.988, de 14 de abril de 2020. Dispõe sobre a transação nas hipóteses que especifica e altera a Lei n. 10.522, de 19 de julho de 2002. *Diário Oficial da União*, Brasília, DF, 14 abr.

2020. Disponível em: http://www.planalto.gov.br/ccivil_03/_ato2019-2022/2020/lei/L13988.htm. Acesso em: 5 ago. 2025.

BRASIL. Ministério da Economia. Procuradoria-Geral da Fazenda Nacional. Portaria PGFN n. 6.757, de 29 de dezembro de 2022. Dispõe sobre a transação na cobrança da dívida ativa da União e do FGTS e sobre os procedimentos para a verificação da capacidade de pagamento dos contribuintes. *Diário Oficial da União, Brasília*, DF, 30 dez. 2022.

BRASIL. Procuradoria-Geral da Fazenda Nacional. *Sobre a capacidade de pagamento (Capag)*. Disponível em: https://www.gov.br/pgfn/pt-br/servicos/perguntas-frequentes/sobre-a-capacidade-de-pagamento. Acesso em: 5 ago. 2025.

MIGALHAS. *Critérios objetivos para classificação da capacidade de pagamento (Capag)*. São Paulo, 2023. Disponível em: https://www.migalhas.com.br. Acesso em: 5 ago. 2025.

PROCURADORIA-GERAL DA FAZENDA NACIONAL (PGFN). *Deferimento de revisão de Capag*. Documento interno, 2023.

[Documento interno] *Laudos técnicos de Capag elaborados pelo autor e deferidos pela PGFN*, 2021-2024.

Capítulo **7**

A realidade da sonegação fiscal no Brasil e como a inteligência tributária e fiscal são necessárias para seu combate

Fernando Steinbruch

INTRODUÇÃO

Com a prática da inteligência de negócios, busca-se primeiramente a coleta de dados brutos que, após analisados, transformam-se em conhecimentos relevantes para a tomada de decisões estratégicas em uma organização. Esses dados podem ser obtidos a partir de diferentes fontes, sejam públicas ou privadas, internas ou externas.

Quando se trata de inteligência tributária e fiscal, é importante salientar que dados isolados, como arrecadação tributária, quantidade ou valor dos autos de infração, não têm valor analítico significativo por si sós. Contudo, quando devidamente tratados e interpretados, esses dados permitem avaliar o nível de sonegação fiscal praticado pelo contribuinte e identificar os impactos dessa conduta sobre os fiscos e sobre a sociedade.

Os fiscos dispõem de avançados recursos de inteligência de modo a identificar possíveis indícios de prática de sonegação por parte dos contribuintes. O uso desses recursos visa aumentar a arrecadação tributária, o que é perfeitamente legítimo.

Por outro lado, existem ferramentas de inteligência tributária à disposição dos contribuintes, permitindo que estes se mantenham em conformidade com a legislação tributária e, assim, evitem eventuais autuações fiscais que poderão resultar em sérios prejuízos às empresas.

No que se refere à compreensão da expressão "evasão fiscal", seguimos o conceito adotado por Carrazza (2020 *apud* Xavier *et al.*, 2022, p. 428): "a evasão fiscal é o ato praticado por aquele que adota uma conduta ilegal com a intenção de não pagar ou reduzir tributos devidos ou, ainda, adiar seu recolhimento".

O que se tem visto no Brasil, recentemente, é uma enorme disposição em sufocar cada vez mais o contribuinte, mas tudo tem limite, e a sanha arrecadatória também deve ter.

No art. 150, IV, da Constituição Federal (Brasil, 1988) está consagrado o **princípio do não confisco**, segundo o qual nenhum tributo poderá ter **efeito confiscatório**. Embora a Constituição não estabeleça um limite objetivo, ou seja, um percentual a partir do qual a tributação será considerada confiscatória, existem outros mecanismos para que se possa mensurar em que momento essa tributação passa a ser confiscatória e, portanto, inconstitucional.

A vedação de tributo com efeito de confisco reforça a ideia de um sistema tributário justo. A norma que veda a tributação confiscatória está direcionada principalmente ao legislador, o qual, ao instituir tributos, deverá graduá-los sem expropriar (Steinbruch, 2008).

Tomando por base a curva de Laffer, podemos afirmar que uma das formas de identificarmos o **limite do suportável**, ou seja, o limite a partir do qual a tributação se tornou confiscatória, é observar quando a gestão dos recursos públicos deixa de ser eficiente para se tornar ineficiente (Steinbruch, 2008).

Uma tributação exagerada que venha a inviabilizar uma atividade econômica estará, sem dúvida, violando o princípio do não confisco.

Para a elaboração deste artigo, foram utilizados dados públicos abertos provenientes da Receita Federal do Brasil, das secretarias de Fazendas estaduais e municipais, bem como do Instituto Brasileiro de Planejamento e Tributação (IBPT).

Foram levantados dados referentes aos autos de infração e à arrecadação tributária nas esferas federal, estadual e municipal, relativos ao ano de 2024.

Este capítulo visa contribuir com a sociedade ao demonstrar como os dados públicos podem ser utilizados para mensurar o montante que deixa de ingressar nos cofres públicos em decorrência da prática da sonegação fiscal, bem como indicar caminhos para que os fiscos aumentem a arrecadação.

PROCEDIMENTOS FISCAIS REALIZADOS PELA RECEITA FEDERAL NAS EMPRESAS

Os autos de infração relativos a tributos federais totalizaram R$ 220,7 bilhões, considerando o valor principal, as multas e as revisões das declarações das pessoas jurídicas, no ano de 2024.

No que se refere à quantidade de autos de infração relativos ao mesmo ano, foram lavrados 57.604, o que representa um aumento de 39,2% em relação ao ano anterior.

Os segmentos econômicos com maior participação no montante de autos de infração no âmbito federal foram:

- Indústria, com R$ 85,3 bilhões (38,5%).
- Prestação de serviços, com R$ 30 bilhões (13,8%).
- Comércio, com R$ 27,2 bilhões (12,3%).

Considerando os dados obtidos por meio dos autos de infração de tributos federais, no ano de 2024 os tributos com maior participação na evasão identificada pela fiscalização foram:

- Imposto de Renda de Pessoa Jurídica (IRPJ), com R$ 91,5 bilhões (42,6%).
- Contribuição Social sobre o Lucro Líquido (CSLL), com R$ 35,4 bilhões (16,5%).
- Contribuição para o Financiamento da Seguridade Social (Cofins), com R$ 20,2 bilhões (9,4%).

AUTUAÇÕES FISCAIS DE ICMS EM TODO O BRASIL

Tendo por base as informações fornecidas pelas secretarias de Fazenda dos estados, em 2024 o montante de autos de infração de Imposto sobre Circulação de Mercadorias e Serviços (ICMS) totalizou R$ 109,5 bilhões, o que representou um crescimento de 39,76% em relação ao ano anterior.

Quanto à quantidade de autos de infração, no mesmo período foram registrados 152.878, o que corresponde a uma redução de 17,59% em comparação com 2023.

AUTUAÇÕES FISCAIS DE ISSQN EM TODO O BRASIL

O somatório das autuações fiscais de Imposto sobre Serviços de Qualquer Natureza (ISSQN) em todo o país, em 2024, alcançou R$ 19,5 bilhões, representando um crescimento de 3,8% em relação ao ano anterior.

Em relação à quantidade de autos de infração, foram registrados, no mesmo período, 443.289, o que corresponde a uma redução de 15,61% em comparação ao ano de 2023.

OS PRINCIPAIS ERROS COMETIDOS PELOS CONTRIBUINTES

Muitos autos de infração são lavrados em razão de condutas voluntárias por parte dos contribuintes, com o objetivo de reduzir ou omitir receitas.

No entanto, é importante ressaltar que um volume significativo de autos tem origem em condutas involuntárias, resultantes de erros ou da falta de informação no momento do cumprimento das obrigações acessórias e do envio das declarações ao Fisco.

Entre os erros mais comuns, destacam-se:

- Grande parte dos autos de infração decorre do cruzamento eletrônico das obrigações acessórias e do compartilhamento de informações entre os fiscos.
- A complexidade da legislação tributária confunde o contribuinte, gerando inconsistências nos lançamentos fiscais.
- O preenchimento incorreto da NCM (código fiscal – Nomenclatura Comum do Mercosul) nas notas fiscais eletrônicas resulta em descrições equivocadas dos produtos e em enquadramento tributário inadequado, o que provoca lançamentos de ofício por parte do Fisco.

Além disso, observa-se um crescimento expressivo na emissão de autos de infração após o mês de novembro em razão do aumento do volume de vendas impulsionado pela *Black Friday* e pelas comercializações típicas de final de ano.

Por esses motivos, é fundamental que o contribuinte conte com o acompanhamento de profissionais especializados, a fim de evitar equívocos e assegurar o correto cumprimento das obrigações acessórias.

ÍNDICE DE AUTOS DE INFRAÇÃO

Com base nos valores dos autos de infração e na arrecadação tributária de 2024, é possível calcular o índice de autos de infração, que representa a relação entre o valor total dos autos de infração e a arrecadação dos respectivos tributos.

Índice de auto de infração federal

O valor dos autos de infração de tributos federais, de contribuintes pessoas jurídicas, é de R$ 220,7 bilhões, enquanto a arrecadação de tributos federais é de R$ 2,6 trilhões. Dessa forma, o índice de auto de infração federal é de 8,48%.

Índice de auto de infração de ICMS

O valor dos autos de infração de ICMS totalizou R$ 109,5 bilhões, com uma arrecadação[1] de R$ 733 bilhões. Assim, o índice de auto de infração de ICMS é de 14,9%.

1 A arrecadação de ICMS referente ao ano de 2024 é estimada, pois os dados de arrecadação referentes aos anos de 2024 e 2025 ainda não haviam sido publicados no *site* do Confaz na data em que este capítulo foi redigido.

Índice de auto de infração de ISSQN

O valor dos autos de infração de ISSQN é de R$ 19 bilhões, enquanto a arrecadação do imposto somou R$ 99 bilhões. Com isso, o índice de auto de infração de ISSQN é de 19,2%.

Índice de auto de infração (consolidado) federal, de ICMS e de ISSQN

A soma da arrecadação dos tributos federais incidentes sobre as pessoas jurídicas, do ICMS e do ISSQN, em 2024 correspondeu a R$ 3,4 trilhões. Os tributos federais correspondem a 76,10% do total, o ICMS corresponde a 21,06% e o ISSQN representa 2,84% do total das arrecadações tributárias. Com base nesses dados, e considerando uma média ponderada, o índice consolidado de autos de infração, para os tributos federais, ICMS e ISSQN, em 2024 foi de 10,13%.

$$(8{,}48 \times 76{,}10) + (14{,}9 \times 21{,}06) + (19{,}2 \times 2{,}84) / 100 = 10{,}13\% \qquad (1)$$

ÍNDICE DE EVASÃO FISCAL

Para que seja possível calcular o índice de evasão fiscal, é importante considerar dois outros aspectos além do índice de auto de infração examinado na seção anterior.

Embora os fiscos realizem um bom trabalho na fiscalização, não conseguem autuar todos os contribuintes que sonegam. Por outro lado, nem todos os autos de infração são efetivamente devidos; muitos deles são extintos mediante processos administrativos ou judiciais.

Assim, para que seja possível calcularmos um índice de evasão fiscal, é necessário considerar os contribuintes que sonegaram mas não foram autuados, bem como o grau de aderência dos autos de infração – ou seja, a proporção de autos de infração que se mantiveram válidos após a exclusão daqueles que foram extintos.

O somatório de autos de infração de tributos federais, ICMS e ISSQN, em 2024 totalizou R$ 349,2 bilhões. Por outro lado, estima-se que o faturamento não declarado pelas empresas importe em R$ 2,66 trilhões por ano, o que corresponderia a uma sonegação de cerca de R$ 487 bilhões por ano[2] (Xavier *et al.*, 2022).

---

2 No estudo de Xavier *et al.* (2022) a evasão fiscal foi estimada em 8% do Produto Interno Bruto (PIB). No entanto, esse estudo foi realizado em 2022, e a sonegação fiscal vem apresentando tendência de queda nos últimos anos. Por esse motivo, optamos por adotar, em nosso trabalho, uma estimativa mais atualizada. Assim, consideramos que a sonegação

Dessa forma, conclui-se que 71% do valor sonegado foi efetivamente autuado.

Por outro lado, tem que se considerar o grau de aderência das autuações fiscais. No Plano Anual de Fiscalização da Receita Federal do Brasil de 2019, consta o grau de aderência das autuações fiscais de 2010 a 2018 (Brasil, 2019). Ocorre, no entanto, que, para efeito de estimarmos uma média de processos administrativos que são julgados improcedentes, devemos nos concentrar nos anos de 2010 a 2012, pois nos anos seguintes aumentou muito o número de processos "em julgamento", o que acabou reduzindo, indevidamente, a quantidade de processos efetivamente julgados como improcedentes. Com base nesse critério, tem-se que a média (2010-2012) dos processos julgados extintos, seja por decisões administrativas e/ou judiciais, é de 25,52%.

Assim, para considerar o grau de aderência dos autos de infração é necessário excluir 25,52% do índice de autos de infração, que é de 10,13%.

Temos, portanto, que a evasão fiscal é a seguinte:

- A evasão estimada máxima é de 14,2%.

$$(10{,}13 / 71) \times 100 = 14{,}2\% \qquad (2)$$

- A evasão estimada mínima é de 7,54%.

$$(10{,}13 \times 0{,}7448) = 7{,}54\% \qquad (3)$$

- A evasão estimada média é de 10,87%.

$$(14{,}2 + 7{,}54) / 2 = 10{,}87\% \qquad (4)$$

CONSIDERAÇÕES FINAIS

Com base nos dados levantados na Receita Federal do Brasil e nas secretarias de Fazenda dos estados e dos municípios referentes aos valores de autos de infração lavrados e à arrecadação tributária, tem-se que, no ano de 2024, foram lavrados autos de infração relativos a tributos federais no valor de R$ 220,7 bilhões. No mesmo período, os autos de infração de ICMS totalizaram R$ 109,5 bilhões, enquanto os de ISSQN somaram R$ 19 bilhões. Tem-se que, no total, os autos de infração de tributos federais, ICMS e ISSQN representaram um montante de R$ 349,2 bilhões.

---

fiscal praticada por contribuintes pessoas jurídicas corresponde a R$ 487 bilhões, o que equivale a cerca de 4% do PIB.

Uma análise comparativa entre os valores lançados em autos de infração relativos a tributos federais, ICMS e ISSQN, entre os anos de 2023 (R$ 312,7 bilhões) e 2024 (R$ 349,2 bilhões), mostra que houve um aumento de 11,66%.

Considerando a totalidade dos procedimentos fiscais realizados – abrangendo tributos federais, ICMS e ISSQN –, verifica-se que no ano de 2023 foram lavrados 752.186 autos de infração, enquanto em 2024 esse número foi de 653.771 autos. Isso representa uma redução de 13,08% na quantidade de autuações de um ano para o outro, envolvendo tributos federais, ICMS e ISSQN.

Portanto, de acordo com os dados apresentados, em 2024 a evasão fiscal representou, em média, 10,87% da arrecadação tributária total oriunda de pessoas jurídicas, considerando as três esferas de governo.

É importante salientar que se trata de uma média da evasão fiscal. No entanto, é recomendável que cada segmento da atividade econômica realize, por meio de estudo técnico específico, a apuração de seu respectivo índice de sonegação fiscal, a fim de subsidiar eventuais tomadas de decisões.

Constata-se que, no exercício de 2024, a arrecadação tributária conjunta dos tributos federais, do ICMS e do ISSQN alcançou o montante de R$ 3,4 trilhões, sendo R$ 2,6 trilhões referentes aos tributos federais, R$ 733 bilhões ao ICMS e R$ 99 bilhões ao ISSQN.

Embora as administrações tributárias se mostrem altamente capacitadas, tanto pela qualidade de seus profissionais como pelo uso de avançados recursos tecnológicos – que possibilitam o processamento célere e seguro das obrigações acessórias, além da identificação de eventuais inconsistências nos respectivos lançamentos –, os valores decorrentes da prática da sonegação fiscal poderiam integrar a base de arrecadação tributária, caso houvesse um incremento na eficiência fiscalizatória.

A adoção de medidas administrativas voltadas ao combate mais efetivo da sonegação fiscal poderia resultar em um importante acréscimo na arrecadação, o que contribuiria para o equilíbrio das contas públicas sem a necessidade de elevação de alíquotas ou da instituição de novos tributos para o financiamento das despesas governamentais.

Na renomada obra *Análise econômica do direito*, Richard Posner demonstrou que todos os institutos de direito poderiam ser explicados por critério de racionalidade intrínseca: a eficiência econômica (*apud* Caliendo, 2009).

O sistema de análise de custos e benefícios funcionaria no direito como uma forma de estímulo ou desincentivo a determinadas condutas, de modo que a função do direito em uma perspectiva econômica seria modificar a modulação dos incentivos (Caliendo, 2009).

Assim, uma conduta ilícita, como a sonegação, deve ser combatida e punida. O que não se pode admitir é que a ineficiência da fiscalização no combate à sonegação seja "brindada" com um aumento da carga tributária, punindo, assim, o contribuinte que cumpre regularmente sua obrigação.

Os contribuintes não são uma fonte inesgotável de extração de receita. Há um limite – inclusive constitucional –, e esse limite deve ser respeitado, o que, com frequência, não ocorre.

Portanto, o caminho a ser perseguido deve ser o da eficiência na gestão dos recursos públicos, ao invés de uma tributação desmedida que venha inviabilizar a atividade econômica e afrontar o princípio constitucional do não confisco.

REFERÊNCIAS

BRASIL. *Constituição da República Federativa do Brasil de 1988*. Brasília, DF, 1988. Disponível em: https://www.planalto.gov.br/ccivil_03/constituicao/constituicao.htm. Acesso em: 29 jul. 2025.

BRASIL. Ministério da Ciência, Tecnologia e Inovação. *Lei de Acesso à Informação*. Brasília, DF, 18 ago. 2020. Disponível em: https://www.gov.br/aeb/pt-br/acesso-a-informacao/lei-de-acesso-a-informacao. Acesso em: 29 jul. 2025.

BRASIL. Ministério da Fazenda. Conselho Nacional de Política Fazendária. *Boletim de arrecadação dos tributos estaduais*. Brasília, DF, [2025]. Disponível em: https://www.confaz.fazenda.gov.br/boletim-de-arrecadacao-dos-tributos-estaduais. Acesso em: 29 jul. 2025.

BRASIL. Ministério da Fazenda. Receita Federal. *Plano Anual de Fiscalização 2019*. Brasília, DF, 2019. Disponível em: https://www.gov.br/receitafederal/pt-br/centrais-de-conteudo/publicacoes/relatorios/fiscalizacao/plano-anual-fiscalizacao-2019_resultados-2018.pdf/view. Acesso em: 29 jul. 2025.

CALIENDO, Paulo. *Direito tributário e análise econômica do direito*. Rio de Janeiro: Elsevier, 2009.

CARRAZZA, Roque Antonio. *ICMS*. Salvador: Juspodivm, 2020.

INSTITUTO BRASILEIRO DE PLANEJAMENTO E TRIBUTAÇÃO (IBPT). *[Home page]*. São Paulo: IBPT, [2025]. Disponível em: www.ibpt.org.br. Acesso em: 29 jul. 2025.

SECRETARIAS DE FAZENDA DOS ESTADOS. *Arrecadação tributária e autos de infração*. [*S.l.*]: Sefaz, [2025].

SECRETARIAS DE FAZENDA DOS MUNICÍPIOS. *Arrecadação tributária e autos de infração*. [*S.l.*]: SMF, [2025].

STEINBRUCH, Fernando. *O princípio do não-confisco no direito tributário brasileiro*. 2008. Dissertação (Mestrado em Direito) – Universidade Luterana do Brasil, Canoas, 2008. Disponível em: http://www.dominiopublico.gov.br/pesquisa/PesquisaObraForm.do?select_action=&co_autor=69406. Acesso em: 29 jul. 2025.

XAVIER, Otávio Calçada; PIRES, Sandrerley Ramos; MARQUES, Thyago Carvalho; SOARES, Anderson da Silva. Identificação de evasão fiscal utilizando dados abertos e inteligência artificial. *Revista de Administração Pública*, Rio de Janeiro, v. 56, n. 3, p. 426-440, maio/jun. 2022. Disponível em: https://www.redalyc.org/journal/2410/241071969006/. Acesso em: 29 jul. 2025.

Capítulo **8**

O alvorecer da decisão estratégica: a convergência de Tributação e Inteligência de Negócios

Rafael Amazonas Fernandes do Amaral
Carlos Alberto Pinto

INTRODUÇÃO

O panorama empresarial brasileiro, com seus mais de 23,9 milhões de negócios ativos, apresenta um ecossistema complexo e dinâmico. A maioria esmagadora, **93,6%**, é composta por micro e pequenas empresas, um universo altamente pulverizado que exige uma abordagem estratégica sofisticada. Nesse contexto, a fusão entre **Tributação e Inteligência de Negócios** (TIN) surge como uma força transformadora. Essa abordagem transcende a visão tradicional de dados fiscais e públicos como meras obrigações burocráticas, redefinindo-os como ativos estratégicos poderosos. Ao cruzar e analisar esses dados, executivos obtêm uma visão preditiva e abrangente do mercado, capacitando-os a modelar cenários realistas e tomar decisões de expansão com maior precisão e confiança.

A eficácia da TIN é fundamentada na robustez dos dados públicos e fiscais brasileiros. A quase totalidade de empresas ativas no país garante que as análises se baseiem em estatísticas reais, em vez de estimativas pontuais. A granularidade desses dados permite uma segmentação cirúrgica por Unidade Federativa (UF), setor de atividade, porte da empresa e regime tributário. Mais do que isso, a atualização contínua dessas informações possibilita o monitoramento em tempo real do ambiente de negócios. Essa combinação de volume, granularidade e atualidade é o que torna os dados públicos a base ideal para a construção de modelos preditivos e análises avançadas.

FUNDAMENTOS E MECANISMOS DA TIN: A ARQUITETURA DE DADOS ESTRATÉGICOS

A **TIN** não é apenas a coleta de dados, mas sim sua **interseção inteligente**. Ela se baseia no cruzamento de dados tributários – como a Classificação Nacional de Atividades Econômicas (CNAE), a Nomenclatura Comum do Mercosul (NCM) e o regime tributário – com métricas de negócio, como receita, localização geográfica e escala operacional. Essa sinergia cria um "tecido analítico" que serve de alicerce para decisões de prospecção, precificação e expansão de mercado.

A tecnologia atua como o motor dessa revolução. Ao processar milhões de registros, ela detecta padrões e sinais que seria impossível identificar manualmente. A partir de amostras estaduais ou regionais, a tecnologia extrapola tendências, gerando ***insights* preditivos acionáveis**. Ferramentas como o **Empresômetro** oferecem uma base de dados estruturada de mais de 21 milhões de empresas, fornecendo estatísticas detalhadas por setor, porte, regime e UF. Essa base de dados permite não apenas consultas pontuais por CNPJ, mas também a realização de análises macro e micro para dimensionar o mercado e identificar oportunidades específicas. A força dos dados públicos reside em sua capacidade de revelar a dinâmica real do mercado.

PROSPECÇÃO INTELIGENTE E OTIMIZAÇÃO DO FUNIL DE VENDAS

A prospecção tradicional muitas vezes se resume a adivinhar "quem pode ser cliente". A **TIN** inverte essa lógica, transformando-a em uma ciência que responde à pergunta "**quem será cliente – e por quê?**". A análise avançada de dados vai além de características estáticas, incorporando indicadores de comportamento, como a abertura de filiais ou a geração de empregos.

Modelos preditivos são treinados para identificar padrões complexos, baseando-se em atributos como CNAE, porte e regime tributário, para determinar o perfil de cliente ideal. O resultado é a geração de um **escore preditivo com explicabilidade** para cada *prospect*. Isso significa que a ferramenta não apenas recomenda um potencial cliente, mas também fornece o "porquê" dessa recomendação. Por exemplo, um modelo pode priorizar empresas de Tecnologia da Informação (TI) no Nordeste que operam sob o regime tributário do Simples Nacional e que apresentaram crescimento recente. Essa abordagem direciona a equipe de vendas para os alvos com maior probabilidade de conversão, otimizando o esforço e reduzindo o **Custo de Aquisição de Clientes** (CAC). O ciclo de vendas se torna mais curto, e o retorno sobre o investimento em prospecção, significativamente maior.

DIMENSIONAMENTO DE MERCADO (*MARKET SIZE*) E ESTRATÉGIA DE CAPTURA (*MARKET SHARE*)

Para o executivo moderno, a compreensão do mercado vai além de "entender". É preciso **dimensionar e projetar**. As métricas de ***Market Size*** e ***Market Share*** são a bússola que orienta essa jornada. Em um mercado com mais de 23 milhões de empresas, o desafio é não apenas saber o tamanho do "bolo", mas onde estão os "pedaços mais suculentos".

A modelagem de mercado se baseia em uma hierarquia de conceitos:

- ***Total Addressable Market* (TAM):** representa o universo potencial máximo de empresas que podem ser seus clientes. A análise de dados permite calcular o TAM de forma precisa, multiplicando o número total de empresas com o perfil ideal pelo *ticket* médio estimado.
- ***Serviceable Addressable Market* (SAM):** é o TAM ajustado para sua área de atuação real, considerando as limitações geográficas, setoriais e de porte de sua empresa.
- ***Serviceable Obtainable Market* (SOM):** esta é a parcela realista do SAM que sua empresa pode capturar. É a meta tangível de *Market Share* que você pode almejar, geralmente entre 10 e 30%, dependendo de sua capacidade e competitividade.

A **TIN** permite ir além de fórmulas estáticas. Ao incorporar variáveis macroeconômicas, como Produto Interno Bruto (PIB) e inflação, a análise de dados projeta cenários futuros, respondendo a perguntas como "e se?" e simulando o impacto de diferentes estratégias. A utilização de bases de dados precisas, como as oferecidas pelo *Empresômetro*, garante que a segmentação do TAM, SAM e SOM seja feita com dados confiáveis, fornecendo uma fundação sólida para o planejamento estratégico.

O DIFERENCIAL COMPETITIVO E A SUSTENTABILIDADE DA ABORDAGEM

A adoção da **TIN** e da análise de dados não é uma simples modernização, mas uma redefinição da capacidade decisória executiva. Os benefícios são tangíveis e cumulativos:

- **Eficiência decisória:** as decisões se tornam mais rápidas e precisas, pois são embasadas em dados reais, e não em suposições ou intuição. A redução do tempo de análise permite que a empresa reaja mais rapidamente às mudanças de mercado.

- **Prospecção otimizada:** ao focar *prospects* com alto potencial de conversão, a empresa reduz seu **CAC**, acelera o ciclo de vendas e aumenta a taxa de conversão.
- **Estratégia orientada por dados:** a empresa pode identificar e focar regiões, setores e canais mais rentáveis, baseando-se em fatos.
- **Vantagem competitiva sustentável:** o uso recorrente e sofisticado de dados públicos e tecnologia cria uma vantagem que é difícil para a concorrência replicar.

ÉTICA, LEGALIDADE E GOVERNANÇA NA ERA DOS DADOS

A revolução da **TIN** exige uma base ética e legal sólida. A análise deve ser conduzida com total transparência, utilizando exclusivamente **dados públicos e lícitos.** Ferramentas como o **Empresômetro** operam em conformidade com a legislação, focando informações corporativas e garantindo a privacidade ao minimizar o uso de dados pessoais, em total alinhamento com a **Lei Geral de Proteção de Dados (LGPD).**

A **governança de dados** é um pilar fundamental dessa abordagem. A implementação de boas práticas, como o versionamento de modelos, a atualização regular das premissas e a auditabilidade das análises, assegura que as decisões sejam tomadas com base em informações transparentes e rastreáveis. A confiabilidade e a legitimidade da análise de dados são tão importantes quanto os resultados que ela gera.

CONSIDERAÇÕES FINAIS: O FUTURO DA DECISÃO ESTRATÉGICA

A fusão de **TIN**, **dados públicos** e **análise avançada** é a chave para o crescimento e a sustentabilidade no competitivo mercado brasileiro. Ela transforma a tomada de decisão, substituindo a intuição pela **previsibilidade e precisão.** Em um universo de mais de 23 milhões de empresas, saber onde e como agir não é um luxo, mas uma necessidade. Aqueles que adotarem essa abordagem estarão aptos a estruturar uma célula de **TIN**, iniciando com um projeto-piloto e, em seguida, escalando os resultados.

O futuro da decisão corporativa não está em tentar adivinhar o mercado, mas em **antecipar com confiança e agir com precisão.** O que sua empresa fará com a capacidade de transformar dados em estratégias de crescimento tangíveis e mensuráveis?

REFERÊNCIAS

AMARAL, Letícia; IBPT. *Imersão online reforma tributária*. Curitiba: IBPT LA, 2024.

BRASIL. *Lei n. 13.709, de 14 de agosto de 2018*. Lei Geral de Proteção de Dados (LGPD). Disponível em: https://www.planalto.gov.br/ccivil_03/_ato2015-2018/2018/lei/l13709.htm. Acesso em: 2 set. 2025.

IBPT. *Empresômetro – Base de dados de empresas*. Disponível em: https://empresometro.com.br/. Acesso em: 2 set. 2025.

Dados empresariais públicos. Receita Federal, Rais, CAGED, IBGE. Diversas consultas realizadas em 2025.

PARTE II

Tributação e Inteligência de Negócios setorial (aplicações por segmento)

Capítulo **9**

Tributação e Inteligência de Negócios no segmento automobilístico

Shirlei de Oliveira Brigolini Porfírio

INTRODUÇÃO

O Brasil ainda concentra a carga tributária nas relações de consumo, não na renda, ao contrário do que ocorre em países mais desenvolvidos. Nesse contexto, a alteração do sistema tributário nacional pela Emenda Constitucional (EC) n. 132/2023 instituiu verdadeira reforma, regulamentada pela Lei Complementar (LC) n. 214/2025, causando sérios impactos no setor automobilístico, que sempre apresentou uma estrutura tributária complexa.

Sabe-se que a reforma tributária visa unificar os tributos de forma menos complexa, mais simples e transparente. Mas será que ela foi capaz de simplificar de fato essa estrutura?

A indústria automotiva faz parte de um dos setores mais importantes da economia brasileira. O setor desempenha papel estratégico na arrecadação de tributos, e gera inúmeros empregos em toda sua cadeia produtiva.

Com a reforma tributária, o Brasil entra no modelo mundial de tributação de IVA dual (Imposto sobre o Valor Agregado), aglutinando os principais tributos atuais em duas vertentes contributivas, a Contribuição Social sobre Bens e Serviços (CBS) e o Imposto sobre Bens e Serviços (IBS).

Outras grandes mudanças que impactam o setor automotivo são a criação do Imposto Seletivo (IS), a não cumulatividade plena, com o aproveitamento integral dos créditos tributários e o princípio do destino.

Este artigo tem o objetivo de analisar as mudanças introduzidas no setor automobilístico pela reforma tributária, inclusive as duras críticas que enfrenta, e de abordar o fato de que o Tributarista de Inteligência de Negócios (TIN) tem o condão de auxiliar para que essas mudanças não impactem o setor de forma danosa.

O QUE AFETA O SEGMENTO AUTOMOBILÍSTICO?

A indústria automobilística é um dos segmentos mais rentáveis na economia do Brasil, principalmente na arrecadação de tributos ao longo de toda a sua cadeia produtiva.

Não é novidade que o Brasil tem uma das maiores cargas tributárias do mundo. Porém, o que poucos sabem é que fazem parte dessa estatística os tributos incidentes sobre veículos automotores – "coisas movidas a motor de propulsão, que circulam por seus próprios meios", conforme conceito definido pelo autor Leandro Paulsen em sua obra *Curso de direito tributário completo* (2025, p. 418).

De acordo com artigo publicado no *TaxGroup* (Radde, 2025), "estimativas apontam que de 30% a 48,6% do valor final de um carro novo corresponde a tributos", e mais: esses percentuais podem "ultrapassar 60% no caso de veículos importados".

Segundo a Associação Nacional dos Fabricantes de Veículos Automotores (Anfavea), a indústria de veículos automotores representa aproximadamente 4% do Produto Interno Bruto (PIB) total do Brasil e 22% do PIB industrial no país (Bortoluzzo *et al.*, 2025).

Nesse contexto, seria praticamente impossível uma reforma tributária como a que foi implantada pela EC n. 132/2023 e regulada pela LC n. 214/2025 não promover mudanças significativas nesse setor.

A fase de testes já se iniciou a partir de julho de 2025, mas a implementação será realizada de maneira escalonada, começando em 2026 e se estendendo até 2033.

Veremos a seguir o que mudou e como de fato afetará o setor.

O IMPOSTO SOBRE O VALOR AGREGADO DUAL

O Imposto sobre Produtos Industrializados (IPI), de competência federal, é um dos principais impostos incidentes sobre os veículos no Brasil. É um tributo não cumulativo, cujo valor pago em cada etapa da produção pode ser abatido nas etapas seguintes, evitando a cobrança em cascata.

O Imposto sobre a Propriedade de Veículos Automotores (IPVA), de competência estadual, após a reforma tributária passou a incidir também sobre veículos aquáticos e aéreos, além dos terrestres, que já eram alvo de incidência, de acordo com a previsão do novo inciso III do § 6º do art. 155 da Constituição Federal de 1988, incluído pela EC n. 132/2023. Esse parágrafo traz também as exceções de veículos imunes ao referido tributo.

Além do IPI e do IPVA, outros importantes tributos incidentes no setor automobilístico são: Imposto sobre Circulação de Mercadorias e Serviços (ICMS), Imposto de Importação (II), Programa de Integração Social (PIS)/Programa de Formação do Patrimônio do Servidor Público (Pasep) e Contribuição para o Financiamento da Seguridade Social (Cofins).

Muito embora a promessa de simplificar a tributação, a chegada do IVA dual (CBS e IBS em substituição de PIS, Cofins, ISS, ICMS e IPI) esbarra em óbices no setor automotivo, detentor de uma estrutura complexa que sempre dependeu de regimes especiais.

Entre os regimes especiais até então aplicados ao setor estão os benefícios de PIS e Cofins monofásicos, e de ICMS com substituição tributária.

Com a reforma tributária, os tributos IPI, PIS e Cofins se reunirão em CBS e os tributos ISS e ICMS se reunirão em IBS, seguindo o modelo dual do IVA, já adotado e bastante funcional em muitos países. Ocorre que a alíquota de IVA prevista para o Brasil será uma das maiores do mundo.

O diferencial do IVA nacional com relação a outros países será a criação de um Comitê Gestor para administrar, centralizar a arrecadação dos tributos e distribuir os recursos pelos Entes Federativos.

No entanto, uma das críticas que a junção dos tributos federais e estaduais enfrenta no modelo dual é que acaba impondo limites à autonomia dos Entes Federativos no tocante à concessão de incentivos fiscais direcionados ao setor automobilístico, o que representa riscos à viabilidade de operações cuja competitividade está condicionada à continuidade desses incentivos.

Atrelada a essa, outra mudança provoca crítica: não mais haverá substituição tributária de ICMS, e retirá-lo alterará o modelo de precificação até então adotado ao longo de toda a extensa cadeia produtiva (fabricação de autopeças, montadoras, sistemistas, fornecedores, concessionárias e exportadores).

O Tributarista de Inteligência de Negócios (TIN) poderá atuar de maneira a auxiliar as empresas e seus contadores a passarem por essa implementação gradual do IVA dual de forma mais acertada.

O imposto seletivo

O imposto seletivo está sendo chamado de **Imposto do Pecado**, pois sua criação visa coibir ou diminuir o consumo de produtos prejudiciais à saúde ou ao meio ambiente, correspondente a uma sobretaxação que não gera créditos e é cumulativa.

No caso do setor automotivo, o objetivo original era incentivar a produção de veículos com motor elétrico ou híbridos (elétrico com biocombustíveis). Todavia, esse tributo não será aplicado exclusivamente a veículos que dependam apenas de combustíveis fósseis. Está para ser aplicado também em veículos de motor elétrico, porque eles promovem poluição indireta, como o descarte de baterias. Isso denota uma flagrante dicotomia, gerando uma incerteza generalizada sobre até que ponto o novo tributo refletirá sobre as indústrias do setor e em quanto afetará a precificação para o consumidor final.

Contudo, os caminhões, por corresponderem à hegemonia do transporte rodoviário no país, não serão sobretaxados pelo IS, independentemente do tipo de motor e de combustível. Isso porque o consumidor final seria excessivamente onerado com o aumento no frete e a elevação dos produtos que são transportados pelas rodovias.

O setor automotivo também é essencial para a mobilidade urbana e sempre obteve incentivos fiscais, dentre os quais destacamos a Lei n. 9.440/97, a Lei n. 9.826/99 e a Lei n. 13.755/2018. Justamente em razão desse fato, a reforma tributária não extinguiu completamente os benefícios fiscais existentes para o setor, mantendo algumas vantagens.

As leis supracitadas já beneficiavam empresas localizadas nas regiões Norte, Nordeste e Centro-Oeste, incentivando a indústria na produção de veículos movidos a energia elétrica e de veículos que utilizem biocombustíveis. Essas mesmas indústrias, localizadas nas mesmas regiões e cujos veículos sejam movidos dessa forma, terão direito a crédito presumido no CBS até ao menos 31 de dezembro de 2032.

As alíquotas do IS variarão conforme o tipo de bens e serviços classificados no Anexo XVII da LC n. 214/2025 e de acordo com o grau de prejudicialidade à saúde ou ao meio ambiente, nos termos definidos em lei ordinária. Segundo informação extraída do *blog* da Confeb (Cursos Especializados em Tributação e Gestão Fiscal da Live University), "a expectativa para 2033 é de que a média das alíquotas esteja entre 25% e 24,5%" (Confeb, 2024).

Quanto aos veículos, as alíquotas serão majoradas com base em critérios como potência, eficiência energética, tecnologias assistivas, carbono e reciclabilidade. Em relação a aeronaves e embarcações, as alíquotas também serão graduadas de acordo com critérios ambientais.

Para veículos cujos proprietários sejam beneficiários de regimes diferenciados, que atenderem às normativas da Receita Federal do Brasil, o IS terá alíquota zero. Também para aeronaves e embarcações a alíquota será zero quando não houver emissão de CO_2 (dióxido de carbono, mais conhecido como gás carbônico) ou se contiver eficiência energético-ambiental elevada.

Uma das maiores críticas ao IS refere-se justamente ao atraso da inserção da tecnologia de motorização elétrica no país, pois isso dificultaria o acesso de toda a classe média aos carros elétricos. Se por acaso o medo se concretizar e houver um atraso na renovação da frota nacional, é fato que veículos mais antigos são mais poluentes e menos seguros. O Ministério do Desenvolvimento,

Indústria, Comércio e Serviços (MDIC), porém, defende que o benefício ao IPI Verde compensará essa sobretaxa.

Em 2024, o governo criou benefícios fiscais com o Programa Nacional Mover (Mobilidade Verde e Inovação), incentivando produção e consumo de modelos menos prejudiciais ao meio ambiente, diferenciando o IPI do IPI Verde, com alíquota zero para veículos híbridos e elétricos, concedendo créditos financeiros proporcionais às inovações tecnológicas utilizadas e reduzindo alíquotas do II para autopeças que não tenham similar no país.

Com a previsão de extinção gradual do IPI, as incertezas sobre como funcionará o IPI Verde afloram no setor.

A assistência do TIN é primordial na verificação do impacto da sobretaxação do IS em cada produto referente a cada fase da cadeia produtiva no setor automobilístico. Entender qual será a alíquota a ser aplicada no caso de incidência do tributo permite a correta precificação do produto. Uma análise consciente e direcionada à inteligência de negócios evita gastos desnecessários.

A não cumulatividade

A finalidade da não cumulatividade é diminuir (ou eliminar) a repercussão econômica da tributação na precificação do produto perante o consumidor final. Ela possibilita a recuperação de créditos ao longo da cadeia de todo o setor produtivo, em cada uma das fases, com fins de promover a neutralidade tributária, permitindo maior tributação a quem efetivamente consome mais produtos/serviços, em harmonia com o princípio da capacidade contributiva.

A proposição de um regime ampliado de creditamento financeiro revela-se um potencial aprimoramento na concretização do princípio da não cumulatividade, especialmente em um setor vertical como é o segmento automobilístico.

Ponto muito positivo para o setor é a não cumulatividade plena, portanto. Haverá o aproveitamento integral dos créditos tributários, com benefícios palpáveis para as indústrias automotivas, colocando um fim ao acúmulo de crédito de ICMS e eliminando o efeito cascata, responsável pelo encarecimento e pela complexidade do sistema tributário nacional.

Para que haja redução da cumulatividade ao longo do período de implantação da normativa, culminando de fato na não cumulatividade plena, será necessária uma fiscalização mais inteligente e adequada do Fisco.

A recuperação de crédito tributário é um serviço clássico para qualquer Tributarista de Inteligência de Negócios (TIN). A verificação de crédito ao longo da cadeia permitirá ao empresário utilizar aquela verba no pagamento de outros tributos, desonerando sua folha e aumentando seu fluxo de caixa, o que pode ser um divisor de águas para o respirar de uma empresa.

O princípio do destino

Outra importante mudança que impactará diretamente o setor automotivo é a adoção do princípio do destino, segundo o qual a arrecadação ocorre no local de consumo final do bem, alcançando o consumidor final e fazendo os estados perderem seu poder de atração. Afinal, algumas indústrias poderão debandar para os locais em que seus maiores consumidores estão, a fim de diminuir a precificação do produto e de aumentar o poder de compra.

A par disso, diante do que dispõe o art. 454 da LC n. 214/2025 – somente não serão onerados produtos industrializados na Zona Franca de Manaus (ZFM) em 2024 ou em projetos aprovados pela Superintendência da Zona Franca de Manaus (Suframa) até janeiro de 2025, desde que tenham alíquota inferior a 6,5% até dezembro de 2023 (Santana, 2025) –, tem-se o fim dos incentivos fiscais para as indústrias automotivas que se localizam na ZFM, o que foi considerado um verdadeiro retrocesso, comprometendo projetos já instalados na região. Contudo, a ZFM é área de proteção fiscal até o ano de 2073, razão pela qual a reforma tributária manteve a isenção de IPI, além de outros incentivos no IBS e na CBS, tentando garantir algum diferencial às indústrias que já se encontram ali instaladas.

Diante da extensão do direito das indústrias automotivas ao crédito presumido no CBS apenas até 2032, outra dúvida paira no ar: se, a partir de 1º de janeiro de 2033, as que estiverem localizadas nas regiões supracitadas ficarão inviabilizadas de manutenir suas atividades nessas regiões e migrarão para localidades geográficas mais próximas a seus consumidores.

A formação do verdadeiro TIN lhe permite facilitar aos gestores da empresa o entendimento dos impactos de uma mudança geográfica da sede empresarial, realizando análise de mercado com base no cruzamento de dados do consumo setorial, analisando riscos e oportunidades.

CONSIDERAÇÕES FINAIS

A reforma tributária produz impactos diretos na cadeia de produção do segmento automobilístico, atingindo as indústrias conforme a região em que estiverem instaladas e interferindo na precificação do produto para o consumidor final.

A esperança de que a reforma tributária traga ganhos econômicos com a implementação do IVA dual no setor automotivo esbarra nos entraves apresentados ao longo deste artigo.

Por isso, as indústrias do setor necessitarão de um olhar mais acurado, e o Tributarista de Inteligência de Negócios poderá auxiliar nesse processo, a fim de que a mudança gradual não atinja o faturamento da empresa, apresentando soluções de diminuição dos custos especialmente com a desoneração da cadeia produtiva.

O *Compliance* Fiscal e a Governança Tributária são atividades primordiais para as empresas melhor se adaptarem às nuances ainda complexas do sistema tributário nacional, que durante os próximos sete anos misturará o novo formato de tributação cumulativamente com o até então aplicado.

O TIN desempenha papel fundamental nessa jornada, demonstrando as possibilidades de elasticidade de demanda, promovendo simulações das alíquotas dos tributos – inclusive com o uso de ferramentas tecnológicas –, identificando riscos e oportunidades para a antecipação do impacto financeiro que empresas do setor sofrerão e buscando formas legais de auxiliá-las.

REFERÊNCIAS

AMBRIZZI, Angelo. Indústria automotiva: o que muda com a reforma tributária? *Marcos Martins Advogados,* 16 fev. 2024. Disponível em: https://www.marcosmartins.adv.br/industria-automotiva-o-que-muda-com-a-reforma-tributaria/. Acesso em: 31 jul. 2025.

BRASIL. Constituição da República Federativa do Brasil de 1988. *Diário Oficial da União,* Brasília, DF, 5 out. 1988. Disponível em: http://www.planalto.gov.br/ccivil_03/constituicao/constituicaocompilado.htm. Acesso em: 7 ago. 2025.

BRASIL. Lei n. 5.172, de 25 de outubro de 1966. Dispõe sobre o Sistema Tributário Nacional e institui normas gerais de direito tributário aplicáveis à União, Estados e Municípios [Código Tributário Nacional]. *Diário Oficial da União,* Brasília, DF, 27 out. 1966, retificado em 31 out. 1966. Disponível em: http://www.planalto.gov.br/ccivil_03/leis/l5172compilado.htm. Acesso em: 7 ago. 2025.

BRASIL. Lei Complementar n. 214, de 16 de janeiro de 2025. Institui o Imposto sobre Bens e Serviços (IBS), a Contribuição Social sobre Bens e Serviços (CBS) e o Imposto Seletivo (IS); cria o Comitê Gestor do IBS e altera a legislação tributária. *Diário Oficial da União,* Brasília, DF, 16 jan. 2025. Disponível em: https://www.planalto.gov.br/ccivil_03/leis/lcp/lcp214.htm. Acesso em: 7 ago. 2025.

BORTOLUZZO, Flavia; RAPOSO, Aline; EVANGELISTA, Sara. E como a reforma tributária impacta o setor automotivo? *Leite de Barros Zanin Advocacia,* 2025. Disponível em: https://lbzadvocacia.com.br/e-como-a-reforma-tributaria-impacta-o-setor-automotivo/. Acesso em: 1 ago. 2025.

BUENO, Matheus; KAZARI, Aline. Setor automotivo: manutenção da carga tributária na saída, mas aumento de créditos nos gastos. *Portal da Reforma Tributária,* 18 dez. 2024. Disponível em: https://www.reformatributaria.com/setor-automotivo-manutencao-da-carga-tributaria-na-saida-mas-aumento-de-creditos-nos-gastos/. Acesso em: 27 jul. 2025.

CAPARROZ, Roberto. *Direito Tributário.* 9. ed. São Paulo: Saraiva Jur, 2025 (Col. Esquematizado).

CONFEB. Reforma tributária e o setor automotivo. *Blog Confeb, Live University,* [Atvi], 29 ago. 2024. Disponível em: https://confeb.liveuniversity.com/blog/reforma-tribut%C3%A1ria-e-o-setor-automotivo?hs_amp=true. Acesso em: 25 jul. 2025.

MONTEIRO FILHO, Fernando de Melo. A reforma tributária e seus impactos estruturais no setor automotivo. *Moisés Freire Advocacia,* 12 jun. 2025. Disponível em: https://moisesfreire.com.

br/a-reforma-tributaria-e-seus-impactos-estruturais-no-setor-automotivo/. Acesso em: 30 jul. 2025.

PAULSEN, Leandro. *Curso de direito tributário completo.* 16. ed. rev. e atual. São Paulo: Saraiva Jur, 2025.

PEIXOTO, Marcelo Magalhães; ESCÓRCIO FILHO, Abel; CALIENDO, Paulo. A não cumulatividade do IPI, do ICMS, do PIS e da Cofins. *Revista Direito Tributário Atual,* n. 57, 2024. DOI: https://doi.org/10.46801/2595-6280.57.14.2024.2585.

RADDE, Leonardo. Reforma Tributária na indústria automobilística: impactos no setor. *TaxGroup,* 16 maio 2025. Disponível em: https://www.taxgroup.com.br/intelligence/reforma-tributaria-na-industria-automobilistica-impactos-no-setor/. Acesso em: 24 jul. 2025.

ROCHA, Melina. Como a Austrália e o Canadá implementaram o IVA. *Revista da Reforma Tributária,* O novo sistema por elas, ano 2, 3. ed., p. 70-72, 2025.

SANTANA, Eduardo Pires. Zona Franca e os dois modelos de IPI e IVA: como fica o diferencial competitivo? *Consultor Jurídico,* 22 maio 2025. Disponível em: https://www.conjur.com.br/2025-mai-22/zona-franca-os-dois-modelos-de-ipi-e-o-iva-como-fica-o-diferencial-competitivo/. Acesso em: 2 ago. 2025.

Capítulo **10**

Tributação e Inteligência de Negócios no segmento da saúde

Otávio Henrique de Sousa Barros
Kaylla Oliveira Carra

INTRODUÇÃO

A tributação detém papel central na sustentabilidade econômico-financeira do sistema de saúde brasileiro. Segundo estudo anual da Receita Federal, esse segmento representou 9,6% do Produto Interno Bruto (PIB) e cerca de 20% dos desembolsos públicos em 2023. Ao mesmo tempo, avanços em ciência de dados permitem que hospitais, clínicas e sociedades médicas adotem a inteligência de negócios para planejar seu passivo fiscal, mitigar riscos e liberar recursos para investimento assistencial.

Diante desse cenário, este capítulo percorre três eixos. Primeiro, expõe a base jurídica que baliza a tributação da saúde, da Constituição às normas infraconstitucionais. Em seguida, compara criticamente os regimes de apuração – Simples Nacional, Lucro Presumido (com a equiparação hospitalar) e Lucro Real –, destacando vantagens e limites de cada modelo. Por fim, as principais mudanças e os impactos esperados com a reforma tributária introduzida pela Emenda Constitucional (EC) n. 132/2023, em um estudo voltado para o setor da saúde. Essa trajetória alinha fundamentos normativos, análise econômica e tecnologia aplicada, oferecendo ao leitor um guia prático para decisões fiscais estratégicas para esse segmento.

EMBASAMENTO LEGAL

Os tributos que incidem sobre a atividade assistencial encontram seus primeiros limites nos arts. 145 e 150 a 152 da Constituição, que impõem a legalidade, a capacidade contributiva e imunidades específicas a serviços essenciais como a saúde, inclusive a obrigação de graduar impostos segundo a força econômica do contribuinte.

No plano infraconstitucional, o art. 9º do Decreto-lei n. 406/68 autoriza sociedades médicas uniprofissionais a recolher Imposto sobre Serviços de Qualquer Natureza (ISS) por valor fixo por profissional, desde que cada sócio responda pessoalmente pelo ato médico e esteja registrado em seu conselho de classe, reduzindo drasticamente a carga para pequenos consultórios. Para tributos federais, o art. 15, § 1º, III, *a*, da Lei n. 9.249/95 institui a chamada equiparação hospitalar, que abaixa as bases de Imposto de Renda da Pessoa Jurídica (IRPJ) e Contribuição Social sobre o Lucro Líquido (CSLL) para 8 e 12% da receita bruta; o Superior Tribunal de Justiça, no Tema n. 217 dos repetitivos, consolidou que o benefício alcança qualquer estabelecimento voltado diretamente à promoção da saúde, mesmo sem leitos de internação, ampliando o alcance econômico da regra.

Por fim, a Receita Federal vem reforçando o controle desses incentivos com plataforma de Inteligência Artificial lançada em 2024 que cruza declarações digitais e redes de relacionamento para detectar fraudes e inconsistências, elevando o nível de conformidade exigido de clínicas e hospitais.

ANÁLISE CRÍTICA DOS REGIMES TRIBUTÁRIOS

O Simples Nacional, disciplinado pela Lei Complementar (LC) n. 123/2006 e regulado pela Resolução CGSN n. 140/2018, destina-se a microempresas e empresas de pequeno porte com receita anual de até R$ 4,8 milhões. Na saúde, as atividades médicas, odontológicas e de diagnóstico em geral enquadram-se nos Anexos III ou V, com alíquota inicial entre 6 e 15,5%. O manual de Perguntas e Respostas da Receita Federal ressalta que o regime é facultativo e que o limite de faturamento deve ser monitorado mensalmente, sob pena de exclusão automática. Embora ofereça recolhimento unificado e menor custo de conformidade, o Simples impõe restrições ao aproveitamento de créditos de Programa de Integração Social (PIS) e Contribuição para o Financiamento da Seguridade Social (Cofins), o que pode elevar o custo efetivo para clínicas com margens reduzidas ou alto consumo de insumos hospitalares.

O Lucro Presumido, previsto nos arts. 13 a 15 da Lei n. 9.249/19 e detalhado no portal da Procuradoria-Geral da Fazenda Nacional, aplica coeficientes presumidos de 32% sobre a receita bruta para serviços de saúde, aos quais se aplicam as alíquotas de 15% de IRPJ e 9% de CSLL. Quando combinado com a equiparação hospitalar, a base de cálculo cai para 8% de IRPJ e 12% de CSLL, resultando em uma carga efetiva frequentemente inferior à do Simples Nacional para faturamentos acima de R$ 4 milhões. Todavia, o contribuinte assume maior complexidade declaratória, precisa recolher PIS e Cofins no regime cumulativo e atende a obrigações acessórias da Escrituração Contábil Fiscal.

Já o Lucro Real é obrigatório para pessoas jurídicas com receita superior a R$ 78 milhões anuais ou que exerçam atividades sujeitas a benefícios fiscais relevantes. O regime exige escrituração contábil completa e ajuste de adições e exclusões previstas na legislação. Em contrapartida, possibilita a compensação integral de prejuízos fiscais e o aproveitamento de créditos de PIS/Cofins não cumulativos, fator vantajoso para grupos hospitalares com grande volume de compras de medicamentos e equipamentos. A seguir, confira-se o Quadro 1 com exemplos práticos.

Quadro 1 Exemplos práticos dos regimes tributários

Regime	Perfil, benefícios e alertas	Exemplo prático
Simples Nacional (LC n. 123/2006; Res. CGSN n. 140/2018)	Destinado a micro e pequenas empresas com receita anual ≤ R$ 4,8 mi. Recolhe oito tributos em uma guia, reduzindo custos de *compliance*. Alíquotas progressivas; atividades médicas enquadram-se nos Anexos III ou V (6 a 15,5%). Não gera crédito de PIS/Cofins, o que pode encarecer operações intensivas em insumos	Clínica de fisioterapia com receita de R$ 1,2 mi/ano e folha ≥ 28% do faturamento cai no Anexo III. A alíquota efetiva fica em ~8,2%, resultando em R$ 98 mil/ano de tributos unificados e entrega de apenas duas declarações principais (PGDAS-D e Defis). Para um negócio ainda em expansão, o fluxo de caixa simples supera a perda de créditos
Lucro Presumido (Lei n. 9.249/95, arts. 13 a 15)	Base presumida de 32% da receita bruta para serviços de saúde; porém, se atendidos os requisitos da equiparação hospitalar, a presunção cai para 8% (IRPJ) e 12% (CSLL). Mantém IRPJ (15% + adicional) e CSLL (9%) sobre a base reduzida; PIS/Cofins em regime cumulativo (3,65%). Obrigações acessórias intermediárias (ECD/ECF), sem necessidade de apuração mensal de resultado	Centro de Diagnóstico por Imagem fatura R$ 6 mi/ano. Usando a equiparação hospitalar: ▪ Base IRPJ = 8% ⇒ R$ 480 mil; tributo ≈ R$ 108 mil ▪ Base CSLL = 12% ⇒ R$ 720 mil; tributo ≈ R$ 64,8 mil ▪ PIS/Cofins (3,65%) ⇒ R$ 219 mil ▪ ISS (2%, município-sede) ⇒ R$ 120 mil. Carga total ≈ 8,5% do faturamento (R$ 511 mil) ▪ Quase 3 p.p. abaixo do Simples, com economia anual de ~R$ 70 mil, compensando o acréscimo de contabilidade formal

(continua)

Quadro 1 Exemplos práticos dos regimes tributários *(continuação)*

Regime	Perfil, benefícios e alertas	Exemplo prático
Lucro Real (Lei n. 9.718/98, art. 14: obrigatória receita > R$ 78 mi)	Apura IRPJ/CSLL sobre o lucro contábil ajustado. Permite compensar prejuízos (30%/ano) e aproveitar plenamente créditos de PIS/Cofins não cumulativos (9,25%). Exige ECD, ECF, e-Social, Bloco K etc.; maior exposição a multas por omissão	Rede hospitalar com receita de R$ 200 mi/ano, margem operacional 10% (lucro = R$ 20 mi) ▪ Créditos de PIS/Cofins sobre compras de R$ 120 mi reduzem a contribuição de 9,25% para ≈ 0,6% da receita ▪ IRPJ (25%) + CSLL (9%) incidem sobre R$ 20 mi ⇒ R$ 6,8 mi (3,4% da receita) ▪ ISS médio 2% ⇒ R$ 4 mi. Carga efetiva ≈ 6% ▪ Menor que a do Lucro Presumido graças à alta dedutibilidade e aos créditos sobre insumos hospitalares

Defis: Declaração de Informações Socioeconômicas e Fiscais; ECD: Escrituração Contábil Digital; ECF: Escrituração Contábil Fiscal; PGDA-S-D: Programa Gerador do Documento de Arrecadação do Simples Nacional – Declaratório; p.p.: pontos percentuais.

A crítica central, portanto, reside no equilíbrio entre simplicidade operacional, carga efetiva de tributos e grau de controle fiscal. A adoção da inteligência de negócios surge como instrumento para mensurar esses fatores em tempo real e apoiar a decisão de mudança ou manutenção do regime, sempre observando os limites legais e as orientações constantes dos atos normativos da Receita Federal.

REFORMA TRIBUTÁRIA: EC N. 132/2023, LC N. 214/2025 E OS IMPACTOS NO SETOR DA SAÚDE

A promulgação da EC n. 132/2023, seguida da recente regulamentação pela LC n. 214/2025, marca uma inflexão histórica na sistemática tributária brasileira. O novo modelo consagra a substituição de cinco tributos – PIS, Cofins, IPI, ICMS e ISS – por um sistema dual de Imposto sobre Valor Agregado: a Contribuição sobre Bens e Serviços (CBS), de competência federal, e o Imposto sobre Bens e Serviços (IBS), de competência compartilhada entre Estados, Distrito Federal e Municípios.

O principal propósito dessa reforma é viabilizar um sistema mais neutro, transparente, simples e eficiente, por meio da ampliação da base de incidência e eliminação da cumulatividade. Contudo, essas transformações suscitam importantes questionamentos no setor da saúde, cujas especificidades operacionais e relevância social demandam tratamento tributário diferenciado.

A CBS e o IBS terão incidência ampla sobre bens materiais, serviços e direitos, com regra de não cumulatividade plena e crédito financeiro integral. A alíquota global estimada para o novo sistema gira em torno de 27,5%, gerando preocupação sobre o possível aumento da carga tributária para prestadores de serviços em geral, notadamente os da área da saúde – caracterizados por alta intensidade de mão de obra e margens reduzidas.

Nesse contexto, a LC n. 214/2025 instituiu redução de 60% na alíquota da CBS e do IBS para serviços de saúde, resultando em carga efetiva aproximada de 10,6%. O benefício fiscal abrange serviços médicos, odontológicos, de enfermagem, fisioterapia, psicologia, exames laboratoriais, terapias ocupacionais, entre outros voltados à promoção, prevenção, diagnóstico e tratamento à saúde humana.

Paralelamente, a reforma cria o Imposto Seletivo (IS), com natureza extrafiscal, aplicável a bens e serviços considerados prejudiciais à saúde ou ao meio ambiente. Ainda que o objetivo declarado seja regulatório, permanece a preocupação com a inclusão indevida de insumos e produtos farmacêuticos com duplo uso – medicinal e recreativo – ou com margens reguladas, como é o caso de materiais hospitalares e medicamentos essenciais.

A operacionalização do novo sistema exigirá robusto *compliance* tributário por parte de clínicas, hospitais, laboratórios e operadoras de planos de saúde. A migração para o modelo de crédito financeiro integral, a necessidade de segregação contábil por regime e a aferição da correta aplicabilidade das reduções exigem revisão de processos internos, sistemas fiscais e parâmetros de precificação de serviços.

A despeito do discurso de neutralidade, a transição entre sistemas poderá gerar efeitos regressivos se não houver um planejamento fiscal consistente, apoiado em simulações, reestruturações contratuais e adaptações operacionais. O setor da saúde, por sua centralidade no pacto social brasileiro, deve ser tratado como área sensível na formulação e aplicação das normas infraconstitucionais tributárias.

INTELIGÊNCIA DE NEGÓCIOS APLICADA AO PLANEJAMENTO FISCAL NA SAÚDE

A crescente complexidade da legislação tributária brasileira impõe ao setor de saúde – notadamente clínicas, hospitais, laboratórios, operadoras de planos e demais prestadores de serviços – a adoção de práticas cada vez mais técnicas e sistematizadas de gestão fiscal. Nesse contexto, a inteligência de negócios desponta como ferramenta fundamental para o aprimoramento do planejamento tributário, viabilizando decisões mais estratégicas, seguras e alinhadas à realidade econômica das organizações de saúde.

O conceito envolve o uso de dados estruturados e não estruturados para gerar *insights* que subsidiem a tomada de decisão. Quando aplicado ao contexto fiscal, permite o mapeamento de regimes tributários, análise comparativa de incidência de tributos diretos e indiretos, projeções de carga tributária, identificação de riscos e oportunidades legais de economia fiscal. No setor da saúde, onde a margem de operação é frequentemente pressionada por custos regulados e alta judicialização, essas análises se tornam determinantes para a sustentabilidade financeira das entidades.

A abertura e a disponibilização de bases públicas de dados pela Procuradoria-Geral da Fazenda Nacional (PGFN) e pela Receita Federal – como os dados abertos de dívida ativa da União – criaram um campo de atuação para o advogado tributarista, que pode, por meio dessas informações, identificar passivos ocultos, avaliar riscos de contratos, classificar fornecedores e auditar parceiros comerciais sob a perspectiva de regularidade fiscal. A mineração inteligente desses dados representa um diferencial competitivo para hospitais e operadoras ao avaliar fusões, aquisições, novos prestadores ou renegociação de contratos.

Para exemplificar a importância e urgência da utilização de dados dessa natureza na regulação de tratamentos da gestão tributária dessas empresas, segundo dados do Ministério da Saúde, hospitais privados e filantropos devem cerca de R$ 34,1 bilhões em dívidas inscritas.

Nesse ambiente, o profissional jurídico que atua com *compliance* tributário e planejamento estratégico deixa de ser um mero executor de obrigações acessórias para se tornar agente ativo na gestão da *performance* fiscal da empresa. Ao integrar os dados contábeis, fiscais, operacionais e regulatórios em painéis interativos, é possível antever impactos de mudanças legislativas – como a transição para CBS e IBS –, calcular cenários alternativos e propor ajustes contratuais ou operacionais que preservem a margem econômica do negócio.

A inteligência de negócios, aliada ao *compliance* tributário, consolida-se como pilar do novo planejamento fiscal estratégico, especialmente para os agentes econômicos da saúde. Em um ambiente cada vez mais regulado, competitivo e orientado por dados, o diferencial estará na capacidade de transformar informação em decisão jurídica com impacto econômico mensurável e sustentável.

IMPACTOS PRÁTICOS DA REFORMA TRIBUTÁRIA NO SETOR DA SAÚDE

A entrada em vigor do novo modelo tributário proposto pela EC n. 132/2023 e regulamentado pela LC n. 214/2025 representa, para o setor da saúde, não apenas uma alteração de alíquotas e códigos fiscais, mas a necessidade de revisão estrutural de modelos de negócio, conformidade contábil e planejamento econômico. A substituição de tributos como PIS, Cofins, ICMS e ISS por um sistema dual baseado em CBS e IBS impõe transformações significativas e imediatas à realidade operacional de clínicas, hospitais, laboratórios, operadoras de planos e profissionais autônomos.

O primeiro impacto concreto reside na magnitude da carga tributária envolvida. Embora a lei complementar estabeleça redução de 60% da alíquota para serviços de saúde, resultando em um percentual aproximado de 10,6% (considerando alíquota padrão de 27,5%), a forma de cálculo e incidência do novo sistema – com base ampla e crédito financeiro – altera significativamente a composição dos custos e a formação de preços dos serviços prestados. A não cumulatividade plena exigirá análise criteriosa da cadeia de insumos e serviços contratados para assegurar o aproveitamento adequado dos créditos.

Outro ponto sensível diz respeito às entidades filantrópicas e beneficentes de assistência à saúde, que gozam de imunidade constitucional (art. 150, VI, *c*, da CF/88) e de isenção tributária na legislação infraconstitucional. A permanência desses benefícios dependerá de sua compatibilização com a nova sistemática, incluindo obrigações acessórias específicas, certificações periódicas e a comprovação de contrapartidas sociais. A ausência de regulamentação detalhada sobre como se dará a aplicação dessas imunidades no âmbito da CBS e IBS gera, por ora, insegurança jurídica.

Do ponto de vista gerencial, os impactos da reforma demandarão revisão de contratos, reorganização societária, avaliação de regimes especiais e redimensionamento de preços e margens operacionais. Profissionais liberais e sociedades uniprofissionais, por exemplo, deverão avaliar se manterão regimes simplificados como o Simples Nacional ou se migrarão para a apuração direta da CBS e do IBS, com crédito presumido ou integral.

A transição entre sistemas será gradual, mas complexa. O planejamento fiscal estratégico deve considerar a fase de convivência dos modelos (2026 a 2032), em que coexistirão tributos antigos e novos, com impacto direto na escrituração, nos sistemas *Enterprise Resource Planning* (ERP) e nas obrigações acessórias. O setor da saúde, por sua relevância social e amplitude econômica, precisará investir em capacitação de equipes, automatização de processos e integração de dados contábil-fiscais.

Em síntese, os impactos práticos da reforma tributária no setor da saúde transcendem a esfera fiscal e alcançam o núcleo da sustentabilidade do modelo assistencial brasileiro. A adoção de estratégias de *compliance*, inteligência de negócios e planejamento tributário avançado torna-se imperativa para a adaptação eficaz ao novo regime e para a preservação da viabilidade econômico-social do setor.

CONSIDERAÇÕES FINAIS

No setor da saúde, a tributação nunca pode ser analisada exclusivamente sob a ótica arrecadatória. Trata-se de uma atividade essencial à dignidade da pessoa humana, ao bem-estar coletivo e aos direitos fundamentais constitucionais. A carga fiscal imposta sobre clínicas, hospitais, laboratórios e profissionais de saúde não apenas impacta a viabilidade econômica desses agentes, mas repercute diretamente na acessibilidade, qualidade e continuidade dos serviços prestados à população.

Nesse cenário, o *compliance* tributário, a governança fiscal e o uso estratégico de ferramentas de inteligência de negócios surgem como diferenciais essenciais para que as organizações de saúde possam responder aos desafios da reforma com segurança jurídica e sustentabilidade. Não se trata apenas de interpretar corretamente a nova legislação, mas de reconstruir processos, revisar contratos, recalibrar preços e reconfigurar modelos de negócio.

Em síntese, o novo regime tributário representa um ponto de inflexão: pode ser a consolidação de um sistema mais racional e eficiente, ou o aprofundamento das distorções históricas do modelo anterior. No setor da saúde, o sucesso dessa transição dependerá de um tripé inafastável: técnica normativa consistente, atuação estratégica dos contribuintes e regulação pública comprometida com o interesse coletivo.

REFERÊNCIAS

INSTITUTO BRASILEIRO DE GEOGRAFIA E ESTATÍSTICA (IBGE). *Conta-Satélite de Saúde – Consumo de bens e serviços de saúde cresce 10,3% em 2021.* Rio de Janeiro, 5 abr. 2024. Disponível em:https://agenciadenoticias.ibge.gov.br/agencia-noticias/2012-agencia-de-noticias/noticias/39675-sob-efeitos-da-pandemia-consumo-de-bens-e-servicos-de-saude-cai-4-4-em-2020-mas-cresce-10-3-em-2021. Acesso em: 7 ago. 2025.

MINISTÉRIO DO PLANEJAMENTO E ORÇAMENTO. *Projeto de Lei Orçamentária Anual 2025 – Mensagem Presidencial.* Brasília, DF, 30 ago. 2024. Disponível em: https://www.gov.br/planejamento/pt-br/assuntos/orcamento/orcamentos-anuais/2025/ploa/ploa_2025_mensagem_presidencial_2024_08_30. Acesso em: 7 ago. 2025.

RECEITA FEDERAL DO BRASIL. *Receita desenvolve ferramenta inovadora capaz de ampliar detecção de fraudes tributárias e aduaneiras.* Brasília, DF, 5 set. 2024. Disponível em:https://www.gov.br/fazenda/pt-br/assuntos/noticias/2024/setembro/receita-desenvolve-ferramenta-inovadora-capaz-de-ampliar-deteccao-de-fraudes-tributarias-e-aduaneiras. Acesso em: 7 ago. 2025.

Capítulo **11**

Tributação e Inteligência de Negócios no segmento do agronegócio brasileiro

Itallo Gustavo de Almeida Leite
Débora Adriana Alves

INTRODUÇÃO

O agronegócio é pilar da economia brasileira, abastecendo o mercado interno e liderando exportações para dezenas de países. Em 2024, respondeu por 23,5% do Produto Interno Bruto (PIB), movimentando R$ 2,72 trilhões, e projeta alcançar quase 30% em 2025. É um setor altamente profissionalizado, que emprega mais de 28 milhões de pessoas e mantém forte presença em tecnologia, sustentabilidade e inovação.

Mesmo com essa relevância, o segmento sofre ciclos de crise provocados por fatores climáticos, variações cambiais, instabilidade nos preços das *commodities* e restrições de crédito. Nesse contexto, a elevada carga tributária e a complexidade do sistema fiscal reduzem a competitividade, comprimindo margens que poderiam ser preservadas por meio de gestão estratégica do passivo tributário, planejamento eficiente e recuperação de créditos.

A aplicação da inteligência de negócios (*Business Intelligence* – BI), aliada a um planejamento tributário robusto e à gestão estruturada do passivo, surge como diferencial competitivo. Ferramentas de BI permitem identificar riscos, mapear oportunidades de economia fiscal e apoiar decisões baseadas em dados confiáveis, enquanto a recuperação de créditos – muitas vezes negligenciada – pode gerar recursos significativos e alívio financeiro imediato para produtores e agroindústrias.

PANORAMA TRIBUTÁRIO DO AGRONEGÓCIO BRASILEIRO (2024-2025)

Em 2024, a contribuição tributária do agronegócio foi estimada em R$ 790,5 bilhões, cerca de 24% da arrecadação nacional. Os principais tributos incidentes incluem Imposto sobre Circulação de Mercadorias e Serviços (ICMS), Programa de Integração Social (PIS)/Contribuição para o Financiamento da Seguridade Social (Cofins), Imposto de Renda de Pessoa Jurídica (IRPJ)/Contribuição Social sobre o Lucro Líquido (CSLL) e Imposto Territorial Rural (ITR). Com a reforma tributária, a carga sobre insumos pode chegar a 10,6%, enquanto serviços ligados ao agro podem alcançar 26,5%.

Na soja, a carga efetiva é de 4,15% no mercado interno e de 16,15% nas exportações; no milho, de 3,23 e 15,23%, respectivamente. Embora moderadas em alguns casos, as alíquotas de exportação ainda comprometem margens e competitividade.

O peso tributário também se estende à logística, fundamental para o setor. Custos de transporte, armazenagem e exportação sofrem a incidência de tributos indiretos que muitas vezes não são recuperados. Segundo Confederação da Agricultura e Pecuária do Brasil (CNA) e Centro de Estudos Avançados em Economia Aplicada (Cepea), em 2024 o custo tributário indireto sobre operações logísticas variou de 6 a 12% do valor exportado. Isso reforça a necessidade de gestão tributária integrada, envolvendo produção, logística e distribuição para preservar margens e ampliar a competitividade.

CAUSAS E CONSEQUÊNCIAS DO ENDIVIDAMENTO RURAL

O endividamento rural é resultado de uma combinação de fatores estruturais, conjunturais e climáticos que afetam diretamente a saúde financeira do produtor. Entre os principais estão a volatilidade dos preços das *commodities*, o alto custo dos insumos, a dependência de crédito rural com juros variáveis e a ocorrência de eventos climáticos extremos, como secas prolongadas e enchentes severas.

Esses elementos, somados à fragilidade na gestão empresarial de algumas propriedades, frequentemente comprometem a capacidade de pagamento no prazo, alimentando ciclos de endividamento. O reflexo é a restrição ao acesso a novas linhas de crédito, a judicialização das dívidas, a perda de patrimônio e, nos casos mais graves, a falência de empreendimentos rurais.

Dados e estatísticas sobre inadimplência

De acordo com o **Monitor do Crédito Rural** da Secretaria de Política Agrícola (Mapa) e relatórios da Procuradoria-Geral da Fazenda Nacional (PGFN), o número de produtores inadimplentes com dívidas ativas da União – especialmente de crédito rural e tributos federais – vem crescendo nos últimos anos. O endividamento bruto do setor é estimado em R$ 230 bilhões, dos quais o seg mento cafeeiro concentra cerca de R$ 11,1 bilhões (Agência Gov e Cocapec). Mais de R$ 50 bilhões já estão inscritos em dívida ativa, limitando o acesso a novos financiamentos.

O programa "Desenrola Rural", voltado à agricultura familiar, pode atender mais de 1,35 milhão de produtores, cerca de 33% dos 5,43 milhões de agricultores familiares aptos ao Programa Nacional de Fortalecimento da Agricultura Familiar – Pronaf (Agência Gov e CNN Brasil), oferecendo descontos que chegam a 96% na quitação de débitos.

Apesar disso, medidas como o Refis Rural e o Programa de Regularização Tributária Rural (PRR), embora tragam alívio temporário, não atacam as causas estruturais do endividamento e nem sempre são viáveis para todos os perfis de produtores, devido a exigências financeiras e limitações operacionais.

O SISTEMA TRIBUTÁRIO BRASILEIRO E SEU IMPACTO NO AGRONEGÓCIO

A tributação do agronegócio envolve tributos diretos e indiretos nas esferas federal, estadual e municipal. A falta de uniformidade legislativa, as alterações constantes e a sobreposição de incidências dificultam o cumprimento das obrigações fiscais, favorecendo autuações, passivos ocultos e perda de competitividade.

A carga efetiva varia conforme o porte da empresa, regime tributário (Simples Nacional, Lucro Presumido ou Lucro Real), a atividade principal (produção, industrialização, comercialização ou exportação) e a localização. Por isso, é essencial uma análise técnica e multidisciplinar para escolher o regime mais vantajoso e acompanhar continuamente a legislação.

No contexto do endividamento rural, esses desafios se intensificam. A ausência de planejamento tributário estruturado e de gestão ativa do passivo fiscal contribui para dívidas que poderiam ser evitadas. Conhecer a estrutura e o funcionamento do sistema tributário é, portanto, um passo fundamental para reduzir custos, ampliar margens e manter a competitividade no setor.

MECANISMOS JURÍDICOS DE REEQUILÍBRIO FINANCEIRO

Diante da elevada carga tributária e da complexidade do sistema fiscal, produtores rurais e empresas do agronegócio precisam conhecer e utilizar instrumentos jurídicos que possibilitem o reequilíbrio financeiro. Essas ferramentas podem atuar tanto na prevenção como na solução de crises, adaptando-se ao porte da operação e à gravidade da situação econômica.

Recuperação judicial, extrajudicial e falência no campo rural

Historicamente, o direito empresarial brasileiro não previa de forma clara a recuperação judicial para produtores rurais. Com a reforma da Lei n. 11.101/2005 pela Lei n. 14.112/2020 e a consolidação da jurisprudência, passou-se a admitir o pedido desde que comprovado o exercício regular da atividade empresarial nos dois anos anteriores (art. 48).

A recuperação extrajudicial exige acordo mínimo com credores e consolidação de débitos negociáveis, algo nem sempre viável no campo devido à pulverização de obrigações, à presença de credores públicos e a exigências formais. Já a falência, embora cabível, é medida extrema, com efeitos severos sobre a produção, os empregos e a função social da propriedade rural.

Limitações dos modelos tradicionais para o produtor rural

Instrumentos como recuperação judicial ou renegociação administrativa com instituições financeiras são, muitas vezes, inacessíveis a pequenos e médios produtores, devido a exigências contábeis, custos processuais e morosidade. A inclusão de dívidas fiscais e com bancos públicos também enfrenta barreiras legais e institucionais, reduzindo sua efetividade.

Diferentemente das grandes corporações, o produtor rural ainda enfrenta entraves como informalidade, falta de assessoria técnica qualificada e dependência de crédito subsidiado, o que limita a adoção dessas soluções.

Necessidade de instrumentos consensuais e céleres

Diante dessas limitações, cresce a demanda por soluções extrajudiciais mais rápidas e adaptadas ao campo. A transação individual, prevista na Lei n. 13.988/2020, permite negociar diretamente com a União, via PGFN, condições compatíveis com a capacidade de pagamento, incluindo descontos, prazos estendidos e flexibilização de garantias.

Essa alternativa alia informalidade e personalização, atendendo às peculiaridades do setor agrícola e aos princípios da função social da propriedade e da atividade econômica.

Gestão do Passivo Tributário (GPT) no agronegócio

A gestão eficaz do passivo tributário vai muito além da simples negociação de dívidas. Trata-se de um conjunto de estratégias integradas que combinam controle rigoroso das obrigações fiscais, prevenção de novas contingências e adoção de medidas para regularização definitiva do passivo existente.

O processo começa com um diagnóstico detalhado da situação fiscal da empresa ou do produtor rural, mapeando débitos, contingências e oportunidades de redução imediata ou definitiva. A partir dessa análise, aplicam-se ferramentas jurídicas e administrativas capazes de gerar impacto real no caixa e na competitividade.

Entre essas ferramentas, destacam-se:

- **Transações tributárias**, que podem alcançar descontos superiores a 70% do valor original, desde que o débito seja corretamente classificado quanto à recuperabilidade pela PGFN.
- **Negócio Jurídico Processual (NJP)**, que permite acordos para suspender execuções fiscais e liberar garantias, restabelecendo a capacidade de investimento.
- **Revisão de Capacidade de Pagamento (Capag)**, possibilitando a reclassificação da capacidade de pagamento e, assim, a obtenção de prazos mais longos e reduções mais expressivas.
- **Análise de prescrição e decadência**, eliminando débitos cuja exigibilidade tenha se extinguido legalmente.
- **Estruturação de *holdings* rurais**, proporcionando blindagem patrimonial, planejamento sucessório e economia fiscal sobre lucros e heranças.

Quando aplicadas de forma estratégica e combinada, essas medidas liberam fluxo de caixa, reduzem litígios e fortalecem a imagem institucional. No agronegócio, em especial, a GPT é decisiva para lidar com a sazonalidade da produção, os riscos climáticos e a volatilidade dos preços, fatores que afetam diretamente a capacidade de pagamento e a sustentabilidade do negócio.

Planejamento tributário como motor de crescimento

O planejamento tributário é uma ferramenta estratégica que vai muito além da escolha de um regime fiscal. No agronegócio, ele representa um processo contínuo e estruturado, capaz de alinhar as operações à legislação vigente, aproveitar incentivos fiscais e reduzir riscos, impactando diretamente a rentabilidade e a sustentabilidade do negócio.

Uma análise criteriosa pode indicar, por exemplo, que a adoção do **Lucro Real**, apesar de mais complexa, permite o aproveitamento integral de créditos de PIS/Cofins sobre insumos, diminuindo a carga tributária efetiva. Em outros casos, o **Lucro Presumido** pode trazer simplificação e menor exposição fiscal, desde que o perfil de receitas e custos justifique essa escolha.

O planejamento tributário também contempla a utilização de **incentivos fiscais regionais**, como os oferecidos por estados do Centro-Oeste para estimular a industrialização de grãos, ou programas de incentivo à exportação que reduzem PIS/Cofins e isentam ICMS. Na agroindústria, benefícios como o crédito presumido estadual podem significar economia de milhões de reais por ano, recursos que podem ser reinvestidos em tecnologia, expansão da área cultivada ou melhoria da infraestrutura logística.

Além disso, programas como a **Lei do Bem** podem ser aplicados a projetos de inovação, desenvolvimento de novas cultivares, sistemas de irrigação mais eficientes ou processos industriais de menor impacto ambiental, gerando economia fiscal e reforçando a imagem sustentável da empresa.

Um planejamento tributário bem estruturado também antecipa mudanças legislativas, como as trazidas pela reforma tributária, permitindo ajustes preventivos em contratos, cadeias de fornecimento e estratégias comerciais. Com isso, evita-se o impacto negativo das alterações e aproveitam-se as oportunidades de redução fiscal, colocando empresas e produtores em posição de vantagem competitiva.

Recuperação de créditos tributários

A recuperação de créditos tributários é uma das estratégias mais eficazes para fortalecer o fluxo de caixa e reduzir a carga fiscal efetiva no agronegócio. Esse processo envolve identificar e aproveitar créditos decorrentes de tributos pagos indevidamente ou a maior, muitas vezes ignorados na rotina empresarial.

No setor, é comum a possibilidade de recuperar **créditos de PIS/Cofins sobre insumos**, **ICMS-ST pago a maior** e **INSS incidente sobre exportações**, entre outros. Em análises criteriosas, é possível reaver valores expressivos pagos nos últimos cinco anos, além de reduzir custos futuros por meio do aproveitamento de créditos de ICMS relacionados à compra de insumos, combustíveis e energia elétrica.

O uso de **metodologias de Tributação com Inteligência de Negócios** – que incluem auditoria retroativa, análise detalhada de XML de notas fiscais e cruzamento de dados com o Sistema Público de Escrituração Digital (SPED) Fiscal e o SPED Contribuições – assegura precisão técnica e segurança jurídica na apuração.

Além disso, o processo pode contemplar:

- Recuperação de créditos de **IPI não aproveitados.**
- Utilização de **saldo credor acumulado de ICMS** por empresas exportadoras.
- Ressarcimento de **PIS/Cofins** em operações com suspensão ou alíquota zero.

Quando conduzida de forma estratégica e fundamentada, a recuperação de créditos não apenas gera retorno financeiro imediato, mas também fortalece a governança tributária, reduz riscos de autuação e contribui para a prevenção de passivos futuros.

A transação individual como alternativa para o agronegócio

A transação tributária, prevista no art. 171 do Código Tributário Nacional (CTN), permite a resolução consensual de litígios mediante concessões mútuas, resultando na extinção do crédito tributário. Conforme destaca Leandro Paulsen (2020, p. 303), "nas relações privadas transaciona-se até mesmo para prevenir litígios; nas tributárias, só para terminá-los".

No Brasil, esse instrumento só foi regulamentado a partir de 2019, com a Medida Provisória n. 899, posteriormente convertida na Lei n. 13.988/2020, que estabeleceu requisitos e limites claros para sua celebração. Entre as condições impostas, destacam-se a desistência e a renúncia a processos administrativos e judiciais relacionados aos débitos negociados.

Conceito e fundamentos legais da transação individual

A transação individual é um mecanismo que possibilita ao contribuinte negociar com a Fazenda Pública condições mais flexíveis para a regularização de débitos inscritos em dívida ativa. Diferente dos parcelamentos tradicionais, ela permite ajustes personalizados de acordo com a capacidade de pagamento do devedor, envolvendo descontos, prazos mais extensos e flexibilização de garantias, sempre observando os princípios da legalidade e da indisponibilidade do interesse público.

No contexto da PGFN, essa modalidade pode ser utilizada para débitos superiores a R$ 10 milhões, seja por adesão ou de forma individual – foco deste capítulo. No agronegócio, tem ganhado relevância ao oferecer alternativas viáveis para produtores em situação de inadimplência, especialmente diante de crises de mercado ou de eventos climáticos adversos.

Aplicações práticas e atuação da PGFN

A Procuradoria-Geral da Fazenda Nacional (PGFN) é o órgão competente para conduzir negociações de transações individuais, conforme regulamenta a Portaria PGFN n. 6.757/2022. Essa norma define critérios como a demonstração de capacidade limitada de pagamento e a classificação do crédito quanto à recuperabilidade.

No setor rural, programas específicos vêm ampliando o alcance desse instrumento, como o "Desenrola Rural", voltado à agricultura familiar. Com ele, é possível renegociar dívidas com descontos que podem chegar a 96%, alcançando produtores vinculados ao Pronaf e outros pequenos empreendedores. A adesão é feita de forma digital, simplificando o processo e reduzindo a burocracia.

Em casos de créditos classificados como "irrecuperáveis" ou "de difícil recuperação", o art. 25 da Portaria PGFN/MF n. 6.757/2022 prevê hipóteses específicas para a concessão de descontos. Além disso, mesmo quando o débito não se enquadra nessas classificações, é possível obter reduções se o contribuinte comprovar incapacidade financeira, mediante documentação exigida pela PGFN.

PREPARAÇÃO PARA A REFORMA TRIBUTÁRIA

A reforma tributária, com a criação do Imposto sobre Bens e Serviços (IBS) e da Contribuição sobre Bens e Serviços (CBS), representa a mais profunda transformação no sistema tributário brasileiro das últimas décadas. Para o agronegócio, a mudança exigirá uma reestruturação abrangente de processos internos, contratos com fornecedores e clientes, além de ajustes nas cadeias logísticas.

Embora a proposta preveja reduções de alíquotas para produtos da cesta básica e isenções para pequenos produtores, há previsão de aumento na tributação sobre insumos e serviços essenciais – como transporte, armazenagem e processamento industrial –, o que tende a pressionar as margens de lucro.

A preparação para esse novo cenário exige **mapeamento minucioso de todas as operações**, identificação dos pontos de maior impacto e revisão das estratégias comerciais e contratuais. Simulações apoiadas por ferramentas de inteligência de negócios serão fundamentais para antecipar cenários e tomar decisões preventivas, como a alteração de rotas logísticas, a reestruturação de contratos de fornecimento e a revisão de modelos societários.

Empresas e produtores que iniciarem esse processo com antecedência estarão em posição de vantagem competitiva quando as novas regras entrarem em vigor, transformando a reforma tributária de um desafio em uma oportunidade de otimização fiscal e estratégica.

INTELIGÊNCIA DE NEGÓCIOS APLICADA AO AGRO

A inteligência de negócios (*Business Intelligence* – BI) consiste na coleta, organização, análise e visualização de dados para apoiar a tomada de decisões estratégicas. No agronegócio, a integração de informações tributárias, financeiras e operacionais em sistemas de BI deixou de ser tendência para se tornar um requisito de competitividade.

Ao consolidar dados de áreas como produção, vendas, compras e finanças, é possível criar **painéis de controle em tempo real** que permitem acompanhar a *performance* tributária da empresa. Essa visibilidade possibilita priorizar ações de gestão do passivo tributário, identificar créditos subutilizados e medir o impacto de decisões estratégicas no fluxo de caixa.

Com o uso de BI, empresas do setor conseguem:

- Simular os efeitos da reforma tributária em diferentes cenários.
- Calcular o retorno de investimentos em maquinário ou expansão de áreas cultivadas considerando incentivos fiscais.
- Monitorar indicadores-chave, como carga tributária efetiva e percentual de recuperação de créditos.

Essa abordagem reduz riscos, aumenta a previsibilidade e fortalece a governança corporativa. Em um mercado globalizado e sujeito a constantes mudanças regulatórias, a aplicação estratégica de BI no campo amplia a transparência, a agilidade na análise e a sustentabilidade financeira do negócio rural.

Mais do que uma ferramenta tecnológica, a inteligência de negócios se torna um **elemento-chave** para a sobrevivência e o crescimento no agronegócio, permitindo que produtores e empresas não apenas se adaptem às transformações do setor, mas também liderem seu desenvolvimento.

CONSIDERAÇÕES FINAIS

A tributação no agronegócio brasileiro, embora complexa, pode ser transformada em um fator de vantagem competitiva quando associada a uma gestão estratégica e ao uso de inteligência de negócios. A integração entre contabilidade, direito tributário e gestão financeira é essencial para elaborar estratégias eficazes de planejamento, regularização e recuperação de tributos.

A combinação entre gestão do passivo tributário, planejamento tributário e recuperação de créditos representa uma mudança de paradigma na condução financeira das empresas do setor. Essas práticas permitem converter o passivo tributário de um fardo em uma oportunidade de crescimento, fortalecendo a saúde financeira, liberando recursos para investimentos e expansão e aumentando a competitividade no mercado interno e internacional.

Mecanismos tradicionais de reequilíbrio, como a recuperação judicial e os parcelamentos administrativos, apresentam limitações relevantes diante da realidade do campo, como custos elevados, burocracia e barreiras de acesso. Nesse contexto, a **transação individual** surge como um instrumento alternativo eficiente, conciliando a necessidade de arrecadação do Estado com a preservação da atividade produtiva, especialmente quando aplicada de forma alinhada às especificidades do agronegócio.

A iminente reforma tributária impõe uma postura proativa: empresas e produtores que iniciarem agora o processo de adaptação – ajustando contratos, cadeias de fornecimento e estruturas societárias – estarão em posição de vantagem competitiva. Ao aliar tecnologia, gestão e conhecimento jurídico-tributário, é possível não apenas enfrentar as mudanças, mas também aproveitar oportunidades estratégicas de redução de custos e ampliação de mercado.

O futuro do agronegócio brasileiro passa por uma atuação inteligente e planejada. Produtores e empresas que adotarem desde já estratégias sólidas de gestão tributária, apoiadas por ferramentas modernas de inteligência de negócios, estarão mais bem preparados para resistir às adversidades e explorar novas possibilidades, consolidando o Brasil como potência global em produção e competitividade.

REFERÊNCIAS

BRASIL. Lei n. 11.101, de 9 de fevereiro de 2005. Regula a recuperação judicial, a extrajudicial e a falência do empresário e da sociedade empresária. *Diário Oficial da União*, Brasília, DF, 2005.

BRASIL. Lei n. 13.988, de 14 de abril de 2020. Dispõe sobre a transação nas hipóteses que especifica e dá outras providências. *Diário Oficial da União*, Brasília, DF, 2020.

BRASIL. Lei n. 14.112, de 24 de dezembro de 2020. Altera a Lei n. 11.101/2005. *Diário Oficial da União*, Brasília, DF, 2020.

BRASIL. Ministério da Agricultura e Pecuária (Mapa). *Exportações do Agronegócio Brasileiro, 2024*. Monitor do Crédito Rural. Brasília, DF, 2024. Disponível em: https://www.gov.br/agricultura. Acesso em: 7 ago. 2025.

CENTRO DE ESTUDOS AVANÇADOS EM ECONOMIA APLICADA (CEPEA); UNIVERSIDADE DE SÃO PAULO (USP). *PIB do agronegócio brasileiro*, 2024.

COCAPEC. Endividamento rural chega a r$ 230 bilhões; setor cafeeiro deve R$ 11,1 bilhões. 2024. Disponível em: https://cocapec.com.br/noticias/endividamento-rural-chega-a-r-230-bilhoes-setor-cafeeiro-deve-r-111-bilhoes. Acesso em: 7 ago. 2025.

CONFEDERAÇÃO DA AGRICULTURA E PECUÁRIA DO BRASIL (CNA). *Balanço 2024 e Perspectivas 2025*. PIB do agronegócio fecha 2024 com crescimento de 1,81%. Disponível em: https://www.cnabrasil.org.br/noticias/pib-do-agronegocio-fecha-2024-com-crescimento-de-1-81. Acesso em: 7 ago. 2025.

FENACON. *Reforma tributária*: impactos no agronegócio, 2025.

GOVERNO FEDERAL. *Descontos de até 96%:* Desenrola Rural renegocia dívidas e facilita acesso ao crédito. Brasília, 2025. Disponível em: https://www.gov.br/secom/pt-br/assuntos/noticias/2025/02/descontos-de-ate-96-desenrola-rural-renegocia-dividas-e-facilita-acesso-ao-credito. Acesso em: 7 ago. 2025.

INSTITUTO BRASILEIRO DE GEOGRAFIA E ESTATÍSTICA (IBGE). *Contas Nacionais e Pesquisa Agropecuária*, 2024.

MARTINS, Ives Gandra da Silva. *Planejamento tributário*: elisão e evasão fiscal. São Paulo: RT, 2021.

PAULSEN, Leandro. Comentários sobre transação tributária à luz da Lei n. 13.988/2020 e outras alternativas de extinção do passivo tributário. *In*: SEEFELDER FILHO, Claudio; CALCINI, Fabio Pallaretti; HENARES NETO, Halley; CAMPOS, Rogério. *Comentários sobre transação tributária à luz da Lei 13.988/2020 e alternativas de extinção do passivo tributário*. São Paulo: Thomson Reuters, 2020.

PROCURADORIA-GERAL DA FAZENDA NACIONAL (PGFN). *Dados sobre Transações Tributárias, 2024-2025.*

PROCURADORIA-GERAL DA FAZENDA NACIONAL (PGFN). Portaria PGFN n. 6.757, de 29 de julho de 2022. Dispõe sobre os procedimentos, requisitos e condições necessárias à realização da transação na cobrança da dívida ativa da União. *Diário Oficial da União*, Brasília, DF, 2022.

PROCURADORIA-GERAL DA FAZENDA NACIONAL (PGFN). Programa Desenrola Rural: informações oficiais. Brasília, 2025. Disponível em: https://www.gov.br/pgfn. Acesso em: 7 ago. 2025.

RECEITA FEDERAL DO BRASIL (RFB). Relatórios de Arrecadação, 2024.

SCHOUERI, Luís Eduardo. *Direito tributário*: fundamentos e atualizações. São Paulo: Saraiva, 2020.

UNIVERSIDADE DO ESTADO DE MATO GROSSO (UNEMAT). *Estudos sobre Carga Tributária Efetiva em Soja e Milho*, 2024.

Capítulo **12**

Tributação e Inteligência de Negócios no segmento de logística e transportes

Caroline Pacheco Ramos Fernandez
Eliene Ferreira da Silva

INTRODUÇÃO

A inteligência de negócios como instrumento estratégico no planejamento tributário do setor de logística e transportes surge como instrumento essencial no planejamento tributário dos setores em questão, especialmente diante da elevada carga fiscal e da complexidade inerente ao sistema tributário brasileiro. Esse cenário, marcado por normas instáveis e de interpretações múltiplas, impõe desafios substanciais à atividade empresarial, exigindo precisão, prudência, visão e planejamento de longo prazo.

A inteligência de negócios é utilizada não apenas com recursos tecnológicos, mas como mecanismo de apoio para a gestão fiscal, organizando o cumprimento das obrigações tributárias e promovendo economia nos encargos. Contribui para atenuar riscos e reforçar a segurança jurídica nas decisões empresariais, aumentando a competitividade.

No setor logístico, a inteligência de negócios melhora a implantação e o controle do fluxo de mercadorias, serviços e informações, com foco na redução dos encargos. No transporte de pessoas, mercadorias, bens e valores, seu uso visa evitar oneração excessiva ao contribuinte.

Este capítulo abordará a inteligência de negócios como ferramenta para atenuar passivos tributários, proporcionando cautela nas demandas fiscais e estratégias para aprimorar resultados operacionais e financeiros. Ao oferecer uma visão integrada e previsiva das obrigações fiscais, converte complexidade em oportunidade para os gestores.

INTELIGÊNCIA DE NEGÓCIOS COMO MECANISMO ESTRATÉGICO NA GESTÃO TRIBUTÁRIA NO SETOR DE LOGÍSTICA E TRANSPORTES, VISANDO MAIOR CONTROLE SOBRE OS PASSIVOS TRIBUTÁRIOS, ALÉM DE SUA VIABILIZAÇÃO NA OTIMIZAÇÃO DE RESULTADOS

Controle sobre os passivos tributários

O conhecimento e a gestão dos passivos tributários, planejamento fiscal e recuperação de créditos são essenciais para a governança fiscal no setor. Profissionais especializados atuam para mitigar riscos e gerar economia mediante o uso estratégico de sistemas que coletam, organizam e analisam dados fiscais e contábeis oriundos de documentos e obrigações acessórias.

A inteligência de negócios confere clareza sobre as obrigações tributárias e proporciona soluções estratégicas e juridicamente sólidas, alinhadas à legislação vigente e à jurisprudência, reduzindo encargos e riscos fiscais.

Principais medidas:

- Diagnóstico inicial detalhado para identificar dívidas, analisar processos internos e detectar créditos.
- Estratégias jurídicas de gerenciamento do contencioso tributário para proteger o patrimônio.
- Renegociação de dívidas fiscais via transação tributária, diminuindo multas, juros e principal.
- Implantação de processos automatizados para garantir cumprimento normativo e evitar penalidades.
- Uso de tecnologias como *Enterprise Resource Planning* (ERP) e inteligência artificial para análise contínua e atualização em face de alterações legais.

No setor logístico, a inteligência de negócios possibilita a redução de encargos por meio de incentivos fiscais regionais, como benefícios de Imposto sobre Circulação de Mercadorias e Serviços (ICMS) em estados com centros de distribuição. No transporte rodoviário de cargas, regimes como Simples Nacional, Lucro Presumido ou Real podem aproveitar créditos de Programa de Integração Social (PIS)/Contribuição para o Financiamento da Seguridade Social (Cofins) sobre insumos, como pneus e manutenção da frota.

A recente reforma tributária, com a Emenda Constitucional n. 132/2023, simplifica o complexo normativo e amplia a transparência na relação Fisco-contribuinte.

Conforme Eduardo Muniz Machado Cavalcanti (2025):

> A CF prevê legislação única e uniforme para todo território nacional, com alíquotas fixadas por ente federativo, e destaca a necessidade de um regime

padronizado de IBS e CBS, impossibilitando regulamentações autônomas esparsas.

No novo cenário, a extinção do ICMS e a unificação dos tributos em Imposto sobre Bens e Serviços (IBS) e Contribuição sobre Bens e Serviços (CBS) exigem reorganização das operações, focando a redução de custos e o aproveitamento de novos créditos, especialmente sobre combustíveis, pedágios e serviços de transporte. Também é necessária a reavaliação estratégica da localização dos centros de distribuição para minimizar despesas logísticas e fiscais.

A inteligência de negócios orienta a malha logística por eficiência operacional, redução de distâncias, agilidade nas entregas, controle de custos e sustentabilidade, utilizando modelos multicritério.

A unificação tributária amplia a base de cálculo e a carga sobre o transporte, demandando mapeamento detalhado dos impactos e ajustes estratégicos. A *Business Intelligence* (BI) identifica oportunidades de economia, gera melhor gestão dos créditos e otimiza processos via automação e análise avançada de dados, reduzindo custos indiretos.

A transparência e a simplificação do sistema favorecem uma gestão logística estratégica e previsível.

Dessa forma, a BI permite a reestruturação da malha logística, uso inteligente dos créditos fiscais, automação tributária e revisão de rotas e localizações, visando à máxima eficiência e conformidade legal.

No segmento de transporte, a aplicação da inteligência de negócios permite a adaptação à nova sistemática do IBS e CBS, que substituem tributos como PIS, Cofins, ICMS e Imposto sobre Serviços de Qualquer Natureza (ISS). As empresas podem mapear impactos financeiros, planejar rotas, gerir recursos e operações para maximizar créditos e evitar pagamentos indevidos.

Pontos-chave:

- Alíquotas estimadas entre 26 e 28,5% no IBS, sem redução específica, exigindo controle rigoroso e planejamento tributário.
- Mudanças na base, cálculo, local e momento de incidência do imposto demandam reorganização operacional e abertura para automação via BI.
- BI antecipa impactos financeiros, identifica créditos, ajusta contratos, otimiza fluxo de cargas e monitora alíquotas por região.
- Impactos indiretos incluem aumento de custos com insumos, necessidade de novas obrigações fiscais e adaptação de documentos eletrônicos como o Conhecimento de Transporte Eletrônico (CT-e).
- Automação e análise avançada facilitam o controle financeiro, reduzem custos indiretos e mitigam riscos fiscais.

Assim, a inteligência de negócios, aliada a um planejamento estruturado, otimiza operações logísticas e fiscais, garantindo conformidade e melhor desempenho financeiro no antigo e no novo cenário tributário.

Outros pontos relevantes incluem:

- Com o fim do ICMS e a consequente perda dos incentivos fiscais estaduais, o desenho da malha logística deixa de priorizar ganhos fiscais e passa a se orientar por critérios como eficiência operacional, redução de distâncias, agilidade nas entregas, controle de custos e sustentabilidade. Nesse contexto, a inteligência de negócios e modelos de decisão baseados em múltiplos critérios se tornam ferramentas essenciais.
- A unificação dos tributos em IBS e CBS amplia a base tributável e eleva a carga sobre o setor de transporte. Isso exige que as empresas logísticas realizem um mapeamento detalhado dos impactos financeiros e ajustem suas estratégias para evitar perdas econômicas.
- A inteligência de negócios contribui diretamente para identificar oportunidades de economia tributária, gerir de forma mais eficaz os créditos sobre insumos logísticos e otimizar processos por meio de automação e análise de dados avançada – aumentando a eficiência e reduzindo custos indiretos.
- A transparência e a simplificação do novo sistema tributário reduzem a burocracia e aumentam a previsibilidade dos custos, favorecendo uma gestão logística mais estratégica.

Dessa forma, a inteligência de negócios aplicada à logística, diante das mudanças trazidas pela reforma tributária, possibilita a redução de encargos por meio da reestruturação da malha logística, uso inteligente dos créditos fiscais, automação dos processos fiscais e uma revisão estratégica de localizações e rotas. Tudo isso com o objetivo de alcançar a máxima eficiência operacional e garantir a conformidade com as novas exigências legais.

No segmento de transporte, aplicando a inteligência de negócios, a redução de encargos tributários na reforma tributária ocorre principalmente por meio da adaptação estratégica à nova sistemática do IBS e da CBS, que substituem diversos tributos anteriores, como PIS, Cofins, ICMS e ISS. A inteligência de negócios permite às empresas de transporte mapear o impacto financeiro da reforma, planejar rotas, gestão de recursos e operação para otimizar créditos tributários e evitar pagamentos indevidos.

Detalhes importantes:

- O transporte de cargas fica sujeito a uma alíquota estimada entre 26 e 28,5 no IBS, e não haverá redução específica para esse segmento, exigindo maior atenção para controle e planejamento dos tributos.
- A eliminação dos antigos tributos e a concentração em IBS e CBS mudam a forma de cálculo, base de cálculo, local de prestação de serviço e momento

de pagamento, o que implica a reorganização das operações e sistemas fiscais, com abertura para a automação tributária via inteligência de negócios.

- A inteligência de negócios pode ajudar a prever o impacto financeiro de cada operação, identificar créditos tributários possíveis, ajustar contratos, otimizar o fluxo de cargas para minimizar a carga tributária e monitorar alíquotas variáveis por estado e município.
- Há impactos indiretos, como aumento de custos em insumos, implementação de novas obrigações fiscais e necessidade de adaptação dos documentos eletrônicos como o CT-e, que passa a incluir novos campos para os tributos IBS/CBS.
- A possibilidade de automação dos processos fiscais e o uso de análise avançada de dados facilita o controle financeiro e a redução de custos tributários indiretos, além de mitigar riscos de autuações fiscais.

Já no setor de transporte, a redução dos encargos tributários com o uso da BI ocorre principalmente por meio da adaptação inteligente ao novo modelo de tributação, com a substituição de impostos como PIS, Cofins, ICMS e ISS pelo IBS e pela CBS. A inteligência de negócios permite que as empresas do setor avaliem com precisão o impacto financeiro dessas mudanças, ajustem o planejamento de rotas, a gestão de recursos e a execução das operações, visando maximizar os créditos tributários e evitar pagamentos indevidos.

Pontos relevantes:

- O transporte de cargas passará a ter uma alíquota estimada entre 26 e 28,5 sob o IBS, sem qualquer redução específica para o setor, o que exige controle rigoroso e planejamento tributário cuidadoso.
- Com a extinção dos tributos anteriores e a concentração na cobrança de IBS e CBS, há mudanças significativas na forma de cálculo, na base tributável, no local de incidência do imposto e no momento do recolhimento. Isso exige das empresas uma reestruturação dos processos operacionais e dos sistemas fiscais, com amplas oportunidades para automação tributária por meio da inteligência de negócios.
- A inteligência de dados permite antecipar os impactos financeiros de cada operação, localizar possíveis créditos tributários, revisar contratos, reorganizar o fluxo de cargas para reduzir a carga fiscal e acompanhar a variação de alíquotas conforme o Estado ou Município.
- Também há efeitos indiretos importantes, como o aumento dos custos com insumos, exigência de novos procedimentos fiscais e adaptação de documentos eletrônicos, como o CT-e, que passará a exigir informações adicionais sobre IBS e CBS.
- A automação de processos fiscais, somada à análise avançada de dados, contribui significativamente para o controle financeiro, redução de custos

indiretos e mitigação de riscos fiscais, como autuações ou erros no recolhimento de tributos.

Dessa forma, a aplicação da inteligência de negócios na logística e no transporte, dentro do antigo e do novo cenário tributário, possibilita a redução dos encargos fiscais por meio da gestão mais eficiente dos créditos, da otimização das operações, do planejamento tributário estruturado, de operações logísticas otimizadas e da automação fiscal – garantindo maior conformidade legal e melhor desempenho financeiro.

Inteligência de negócios para viabilização e otimização dos resultados

No setor logístico, a BI melhora os resultados fiscais, possibilitando decisões precisas com base em dados estruturados, como:

- Planejamento de rotas considerando a carga tributária interestadual.
- Detecção de inconsistências em notas fiscais e prevenção de autuações.
- Monitoramento do uso correto de créditos de PIS/Cofins e ICMS, especialmente em operações intermodais.
- Simulação de cenários tributários e avaliação de mudanças de regime baseadas em projeções.
- Integração em tempo real de informações contábeis e operacionais para conformidade fiscal.

Exemplo: a Transportadora Alfa, ao usar a BI, identificou erro no aproveitamento de créditos de combustível, recuperando R$ 1,2 milhão em cinco anos, e reorganizou rotas, reduzindo em 8% o ICMS em operações interestaduais.

Na logística, a BI aprimora toda a cadeia de suprimentos, identificando canais mais rápidos e econômicos e subsidiando decisões como terceirização ou frota própria. Contribui para redução de custos, otimização de rotas, menor consumo de combustível e melhor gerenciamento de estoques.

No transporte, oferece visão abrangente de custos, identifica ações corretivas, mapeia o comportamento dos clientes e avalia impactos econômicos, antecipando riscos e oportunidades.

O uso de tecnologias complementares (inteligência artificial, aprendizado de máquina, análise preditiva) potencializa benefícios, prevendo demandas, otimizando rotas e monitorando frotas em tempo real.

Em resumo, a BI possibilita:

- Aumento da eficiência operacional na cadeia de suprimentos.
- Otimização de rotas e redução de custos com transporte e armazenagem.
- Gestão inteligente de estoques, evitando perdas e faltas.

- Análises detalhadas de desempenho para decisões estratégicas.
- Integração de dados diversos, promovendo visão unificada.
- Uso de tecnologia avançada para prever demandas e reagir a imprevistos.

CONSIDERAÇÕES FINAIS

O uso da inteligência de negócios na gestão tributária do setor logístico e de transporte representa um diferencial competitivo relevante. Em um cenário de fiscalização eletrônica intensiva e legislação complexa, antecipar riscos e identificar oportunidades fiscais é essencial para sustentabilidade e conformidade.

A integração entre tecnologia, contabilidade e planejamento tributário deve ser vista como estratégia, e não apenas operacional. Fomenta a eficiência, reduz custos e aumenta a competitividade em setores relevantes para a economia nacional.

No contexto da recente reforma tributária, a gestão via BI cresce em importância, permitindo adaptação às unificações tributárias (IBS e CBS), otimização do uso de créditos fiscais, reorganização da malha logística e aumento da eficiência operacional.

Em síntese, a aplicação da inteligência de negócios no segmento de logística e transporte, aliada aos avanços tecnológicos e às mudanças legislativas, promove uma gestão fiscal robusta, redução efetiva de encargos e uma operação mais eficiente, consolidando-se como elemento imprescindível para o sucesso e a sustentabilidade financeira dessas empresas.

REFERÊNCIAS

BRASIL. Constituição da República Federativa do Brasil de 1988. *Diário Oficial da União*, Brasília, DF, 5 out. 1988. Disponível em: http://www.planalto.gov.br/ccivil_03/constituicao/constituicaocompilado.htm. Acesso em: 31 jul. 2025.

CAVALCANTI, Eduardo Muniz Machado. *Tributação sobre o consumo CBS, IBS e imposto seletivo.* Rio de Janeiro: Forense, 2025.

INTELIGÊNCIA de negócios na governança tributária altamente estratégica. *GS Advocacia Empresarial,* [*s. d.*]. Disponível em: https://gsadvocaciaempresarial.com.br/inteligencia-de-negocios-na-governanca-tributaria-altamente-estrategica/. Acesso em: 2 ago. 2025.

PAULSEN, Leandro. *Curso de direito tributário completo.* 16. ed. rev. e atual. São Paulo: Saraiva Jur, 2025. p. 507-508.

PERISSE, Júlia. Passivos tributários: o que são e como evitá-los. *SW Advogados,* 27 mar. 2025. Disponível em: https://sw.adv.br/civel/passivos=-tributarios-o-que-sao-e-como-evita-los/#:~:text-programas%20de%20regulariza%C3%A7%C3%A3o%2C%20como%20REFIS%20ou%20PERT. Acesso em: 2 ago. 2025.

PRESIDÊNCIA DA REPÚBLICA *Ministro dos Transportes abre ciclo de debates sobre planejamento logístico*, 9 jul. 2025. Disponível em: https://www.gov.br/transportes/pt-br/assuntos/noticias/2025/07/ministro-dos-transportes-abre-ciclo-de-debates-sobre-planejamento-logistico. Acesso em: 31 jul. 2025.

TESES jurídicas estratégicas em questões complexas tributos federais. *GS Advocacia Empresarial*, [*s. d.*]. Disponível em: https://gsadvocaciaempresarial.com.br/consultoria-tributaria/. Acesso em: 2 ago. 2025.

Capítulo **13**

Tributação e Inteligência de Negócios no segmento marítimo e portuário

Paloma da Silva

INTRODUÇÃO

O segmento portuário e marítimo brasileiro assume papel central na dinâmica do comércio exterior em 2025, com recordes históricos de movimentação de cargas. No entanto, a despeito do crescimento operacional, persistem gargalos estruturais, burocráticos e tecnológicos. A expansão da infraestrutura, os efeitos da reforma tributária e o uso crescente da inteligência de negócios delineiam um cenário de alta complexidade e transformação contínua.

Este capítulo analisa os fatores críticos que moldam o setor portuário e marítimo atual, explorando os desafios e as estratégias de modernização logística, tributária e tecnológica, com ênfase no impacto do novo regime dual de Imposto sobre Valor Agregado (IVA) (Imposto sobre Bens e Serviços – IBS – e Contribuição sobre Bens e Serviços – CBS) e nas soluções digitais aplicadas aos portos marítimos e secos.

PRINCIPAIS DESAFIOS ESTRUTURAIS

- **Infraestrutura deficiente:** muitos terminais ainda carecem de modernização, com calados inadequados para navios de grande porte e equipamentos obsoletos, acarretando atrasos onerosos. Cálculos apontam que, só em 2024, os atrasos causaram custos de aproximadamente US$ 2,3 bilhões em *demurrage* (taxas por permanência prolongada de navios).
- **Integração multimodal limitada:** a deficiência nas conexões entre portos, rodovias e ferrovias compromete o escoamento ágil das cargas. O Porto de Santos exemplifica essa lacuna, demandando uma segunda entrada e melhorias no acesso ferroviário para descongestionar o terminal.

- **Burocracia e lentidão nas decisões:** a regulação intensa e o receio institucional, conhecido como "apagão das canetas", resultam em atrasos na execução de projetos essenciais, agravando o problema da eficiência operacional.
- **Desafios ambientais e tecnológicos:** falta de adoção plena de práticas sustentáveis e tecnologias digitais limita a automação e a modernização de processos.

INVESTIMENTOS E MODERNIZAÇÃO

Para superar esses obstáculos, o governo federal e o setor privado articulam investimentos robustos, com previsão de R$ 30 bilhões até o final de 2025, destinados à ampliação de calados, dragagens, modernização e digitalização dos terminais portuários. A implementação do *Port Community System* (PCS), que integra agentes portuários, é um exemplo de digitalização com o objetivo de reduzir o tempo de espera de navios e mercadorias.

Leilões portuários recentes somam mais de R$ 1 bilhão e são direcionados à eficiência e sustentabilidade, além de promoverem iniciativas para maior diversidade e inclusão no setor.

Até o momento, é possível verificar, por meio de fontes governamentais e notícias setoriais, que esses investimentos estão em andamento, porém com variações regionais. Algumas regiões e portos, como o Porto de Santos e o Porto de Itajaí, têm recebido um volume maior de recursos devido a sua importância estratégica para o comércio exterior brasileiro. Existem relatórios públicos e acompanhamentos periódicos que detalham a aplicação desses recursos, mostrando avanços em obras de dragagem, expansão de terminais e digitalização dos processos portuários.

A Lei n. 12.815/2013 (Lei dos Portos) é o marco legal fundamental, promovendo a participação privada via concessões e arrendamentos e definindo o papel da Agência Nacional de Transportes Aquaviários (Antaq) na regulação. O Programa de Parcerias de Investimentos (PPI) é instrumento estratégico do governo para fomentar essas concessões e investir na infraestrutura portuária.

IMPACTO DAS CERTIFICAÇÕES NO SETOR PORTUÁRIO E MARÍTIMO

Certificação de Operador Econômico Autorizado (OEA)

Reconhecida internacionalmente pela Organização Mundial das Aduanas (OMA), a certificação OEA fortalece a segurança da cadeia logística e simplifica processos aduaneiros, promovendo agilidade, segurança, redução de custos e reconhecimento global.

Exemplo: o Porto do Açu (RJ), que obteve a certificação OEA, registrou melhora significativa na eficiência dos processos e maior atração de investimentos estrangeiros.

Por outro lado, o Terminal de Contêineres de Paranaguá (TCP), que anteriormente apresentava elevados índices de ocorrências relacionadas a tentativas de tráfico de drogas e armas, bem como descaminho de mercadorias, pode ter vivenciado mudanças relevantes em seu perfil operacional após a obtenção da certificação OEA. Contudo, torna-se imprescindível adotar uma perspectiva crítica ao interpretar os dados de apreensões: a redução no número de apreensões não necessariamente indica um avanço na segurança, podendo refletir maior eficácia dos mecanismos ilícitos em operar sem detecção. De maneira análoga, o aumento nas apreensões também não pode ser imediatamente interpretado como um indicador positivo, pois pode evidenciar a persistente vulnerabilidade do terminal diante das ações do crime organizado.

Essa ambivalência sublinha a complexidade inerente à análise de segurança portuária, ressaltando a necessidade de metodologias avaliativas mais robustas e multidimensionais para um entendimento acurado da efetividade das medidas adotadas.

Certificações ambientais: EcoPorts

O programa EcoPorts é essencial para o desenvolvimento sustentável, avaliando práticas ambientais integradas como controle de emissões, tratamento de efluentes, manejo de resíduos e proteção da biodiversidade, responsabilidade social e governança, promovendo transparência e inclusão, benefícios econômicos pela atração de investimentos e competitividade alinhada a critérios ESG (*Environmental, Social and Governance*).

Portos certificados, como o Porto do Açu, agregam valor operacional e mitigam riscos ambientais por meio de processos inovadores e de *compliance* rigoroso.

Sinergia das certificações

A conjugação das certificações OEA e EcoPorts estimula a modernização tecnológica, aumenta a confiança dos parceiros comerciais e fortalece a imagem institucional, promovendo a sustentabilidade econômica e ambiental do setor.

CONSOLIDAÇÃO DO SETOR E IMPORTÂNCIA DA AFRMM

Privatizações e concessões

Desde a Lei dos Portos de 2013, o Brasil vem acelerando as privatizações e concessões portuárias para melhorar eficiência e competitividade. Até 2025, dezenas de terminais estão previstos para concessão, totalizando investimentos de cerca de R$ 30 bilhões em obras de expansão, dragagens para calados maiores e tecnologia avançada, como o PCS.

O papel da AFRMM

O Adicional ao Frete para Renovação da Marinha Mercante (AFRMM) é um tributo fundamental para o financiamento das melhorias no setor, previsto pela legislação vigente e regulamentado conforme a Lei n. 9.432/97. Os recursos da AFRMM financiam:

- Renovação e ampliação da frota da marinha mercante, reduzindo dependência estrangeira.
- Obras portuárias, especialmente dragagens e ampliação de calados.
- Modernização e digitalização dos terminais.

Assim, o AFRMM constitui um dos pilares da sustentabilidade operacional e logística do comércio exterior brasileiro. Contudo, esse tributo passou por uma redução significativa, tendo sua alíquota para o frete internacional sido reduzida de 25 para 8%, conforme estabelecido pela Lei n. 14.301/2022. Tal diminuição visa à redução do chamado "Custo Brasil" e ao aumento da competitividade, refletindo na facilitação das importações e no estímulo à produtividade econômica.

Diante do expressivo movimento de privatizações dos portos brasileiros, questiona-se a pertinência da manutenção dessa cobrança na atual configuração do setor. Em particular, cabe indagar se o volume de recursos arrecadados via AFRMM ainda corresponde a uma fonte relevante para o financiamento da modernização portuária ou se há sobreposição com os investimentos privados que vêm sendo realizados, tais como os anunciados no montante de R$ 30 bilhões até 2025 para ampliações, dragagens e digitalização.

Importa destacar que o montante arrecadado pelo AFRMM não está diretamente vinculado ao pacote de investimentos públicos e privados mencionado anteriormente, pois o tributo destina-se ao Fundo da Marinha Mercante, cuja aplicação tem sido alvo de críticas por sua limitada efetividade na renovação da frota e infraestrutura. Assim, estabelecer um diálogo mais preciso entre essas duas fontes de recursos é fundamental para avaliação da sustentabilidade financeira e estratégica do setor portuário brasileiro.

SERVIÇOS INOVADORES E O PAPEL DA LOGÍSTICA NA REFORMA TRIBUTÁRIA DE 2025

A reforma tributária de 2025 instituiu o modelo dual do IVA, por meio da Lei Complementar (LC) n. 214, de 16 de janeiro de 2025, que substitui tributos como Imposto sobre Circulação de Mercadorias e Serviços (ICMS), Imposto sobre Produtos Industrializados (IPI), Programa de Integração Social (PIS), Contribuição para o Financiamento da Seguridade Social (Cofins) e Imposto sobre Serviços de Qualquer Natureza (ISS) pelos novos impostos IBS (estadual/municipal) e CBS (federal). Essa mudança estrutural impacta profundamente os sistemas fiscais e operacionais dos portos brasileiros, exigindo adaptações nos processos de *compliance* tributário e na gestão logística.

Nesse contexto, destaca-se a inclusão do AFRMM na base de cálculo do IBS e da CBS nas operações de importação, conforme previsto na regulamentação da reforma (LC n. 214/2025). Tal inclusão tem potencial para aumentar a carga tributária incidente sobre as operações portuárias e logísticas, impactando os custos operacionais e reverberando sobre os Acordos de Nível de Serviço (SLA) das empresas de logística.

Relatórios setoriais, como o divulgado pelo Sindicato Nacional da Indústria da Construção e Reparação Naval e *Offshore* (Sinaval), apontam que essa maior tributação pode representar um desafio adicional para a competitividade dos portos, especialmente diante da crescente complexidade tributária e da necessidade de modernização da infraestrutura portuária (Sinaval, 2025). A mesma fonte destaca os incentivos previstos para modernização portuária e naval, contudo ressalta que a transição para os novos regimes fiscais exigirá esforço integrado dos agentes operacionais para garantir eficiência e sustentabilidade.

Assim, espera-se impacto nos SLA das empresas de logística, devido a ajustes operacionais para acomodar as novas rotinas de cumprimento fiscal e o aumento dos custos tributários. Esse cenário requer estratégias integradas de gestão, envolvendo sistemas tecnológicos avançados e governança colaborativa entre os setores público e privado para mitigar eventuais perdas de eficiência e competitividade.

DESAFIOS LOGÍSTICOS E INSTABILIDADES ECONÔMICAS

A volatilidade de combustíveis e insumos, somada a alterações tributárias, eleva custos operacionais. Ferramentas de inteligência de negócios e simulações preditivas tornam-se essenciais para reação ágil e mitigação de riscos, assegurando sustentabilidade operacional mesmo em contextos adversos.

PORTOS SECOS: RELEVÂNCIA E INTEGRAÇÃO

Portos secos (Estações Aduaneiras Interiores – Eadi) facilitam o desembaraço aduaneiro, a armazenagem e inspeções no interior, integrando-se à cadeia logística nacional. Com cerca de 66 unidades em 21 estados, modernizam-se regulatória e operacionalmente, especialmente após a Instrução Normativa RFB n. 2.111/2022. O uso da inteligência de negócios permite previsão de volumes, gestão de estoques e conformidade fiscal, desempenhando papel estratégico na integração tributária e logística.

ANÁLISES PRÁTICAS E ESTUDOS DE CASO

- **Porto de Santos:** implantou sistema integrado com inteligência de negócios para controlar IBS e CBS na reforma tributária, digitalizando operações de desembaraço e melhorando a recuperação de créditos fiscais. Mantém, assim, a competitividade mesmo com o aumento de tributos.
- **Porto do Açu:** o uso da certificação OEA mitiga custos adicionais da nova tributação, agiliza processos e atrai investimentos estrangeiros, fortalecendo a expansão do terminal.
- **Portos secos:** os portos secos, ou Estabelecimentos de Armazenagem de Depósito Intermediário (Eadi), são recintos alfandegados de uso público instalados em zonas secundárias ou pontos de fronteira, nos quais são realizadas operações de movimentação, armazenagem, industrialização, manutenção e despacho aduaneiro de mercadorias, conforme disciplinado pela **Instrução Normativa RFB n. 2.111, de 20 de outubro de 2022**. Essa norma consolidou e atualizou as regras para instalação, funcionamento, concessão, permissão, licitação e prestação de serviços nos portos secos, estabelecendo um arcabouço normativo unificado alinhado ao Regulamento Aduaneiro (Decreto n. 6.759/2009) e acordos internacionais (IN RFB n. 2.111/2022).

Com a entrada em vigor da reforma tributária de 2025, regulamentada pela **LC n. 214, de 16 de janeiro de 2025**, que institui o modelo dual do IVA com o IBS (estadual/municipal) e a CBS (federal), houve alteração na base de cálculo desses tributos para operações de comércio exterior. Todas as taxas e despesas incorridas até o desembaraço da mercadoria, incluindo os custos de armazenagem e permanência em portos secos, passam a compor a base de cálculo do IBS e da CBS (LC n. 214/2025).

Esse novo cenário acarreta impactos fiscais e operacionais significativos para os Eadi, pois, quanto maior o tempo de permanência das mercadorias nesses recintos, maior será a base tributária, elevando os custos logísticos e a carga tributária total sobre as operações. Assim, o custo de armazenagem deixa de ser somente uma questão logística e assume uma dimensão tributária relevante, afetando a competitividade das operações em regiões distantes dos grandes portos marítimos.

Relatórios setoriais indicam que esse aumento na carga tributária, associado à complexidade operacional decorrente das adaptações necessárias para o *compliance* com o novo modelo fiscal, pode reduzir a atratividade e a relevância dos portos secos na cadeia de comércio exterior. O Sinaval, em seu relatório de 2025, ressalta que a transição para a nova estrutura tributária exigirá uma gestão integrada e estratégica por parte dos agentes logísticos e operadores portuários para mitigar custos e otimizar processos.

Portanto, destaca-se a importância da utilização de inteligência de negócios e conformidade regulatória para minimizar as perdas financeiras e assegurar a competitividade e sustentabilidade da operação dos portos secos no contexto tributário alterado pela reforma.

CONSIDERAÇÕES SOBRE A REFORMA TRIBUTÁRIA E SEUS IMPACTOS

A reforma está fundamentada na Emenda Constitucional n. 132/2023 e regulamentada pela LC n. 214/2025; ambas definem o local do fato gerador no destino, eliminando a guerra fiscal estadual e promovendo maior equidade tributária. As empresas portuárias devem observar regras específicas sobre bases de cálculo, regimes especiais e excludentes para evitar passivos fiscais, assegurando conformidade rigorosa e adaptabilidade.

Esse panorama integral demonstra que o setor portuário e marítimo brasileiro em 2025 combina crescimento histórico e desafios relevantes, enfrentados por meio de investimento massivo, modernização tecnológica, certificações, integração logística e adaptação tributária. Trata-se de ações fundamentais para garantir a competitividade e sustentabilidade do Brasil no comércio marítimo global.

A implementação do IBS e da CBS impacta fortemente os processos operacionais e a digitalização dos serviços portuários ao exigir adaptações estruturais e tecnológicas para sua conformidade e eficiência. Os principais efeitos são:

- **Atualização e modernização dos sistemas fiscais e contábeis:** os terminais portuários precisam revisar e adequar seus sistemas de *Enterprise Resource Planning* (ERP), emissão de nota fiscal eletrônica e plataformas fiscais para processar corretamente o IBS e a CBS, que substituem tributos como ICMS, ISS, PIS e Cofins, conforme a LC n. 214/2025. Essa adequação inclui a modificação de tabelas fiscais, fluxo de transações e regras de apuração, além da gestão simultânea do regime atual e do novo durante o período de transição.

- **Digitalização integrada dos processos operacionais:** a reforma acelera a necessidade da digitalização completa para garantir transparência, rastreabilidade e conformidade tributária no setor. Plataformas como o PCS são fundamentais para sincronizar dados entre operadores, agentes fiscais e gestores, reduzindo erros, tempo de processamento e burocracia, bem como otimizando o fluxo atualizado de documentos fiscais eletrônicos.
- **Automação do cálculo e aplicação das regras fiscais:** o uso de ferramentas fiscais (*softwares* especializados) torna-se estratégico para administrar a coexistência parcial dos dois regimes tributários durante a transição até 2033, automatizando o cálculo dos tributos IBS/CBS e a emissão correta de documentos e garantindo *compliance.*
- **Maior rigor e transparência fiscal:** a nova legislação define claramente o local do fato gerador no destino da operação, eliminando a guerra fiscal entre entes federativos, o que implica maior controle e detalhamento das operações, exigindo sistemas que possam acompanhar e reportar essas regras para evitar passivos fiscais e oferecer segurança jurídica.
- **Exigência de capacitação e adaptação operacional:** as empresas portuárias devem treinar equipes de contabilidade, fiscal e tecnologia para lidar com as novas obrigações e interpretar adequadamente as regras, garantindo agilidade e eficiência nos processos.
- **Incorporação de dados fiscais como ativos estratégicos:** o sistema de gestão deve permitir análise em tempo real dos dados fiscais para monitorar *compliance* e identificar oportunidades de otimização tributária, utilizando ferramentas de análise e Inteligência Artificial para suportar decisões estratégicas e adaptação contínua às novas regras.

Em resumo, a reforma tributária de 2025 impõe uma transformação profunda nos processos operacionais dos portos brasileiros, direcionando-os à digitalização avançada, integração tecnológica e adoção de sistemas automatizados para controlar o IBS e a CBS e garantindo ganhos de eficiência, transparência fiscal e competitividade no comércio internacional.

CONSIDERAÇÕES FINAIS

O setor portuário e marítimo brasileiro em 2025 mostra avanços significativos, com recordes na movimentação de cargas, impulsionados pela expansão das exportações de *commodities* e pela recuperação econômica. Entretanto, enfrenta desafios estruturais como infraestrutura insuficiente, conexões multimodais precárias, burocracia e tecnologia defasada, que elevam custos operacionais, como os US$ 2,3 bilhões em *demurrage* registrados em 2024. Para superar esses obstáculos, há previsão de investimentos de R$ 30 bilhões até o final de 2025, focados na modernização física e digital, incluindo implantação do *Port Community System* e a automação. A legislação, especialmente a Lei n. 12.815/2013 e o Programa de Parcerias de Investimentos, apoia concessões e privatizações para aumentar a eficiência. Certificações como OEA e EcoPorts promovem segurança e sustentabilidade e atraem investimentos internacionais.

O setor também precisa se adaptar às novas regras da reforma tributária de 2025, com digitalização e automação fiscal, visando a maior transparência e eficiência. Recomenda-se intensificar investimentos em infraestrutura portuária, ampliar a digitalização via PCS, expandir certificações, fortalecer parcerias público-privadas, capacitar equipes com tecnologias de inteligência de negócios e promover a inclusão social. Assim, o setor combina crescimento histórico com desafios estruturais que requerem modernização, investimentos estratégicos e adaptação tecnológica para garantir competitividade sustentável no comércio marítimo internacional.

REFERÊNCIAS

AGÊNCIA NACIONAL DE TRANSPORTES AQUAVIÁRIOS (ANTAQ). *Dados e análise 2025.*

BRASIL. *Instrução Normativa RFB n. 2.111/2022.*

BRASIL. *Lei Complementar n. 214, de 16 de janeiro de 2025.* Institui o Imposto sobre Bens e Serviços (IBS), a Contribuição Social sobre Bens e Serviços (CBS) e o Imposto Seletivo (IS); cria o Comitê Gestor do IBS e altera a legislação tributária. Disponível em: https://www.planalto.gov.br/ccivil_03/leis/lcp/lcp214.htm. Acesso em: 29 set. 2025.

GUIA MARÍTIMO. *Análise do setor portuário brasileiro em 2025.* São Paulo, 2025.

MONITOR MERCANTIL. *Portos brasileiros batem recorde em 2025.* Rio de Janeiro, 2025.

SINDICATO NACIONAL DA INDÚSTRIA DA CONSTRUÇÃO E REPARAÇÃO NAVAL E *OFFSHORE* (SINAVAL). *Relatório sobre impactos da Reforma Tributária.* Rio de Janeiro, 2025.

Capítulo **14**

Tributação e Inteligência de Negócios no segmento da construção civil

Vânia Moura Penteado

INTRODUÇÃO

O setor da construção civil representa um dos pilares da economia brasileira, no entanto apresenta grande complexidade em obrigações tributárias, exigências legais e fiscalização.

Essa complexidade decorre não apenas da variedade de tributos incidentes (federais, estaduais e municipais), mas também da constante atualização normativa, da necessidade de conformidade com regras trabalhistas e previdenciárias, bem como da diversidade de contratos e formas de prestação de serviços envolvida em cada obra.

Nesse contexto, o estudo tributário aliado à inteligência de negócios se revela essencial para empresas do setor que buscam não apenas conformidade fiscal, mas também eficiência tributária, segurança jurídica e vantagem competitiva.

Este capítulo tem como objetivo apresentar uma análise prática e estratégica do estudo tributário aliado à inteligência de negócios no segmento da construção civil, destacando sua importância na prevenção de riscos, recuperação de créditos e otimização da carga tributária. Serão abordadas as principais dificuldades enfrentadas pelas empresas do setor, oportunidades de atuação consultiva e os caminhos para uma abordagem tributária inteligente e transformadora.

O PAPEL DO ESTUDO TRIBUTÁRIO ALIADO À INTELIGÊNCIA DE NEGÓCIOS NA CONSTRUÇÃO CIVIL

O estudo tributário aliado à inteligência de negócios é uma abordagem estratégica que une conhecimento fiscal, análise de dados e visão empresarial. Na construção civil, essa integração é essencial para soluções que envolvem planejamento financeiro, jurídico e operacional. De forma preventiva, permite identificar riscos antes que se tornem passivos e revelar oportunidades de economia tributária muitas vezes ignoradas. Entre suas funções estão: análise da estrutura fiscal e societária; avaliação de contratos e operações; enquadramento correto de Classificação Nacional de Atividades Econômicas (CNAE) e códigos de serviço; planejamento tributário com simulações; atuação na regularização de obras e em fiscalizações; e integração com equipes multidisciplinares. Com isso, o estudo tributário deixa de ser reativo e passa a orientar decisões estratégicas, promovendo crescimento seguro e competitivo.

PANORAMA ECONÔMICO E TRIBUTÁRIO DA CONSTRUÇÃO CIVIL

O setor da construção civil, historicamente, exerce papel estratégico na economia brasileira. Em 2024, registrou crescimento expressivo, superando expectativas iniciais e encerrando o ano com um Produto Interno Bruto (PIB) de R$ 359,5 bilhões. Esse desempenho reafirmou a relevância do segmento para o desenvolvimento nacional, com destaque para sua capacidade de recuperação e de impulsionar cadeias produtivas correlatas.

O impacto do setor também é visível na geração de empregos. Em 2024, foram criados mais de 110 mil postos de trabalho formal, totalizando aproximadamente 2,85 milhões de trabalhadores com carteira assinada na construção civil. Considerando empregos formais e informais, a participação do segmento no mercado de trabalho brasileiro se mostra ainda mais significativa. Nos últimos cinco anos, o crescimento nas vagas formais aproximou-se de 39%, indicando resiliência e dinamismo mesmo diante de cenários econômicos adversos.

Do ponto de vista tributário, a construção civil está submetida a um dos sistemas mais complexos do país, abrangendo tributos federais, estaduais e municipais, além de um vasto conjunto de obrigações acessórias. Os principais tributos que incidem sobre as empresas do setor são Imposto de Renda da Pessoa Jurídica (IRPJ), Contribuição Social sobre o Lucro Líquido (CSLL), Programa de Integração Social (PIS), Contribuição para o Financiamento da Seguridade Social (Cofins) e INSS Patronal em âmbito federal; Imposto sobre Circulação de Mercadorias e Serviços (ICMS) em situações específicas relacionadas à circulação de materiais; e Imposto sobre Serviços de Qualquer Natureza (ISS), cuja alíquota varia entre 2 e 5% conforme a legislação do respectivo município.

A escolha do regime tributário para as empresas do segmento deve considerar tanto o volume de receitas como a natureza das operações realizadas:

- Simples Nacional: voltado a empresas com faturamento anual de até R$ 4,8 milhões, normalmente classificadas no Anexo IV. Exige especial atenção à segregação de receitas e ao recolhimento separado da Contribuição Previdenciária Patronal (CPP).

- Lucro Presumido: indicado para empresas com faturamento anual de até R$ 78 milhões. A tributação ocorre de forma simplificada, com base em percentuais presumidos, sendo atrativa para empresas com margens elevadas e gestão eficiente de custos, embora não permita o aproveitamento de créditos de PIS/Cofins.
- Lucro Real: obrigatório para empresas que ultrapassam o teto do Lucro Presumido ou que exerçam atividades específicas. Permite o aproveitamento integral de créditos tributários, porém demanda rigoroso controle contábil e administrativo.

Além desses regimes, construtoras e incorporadoras podem aderir ao Regime Especial de Tributação (RET), que unifica e reduz a carga de tributos federais sobre as receitas dos empreendimentos, mediante critérios específicos estabelecidos pela legislação fiscal.

No que diz respeito a obrigações acessórias, destacam-se o Cadastro Nacional de Obras (CNO), DCTFWeb, eSocial, GFIP e CEI, além das rotinas relacionadas à apuração e recolhimento de retenções de tributos e contribuições em diferentes níveis governamentais.

Esse cenário econômico e tributário mostra que o estudo tributário aliado à inteligência de negócios contribui para a correta gestão fiscal, a identificação de oportunidades de economia e a prevenção de riscos que ameaçam a competitividade e a sustentabilidade das operações.

RISCOS FISCAIS FREQUENTES NO SETOR

A construção civil figura entre os setores mais sujeitos à fiscalização no Brasil. Segundo relatório da Receita Federal de 2024, mais de 15% das autuações fiscais no país estão concentradas em empresas do segmento de construção, resultado do volume elevado de operações, diversidade de contratos e complexidade de regras tributárias e previdenciárias. O estudo tributário aliado à inteligência de negócios torna-se, nesse contexto, fundamental para a antecipação, a prevenção e a solução dessas vulnerabilidades.

Entre os principais riscos enfrentados pelas empresas do setor, destacam-se os descritos a seguir.

Retenções tributárias não aplicadas ou incorretas

É comum a prestação de serviços sujeitos à retenção de tributos na fonte, com destaque para:

- INSS (11%) sobre a folha de pagamento dos trabalhadores da obra.

- IRRF (de 1 a 1,5%) sobre determinados serviços.
- CSRF (PIS, Cofins e CSLL) em 4,65% sobre pagamentos a pessoas jurídicas.
- ISS retido na fonte por entes públicos e privados (entre 2 e 5%, conforme o município).

A falha na aplicação correta dessas retenções é uma das principais causas de autuações identificadas em auditorias fiscais do setor no período de 2023-2024.

Enquadramento incorreto de CNAE e Códigos de Serviço

O uso inadequado de CNAE e códigos de serviço resulta em classificação equivocada de atividades e aplicação de alíquotas incompatíveis. Relatórios do Instituto Brasileiro de Geografia e Estatística (IBGE) e de órgãos de fiscalização revelam que esse erro explica parte expressiva dos autos de infração municipal relacionados a ISS, incapacidade de enquadramento no Simples Nacional ou aplicação indevida de benefícios fiscais.

Inobservância das regras do Simples Nacional

Empresas optantes pelo Simples Nacional frequentemente enfrentam penalidades decorrentes de:

- Segregação inadequada de receitas entre Anexos III e IV.
- Falha no recolhimento da Contribuição Patronal Previdenciária (CPP) devida fora do Documento de Arrecadação do Simples Nacional (DAS).
- Omissão de receitas ou erro na apuração e declaração de faixas de receita bruta.

Dados do Serviço Brasileiro de Apoio às Micro e Pequenas Empresas (Sebrae) indicam que, em 2024, mais de 20% dos pedidos de exclusão do Simples Nacional originaram-se em autuações do segmento de construção.

Obras sem regularização no CNO/CEI

A ausência de matrícula da obra no CNO ou no antigo CEI ainda é um dos principais fatores de autuação, com consequências severas, como:

- Multas por ausência ou atraso de recolhimento de INSS sobre a mão de obra empregada.
- Exigência de regularização retroativa, com aplicação de juros e penalidades.
- Restrição na obtenção de certidões negativas essenciais para participação em licitações, obtenção de financiamentos ou averbação imobiliária.

Segundo a Receita Federal, obras sem regularização representaram mais de R$ 600 milhões em autos de infração apenas em 2023.

Subempreitadas irregulares ou mal documentadas

A contratação de subempreiteiros sem contratos formais, sem observância das retenções legais ou sem comprovação de recolhimento de tributos envolvidos pode imputar responsabilidade solidária à contratante, além de resultar em autuações trabalhistas e previdenciárias.

Na prática, o estudo tributário aliado à inteligência de negócios permite o mapeamento, diagnóstico e monitoramento desses riscos, proporcionando a implementação de controles internos, *checklist* de contratos, revisão sistemática de enquadramentos e auditorias preventivas.

Toda essa abordagem evidencia que o risco fiscal na construção civil pode ser mitigado com análise minuciosa de dados, rotinas e documentos, integração dos departamentos e acompanhamento das mudanças normativas.

ESTRATÉGIAS PARA REDUÇÃO DE RISCOS E GANHOS FINANCEIROS POR MEIO DO ESTUDO TRIBUTÁRIO ALIADO À INTELIGÊNCIA DE NEGÓCIOS

O estudo tributário aliado à inteligência de negócios no setor da construção civil ultrapassa a simples regularização fiscal e o cumprimento das obrigações acessórias. O diferencial dessa abordagem está em gerar valor ao negócio, por meio de estratégias inteligentes focadas na redução da carga tributária, recuperação de créditos tributários e prevenção de passivos.

A seguir, destacam-se as principais estratégias adotadas.

Diagnóstico tributário e reenquadramento fiscal

A análise aprofundada da empresa inclui:

- Avaliação das atividades realmente exercidas (execução de obras, incorporação imobiliária, locação e manutenção de equipamentos etc.).
- Verificação dos CNAE compatíveis e códigos de serviços utilizados.
- Revisão do regime tributário vigente e estudo de alternativas mais vantajosas.
- Investigação da possibilidade de segregação de receitas no Simples Nacional (p. ex., separando locação de equipamentos da execução de obras).

Esse diagnóstico possibilita recomendar ajustes de enquadramento ou até mesmo reorganizações societárias que promovam economia tributária e maior segurança fiscal.

Regularização de obras e redução da carga previdenciária

A regularização da obra perante a Receita Federal, por meio do CNO e da entrega do Dossiê de Regularização de Obra (DRO), traz os seguintes benefícios:

- Redução do valor do INSS a recolher, ao comprovar despesas com materiais, subempreitadas e encargos trabalhistas, evitar multas decorrentes da ausência de matrícula da obra.
- Obtenção de certidões negativas de débitos (CND/CPEN), fundamentais para licitações, financiamentos e negociações.

Recuperação de créditos tributários

O estudo tributário aliado à inteligência de negócios identifica oportunidades para recuperação administrativa ou judicial de tributos pagos indevidamente ou a maior, entre eles:

- INSS pago sobre verbas indenizatórias, como 13º salário, aviso prévio e férias com 1/3.
- Créditos de PIS/Cofins relacionados a itens monofásicos e insumos utilizados na obra (sob o regime de Lucro Real).
- ISS recolhido em duplicidade ou fora do município competente.
- Créditos de retenções tributárias que não foram compensados.
- A devolução desses valores impacta positivamente o fluxo de caixa das empresas.

Planejamento societário e operacional

A abordagem também contempla propostas de alterações societárias com vistas a:

- Criar empresas distintas para segregação das receitas conforme o tipo de atividade.
- Utilizar *holdings* patrimoniais e operacionais para melhor estruturação.
- Analisar o impacto tributário de novas contratações, subempreitadas e aquisições.
- Otimizar a carga tributária em consonância com o perfil do empreendimento.

Implantação de procedimentos e *compliance* fiscal

Para garantir a adesão a boas práticas fiscais e minimizar riscos, o estudo tributário aliado à inteligência de negócios apoia:

- Padronização de contratos com cláusulas de retenção adequadas.

- Treinamento das equipes responsáveis pela emissão de notas fiscais e faturamento.
- Desenvolvimento de *checklists* para gestão eficiente de subempreiteiros.
- Monitoramento rigoroso das obrigações acessórias e dos vencimentos tributários.
- Acompanhamento técnico e estratégico em fiscalizações e processos administrativos.

Essas estratégias comprovam que o estudo tributário aliado à inteligência de negócios atua além do corretivo, contribuindo para a construção de soluções tributárias inteligentes e para o aumento da competitividade e preservação do patrimônio das empresas de construção civil.

ESTUDOS DE CASO E APLICAÇÕES PRÁTICAS

Regularização de obra com redução de INSS

A construção civil representa aproximadamente 6% do PIB brasileiro e emprega mais de 7 milhões de pessoas, segundo dados da Câmara Brasileira da Indústria da Construção (CBIC). É um setor altamente impactado por obrigações tributárias complexas, especialmente em relação à previdência social, regime de tributação e estruturação societária.

Uma construtora foi notificada pela Receita Federal para regularizar uma obra de 18 meses. O INSS presumido ultrapassava R$ 280 mil.

Com base em estudo tributário e inteligência de negócios, foram organizados documentos como notas fiscais, contratos e folha de pagamento. O DRO foi entregue com cálculo técnico do INSS, utilizando metodologia de aferição indireta, conforme previsto na Instrução Normativa RFB n. 2.110/2022, que trata da comprovação de remuneração e execução de obra.

Resultado: redução do valor para R$ 92 mil, economia de R$ 180 mil e obtenção da Certidão Negativa de Débitos (CND) em menos de 60 dias.

Segregação de receitas no Simples Nacional

Empresa do Simples Nacional (CNAE 4120-4/00) também prestava serviços de locação de equipamentos com operador, mas tributava toda a receita pelo Anexo IV, gerando CPP adicional.

A atuação envolveu revisão contratual, correta classificação da receita e segregação entre Anexos III e IV, com ajustes mensais nos registros, conforme previsto na Lei Complementar n. 123/2006 e nas orientações do Comitê Gestor do Simples Nacional. Resultado: economia média de R$ 3.800 mensais e recuperação de valores pagos indevidamente nos últimos cinco anos via Pedido Eletrônico de Restituição, Ressarcimento ou Reembolso e Declaração de Compensação (PER/DCOMP).

Planejamento de regime tributário e reestruturação

Empresa inicialmente no Lucro Presumido expandiu para incorporação imobiliária. Foram feitas simulações entre Lucro Presumido e Real, análise de créditos fiscais e viabilidade do RET, conforme previsto na Lei n. 10.931/2004. A estruturação societária com Sociedade de Propósito Específico (SPE) permitiu melhor controle por empreendimento. Resultado: economia superior a R$ 150 mil no primeiro ano, maior controle financeiro e decisões mais estratégicas.

Esses casos mostram como a integração entre estudo tributário e inteligência de negócios fortalece a gestão, reduz riscos e melhora os resultados na construção civil. A aplicação de normas legais específicas e o uso de dados estratégicos permitem decisões mais seguras e eficientes em um setor vital para a economia brasileira

CONSIDERAÇÕES FINAIS

A construção civil é um setor vital para a economia brasileira, porém enfrenta um dos sistemas tributários mais complexos entre os segmentos produtivos. Dentro desse cenário desafiador, o estudo tributário aliado à inteligência de negócios se apresenta como uma abordagem fundamental para transformar desafios fiscais em oportunidades estratégicas.

Este capítulo demonstrou, por meio de análises técnicas detalhadas e exemplos práticos, como essa abordagem conjunta pode gerar segurança jurídica, promover economia tributária, possibilitar a recuperação de créditos e conferir vantagem competitiva às empresas do setor. Com um olhar analítico, profundo domínio das legislações vigentes e capacidade de integrar soluções entre as diversas áreas da gestão empresarial, o estudo tributário aliado à inteligência de negócios atua de maneira preventiva e estratégica.

Diante do aumento da fiscalização e da crescente demanda por práticas de *compliance*, torna-se indispensável que as empresas da construção civil passem a valorizar essa abordagem como parte integrante do planejamento do negócio. A inteligência tributária, quando aplicada com profundidade e visão sistêmica, tem o poder de preservar patrimônios, impulsionar resultados financeiros e garantir a sustentabilidade do setor a médio e longo prazo.

REFERÊNCIAS

BATISTA, Ana Karolline Pontes; MACHADO, Lúcio de Souza. Planejamento tributário em empresa da construção civil. *ConTexto*, Porto Alegre; UFRGS, v. 21, n. 49, p. 57/72, set./dez. 2021. Disponível em: https://seer.ufrgs.br/index.php/ConTexto/article/download/116751/pdf/491975. Acesso em: 29 set. 2025.

BRASIL. Receita Federal do Brasil. *Relatório Anual de Fiscalização 2024*. Disponível em: https://www.gov.br/receitafederal/pt-br/centrais-de-conteudo/publicacoes/relatorios/fiscalizacao. Acesso em: 29 set. 2025.

CÂMARA BRASILEIRA DA INDÚSTRIA DA CONSTRUÇÃO (CBIC). *Panorama Econômico e Jurídico da Construção Civil Brasileira 2024*. Disponível em: https://cbic.org.br/construcao-civil-cresce-43-em-2024-e-impulsiona-economia-nacional/. Acesso em: 29 set. 2025.

INSTITUTO BRASILEIRO DE GEOGRAFIA E ESTATÍSTICA (IBGE). *Perfil das Empresas e dos Empregos no Setor da Construção 2023-2024*. Disponível em: https://www.ibge.gov.br/estatisticas/economicas/servicos/17219-pesquisa-anual-da-construcao-civil.html. Acesso em: 29 set. 2025.

TOMAZ, Wellyton Carlos; PETRI, Sergio Murilo; CAMARGO, Amanda da Silva. Single-phase taxation of PIS and Cofins in a food company: calculation of Simples Nacional without segregation. *Seven Publicações Acadêmicas*, v. 23, n. 3, 2024. Disponível em: https://sevenpublicacoes.com.br/anais7/article/download/4783/8753/19419. Acesso em: 29 set. 2025.

UNIVERSIDADE FEDERAL DA PARAÍBA (UFBA). *Centro de Ciências Sociais Aplicadas. Lucro Presumido, Lucro Real, e para aquelas que optarem pela afetação do patrimônio, o Regime Especial de Tributação – RET*. Bastos, 2019. Disponível em: https://repositorio.ufpb.br/jspui/handle/123456789/32318. Acesso em: 29 set. 2025.

Capítulo **15**

Tributação e Inteligência de Negócios no segmento comercial (atacado e varejo): uma análise comparativa do cenário brasileiro pós-Lei Complementar n. 214/2025

Jacqueline Sousa Teixeira Garcia

INTRODUÇÃO

Este capítulo tem como propósito oferecer uma análise crítica e fundamentada sobre os efeitos da reforma tributária nos setores de atacado e varejo, situando esses impactos dentro de um cenário de transição normativa que remodela profundamente a lógica da tributação sobre o consumo no Brasil. A proposta é investigar como as mudanças legislativas afetam a dinâmica operacional, a estrutura de custos e a conformidade fiscal das empresas que atuam nesses segmentos essenciais da economia nacional.

O sistema tributário brasileiro caracteriza-se por sua complexidade e multiplicidade normativa, reflexo de um modelo federativo que distribui competências tributárias entre a União, os estados, o Distrito Federal e os municípios. Essa diversidade, embora essencial para assegurar a autonomia federativa, impõe desafios significativos às empresas, especialmente àquelas de pequeno e médio porte, que se veem obrigadas a lidar com obrigações acessórias difusas, interpretações divergentes e regimes diferenciados. Nesse contexto, o setor de comércio atacadista e varejista enfrenta entraves operacionais, logísticos e fiscais que comprometem sua competitividade.

Esse contexto tem se configurado como um obstáculo relevante ao desenvolvimento econômico, à competitividade empresarial e à efetivação da justiça fiscal. No âmbito do comércio atacadista e varejista, tais desafios tornam-se ainda mais evidentes, em virtude da multiplicidade de obrigações acessórias, da coexistência de regimes tributários diferenciados e da sobreposição de tributos incidentes sobre a circulação de bens e a prestação de serviços. Em um cenário de profundas transformações regulatórias e institucionais, a recente promulgação da reforma tributária, especialmente consolidada pela Emenda

Constitucional (EC) n. 132/2023 e regulamentada pela Lei Complementar (LC) n. 214/2025, representa um marco paradigmático para o setor.

O Código Tributário Nacional (CTN) atua como a base jurídica essencial para a aplicação das normas tributárias e o respeito ao princípio da legalidade, garantindo que qualquer mudança ocorra com respaldo legal e segurança jurídica, conforme os arts. 97 e 142 do CTN.

Embora esta abordagem não se enquadre estritamente no campo da filosofia, vale recorrer ao pensamento do filósofo **Johannes Hessen**, que oferece uma perspectiva relevante sobre o modo como se constrói o conhecimento. Para Hessen, todo saber resulta de uma relação dinâmica entre sujeito e objeto, na qual o objeto exerce influência sobre o sujeito, mas é este quem, por sua atividade intelectual, elabora uma representação interna capaz de alcançar a verdade. Essa visão reforça a importância de um olhar atento, crítico e consciente ao interpretar sistemas complexos, como o tributário, em tempos de transformação normativa.

O comércio atacadista e o varejista – pilares da cadeia de distribuição de bens no Brasil – representam, conjuntamente, significativa parcela da arrecadação tributária e do Produto Interno Bruto (PIB). Entretanto, enfrentam desafios particulares no que tange à cumulatividade de tributos, à fragmentação das regras estaduais de Imposto sobre Circulação de Mercadorias e Serviços (ICMS) e à complexidade na apuração de créditos fiscais. Com a substituição gradual dos tributos atuais pelo Imposto sobre Bens e Serviços (IBS), Contribuição sobre Bens e Serviços (CBS) e Imposto Seletivo (IS), surgem novas oportunidades, mas também incertezas quanto à efetividade da prometida simplificação fiscal.

O CTN detalha ainda os procedimentos para constituição do crédito tributário, lançamento, fiscalização, cobrança e defesa administrativa e judicial, o que é vital para o setor comercial acompanhar a transição sem perder direitos e segurança processual – arts. 142 a 162 do CTN.

Este trabalho, portanto, pretende contribuir para o debate acadêmico e prático sobre os efeitos da reforma tributária na dinâmica operacional e econômica dos setores citados, oferecendo subsídios para a tomada de decisão empresarial e para o aprimoramento da política tributária nacional.

REFERENCIAL TEÓRICO

Regimes tributários no Brasil: estrutura e finalidade

O sistema tributário brasileiro é delineado pela Constituição Federal de 1988, que atribui competências tributárias à União, aos estados, ao Distrito Federal e aos municípios. Em seu bojo, convivem diferentes regimes de apuração e recolhimento de tributos: o Simples Nacional, destinado às micro e pequenas empresas; o Lucro Presumido, voltado para empresas de médio porte com receita bruta anual até o limite legal; e o Lucro Real, exigido das grandes empresas ou de setores com obrigações específicas.

Esses regimes não apenas refletem a capacidade contributiva, mas também influenciam diretamente a dinâmica de *compliance* fiscal, a competitividade e a complexidade burocrática das empresas. Cada modelo impõe distintas metodologias de apuração de tributos como Imposto de Renda da Pessoa Jurídica (IRPJ), Contribuição Social sobre o Lucro Líquido (CSLL), Programa de Integração Social (PIS), Contribuição para o Financiamento da Seguridade Social (Cofins), ICMS e Imposto sobre Serviços de Qualquer Natureza (ISS), resultando em cargas tributárias efetivas variáveis e em diferentes possibilidades de aproveitamento de créditos.

O CTN, ao estabelecer princípios como legalidade (art. 97), capacidade contributiva e vedação ao confisco (art. 150, IV, da CF, refletido no CTN), orienta a estrutura desses regimes, prevenindo abusos e promovendo justiça fiscal para todos os portes de empresa.

Particularidades dos setores atacadista e varejista

O setor atacadista atua como elo intermediário entre indústrias e varejistas, concentrando-se em operações de venda em grande escala, com margens menores e logística robusta. Já o varejo se volta à comercialização direta ao consumidor final, com foco em experiência de compra, pulverização de pontos de venda e maior exposição à carga tributária final.

Ambos os setores enfrentam desafios específicos na gestão fiscal, sobretudo quanto à substituição tributária do ICMS, ao controle de estoques e à dificuldade de apropriação de créditos em cadeias longas de fornecimento. Além disso, a existência de incentivos fiscais estaduais, especialmente para centros de distribuição, contribui para distorções concorrenciais e para a chamada guerra fiscal.

Panorama tributário pré-reforma

Antes da promulgação da reforma tributária, o sistema era caracterizado pela cumulatividade parcial dos tributos indiretos (PIS e Cofins), pela multiplicidade de legislações estaduais do ICMS e pela sobreposição de obrigações acessórias. Isso impunha altos custos de conformidade, risco jurídico e incertezas quanto à compensação de créditos e incidência efetiva sobre produtos.

O regime anterior também estimulava condutas de planejamento tributário agressivo e provocava distorções na alocação geográfica de operações comerciais, em detrimento de critérios econômicos ou logísticos. A ineficiência e a complexidade do modelo antigo foram determinantes para impulsionar o debate político e técnico que resultou na Emenda Constitucional n. 132/2023.

Nesse cenário, o CTN exercia papel fundamental ao oferecer um arcabouço jurídico que limitava abusos por parte do Fisco e promovia justiça fiscal. Princípios como legalidade (art. 97), capacidade contributiva e vedação ao confisco (art. 150, IV, da CF, refletido no CTN) orientavam a estrutura dos regimes e serviam como baliza para empresas de todos os portes. Além disso, as regras sobre lançamento e fiscalização do crédito tributário (arts. 142 e seguintes) garantiam às empresas mecanismos para contestar cobranças indevidas e assegurar o aproveitamento correto dos créditos, mitigando riscos financeiros e autuações injustas.

CENÁRIO PRÉ-REFORMA TRIBUTÁRIA

O modelo tributário vigente até 2023 apresentava uma arquitetura fragmentada, com tributos federais, estaduais e municipais incidindo de maneira sobreposta e muitas vezes cumulativa sobre as operações comerciais. Os tributos indiretos como ICMS, PIS e Cofins, embora formalmente não cumulativos, geravam distorções na cadeia de créditos e na formação de preços.

O ICMS, imposto estadual sobre circulação de mercadorias, variava em alíquotas e regras conforme o Estado da Federação, exigindo das empresas um elevado grau de adaptação e *compliance*. A substituição tributária, largamente aplicada ao comércio, antecipava o pagamento do imposto em etapas anteriores da cadeia, prejudicando o fluxo de caixa das empresas, sobretudo no varejo.

No tocante aos regimes de apuração, o Lucro Presumido se destacava entre as médias empresas do setor, por sua simplicidade relativa, enquanto as maiores recorriam ao Lucro Real, com regras mais rigorosas. O Simples Nacional, por sua vez, apresentava atratividade para micro e pequenas empresas, embora com limitações de aproveitamento de créditos.

Benefícios fiscais estaduais, notadamente incentivos para instalação de centros de distribuição, fomentaram a guerra fiscal, gerando insegurança jurídica e decisões conflitantes no Supremo Tribunal Federal (STF). A carga tributária efetiva, somada à multiplicidade de obrigações acessórias (SPED, EFD, Dime etc.), resultava em alto custo de conformidade e entraves logísticos.

MUDANÇAS TRAZIDAS PELA REFORMA TRIBUTÁRIA

Com a promulgação da EC n. 132/2023, o sistema tributário brasileiro iniciou um processo de profunda reformulação. A proposta central da reforma consiste na substituição de cinco tributos (ICMS, ISS, PIS, Cofins e IPI) por três novos: o Imposto sobre Bens e Serviços (IBS), de competência estadual e municipal; a Contribuição sobre Bens e Serviços (CBS), federal; e o Imposto Seletivo (IS), destinado a desestimular o consumo de produtos prejudiciais à saúde e ao meio ambiente.

A CBS e o IBS terão incidência ampla e alíquota única, com base no valor agregado, adotando o modelo de crédito financeiro, o que permite maior neutralidade e transparência. A promessa é de eliminação da cumulatividade e simplificação do sistema, com a substituição das obrigações acessórias por um modelo unificado e digital.

Para os setores de atacado e varejo, a mudança trará repercussões significativas. A sistemática de créditos mais clara e o fim da substituição tributária, prevista para a transição, prometem ganhos de eficiência. No entanto, a alíquota total poderá variar conforme o *mix* de produtos e estados, o que exige adaptações tecnológicas e gerenciais.

O período de transição, de 2026 a 2032, prevê a convivência entre os regimes antigos e os novos, com regras de compensação e calibragem progressiva. O Comitê Gestor do IBS terá papel crucial na regulamentação e aplicação uniforme entre estados e municípios, buscando reduzir as distorções históricas da Federação.

COMPARATIVO ENTRE OS CENÁRIOS PRÉ E PÓS-REFORMA

A substituição de cinco tributos por dois principais (CBS e IBS) representa, em tese, avanço em termos de racionalidade fiscal. Antes da reforma, a carga efetiva sobre o setor varejista variava conforme produto, regime e localização, dificultando a formação de preços e a comparação entre estados. O novo modelo tende a trazer mais uniformidade, especialmente com a cobrança no destino.

Simulações de especialistas apontam que, apesar da expectativa de alíquotas nominais superiores, o novo sistema poderá resultar em carga líquida menor ou semelhante, dependendo da estrutura de custos e do grau de formalidade das empresas. Setores com grande volume de compras tributadas tendem a ser beneficiados, por aproveitarem mais créditos.

No caso do atacado, a adoção do modelo de crédito financeiro tende a conferir maior segurança jurídica na apropriação dos créditos e mais previsibilidade na formação de preços, contribuindo para uma gestão tributária mais estratégica. Já o varejo poderá se beneficiar do alívio no fluxo de caixa com o fim da substituição tributária, embora precise lidar com a complexidade de repassar adequadamente os preços ao consumidor final, especialmente em um cenário de margens reduzidas e alta concorrência.

DESAFIOS E PERSPECTIVAS

Esse contexto tem se configurado como um obstáculo relevante ao desenvolvimento econômico, à competitividade empresarial e à efetivação da justiça fiscal. No âmbito do comércio atacadista e varejista, tais desafios tornam-se ainda mais evidentes, em virtude da multiplicidade de obrigações acessórias, da coexistência de regimes tributários diferenciados e da sobreposição de tributos incidentes sobre a circulação de bens e a prestação de serviços. Em meio a transformações regulatórias e institucionais, a promulgação da reforma tributária – consolidada pela EC n. 132/2023 e regulamentada pela LC n. 214/2025 – representa um momento decisivo para o setor.

A transição exigirá investimentos consideráveis em tecnologia, capacitação de equipes e adaptação de sistemas de *Enterprise Resource Planning* (ERP), tornando a governança tributária elemento central no planejamento estratégico das empresas, especialmente aquelas com operações interestaduais. A LC n. 214/2025 também introduz regime de alíquota zero para 26 produtos da Cesta Básica Nacional de Alimentos (Anexo I), cujo objetivo é garantir acesso e justiça fiscal à população de baixa renda, preservando créditos tributários sem aumentar a regressividade do sistema. Ao mesmo tempo, o ICMS e o ISS serão substituídos pelo IBS, o que deverá reduzir a guerra fiscal; porém, novas disputas poderão surgir na repartição da receita entre os entes federativos.

Embora a simplificação seja uma promessa real, ela depende da regulamentação eficaz do padrão de alíquota, da definição de regimes especiais (como para Microempreendedor Individual – MEI – e Simples Nacional) e da atuação eficiente do Comitê Gestor do IBS/CBS. Permanecem desafios ligados à calibragem das alíquotas e ao impacto nos preços finais ao consumidor.

CONSIDERAÇÕES FINAIS

A reforma tributária brasileira representa uma oportunidade histórica de superar décadas de ineficiência, complexidade e desigualdade no sistema de arrecadação. Para os setores atacadista e varejista, a transição entre regimes demanda análise cautelosa, planejamento estratégico e investimento em adaptação tecnológica.

O novo modelo, baseado em CBS e IBS, promete maior neutralidade, transparência e segurança jurídica. Entretanto, os ganhos efetivos dependerão da regulamentação complementar e da capacidade das empresas de se adaptar aos novos padrões. É fundamental que o processo seja acompanhado por medidas de simplificação acessória, incentivos à conformidade e atenção às especificidades regionais.

Ao analisar as perspectivas sobre a reforma tributária e seus impactos no comércio atacadista e varejista, considero fundamental apoiar-me em autores e especialistas que trazem contribuições sólidas e bem fundamentadas para o debate. Assim, alinhada a uma visão técnica e equilibrada, cito abaixo alguns mestres do direito tributário brasileiro cujos pensamentos e análises guiam a reflexão deste capítulo, e com os quais concordo em muitos aspectos.

Faço menção, neste trecho, a um dos nomes mais respeitados da doutrina tributária brasileira: **Paulo de Barros Carvalho**, cuja visão, que considero **conservadora e tecnicamente refinada**, oferece uma leitura cautelosa sobre os rumos da reforma tributária nacional. O autor defende que reformas no sistema tributário brasileiro devem seguir uma lógica de **intervenções pontuais, graduais e normativamente fundamentadas**, a fim de preservar a segurança jurídica e a estabilidade federativa. Em sua visão, a racionalização de tributos como o PIS e a Cofins deveria representar o ponto de partida de um processo reformador eficiente e minimamente disruptivo. Tal abordagem, ainda que possa provocar uma eventual retração inicial da arrecadação, tende a ser compensada com a **expansão da base contributiva e com a maior adesão espontânea dos contribuintes** (ETCO, 2022).

Ademais, Carvalho alerta para os riscos de **centralização excessiva da arrecadação na União**, o que comprometeria a autonomia de estados e municípios e enfraqueceria o pacto federativo (Fiscosul, 2023). É igualmente crítico à proposta de **um imposto único sobre o consumo**, considerado por ele incompatível com a complexidade regional e econômica do Brasil. Para o autor, modificações estruturais profundas, como as propostas na atual reforma tributária, não devem ocorrer sem o devido amadurecimento jurídico e político, sob pena de **invalidação de décadas de doutrina e jurisprudência**, comprometendo a coerência do sistema e gerando insegurança jurídica. Assim, a opção por mudanças graduais, iniciando pela reestruturação dos tributos já existentes, representa, em sua visão, o caminho mais prudente para garantir **previsibilidade, legalidade e estabilidade institucional** (Nagurnhak, 2024).

O contador e advogado tributarista **Fellipe Guerra** é referência ativa nas discussões sobre a reforma tributária, tendo participado de audiências públicas no Senado Federal. Ele destaca a importância da tecnologia para a implementação da reforma, enfatizando a necessidade de racionalização, redução de redundâncias e simplificação do sistema tributário, visando maior segurança jurídica à sociedade. Guerra alerta para os impactos da reforma no comércio, especialmente no aumento do custo do *compliance* tributário e nos efeitos para empresas do Simples Nacional, indicando que houve simulações que apontam aumento da carga tributária para esse segmento, independentemente da etapa da cadeia econômica (CFC, 2024).

O professor e tributarista **Hugo de Brito Machado** destaca a importância da simplificação do ICMS, tributo estadual central para o comércio atacadista e varejista. Segundo Machado, a reforma tributária deve buscar reduzir a litigiosidade e as distorções causadas pela guerra fiscal entre Estados, harmonizando alíquotas e regras para promover segurança jurídica e eficiência no mercado interno. Ele defende um equilíbrio entre a autonomia estadual e a uniformização necessária para fomentar o desenvolvimento econômico e a competitividade do comércio (Machado, 2020).

Este trabalho espera ter contribuído para a compreensão dos efeitos da reforma sobre o comércio brasileiro e aponta como campo fértil para futuras pesquisas a análise empírica dos impactos práticos da implementação nos próximos anos.

Como destaca o renomado jurista e tributarista Edvaldo Brito, "a tributação sobre o consumo precisa ser simplificada, mas sem esquecer que o comércio é atividade de circulação, e não de produção" (Brito, 2009). Tal observação reforça a importância de considerar as especificidades do setor comercial no desenho da reforma tributária, sobretudo no que diz respeito à neutralidade e à justiça fiscal.

REFERÊNCIAS

BRASIL. *Lei Complementar n. 123, de 14 de dezembro de 2006*. Altera o Sistema Tributário Nacional. Disponível em: https://www.planalto.gov.br/ccivil_03/constituicao/emendas/emc/emc132.htm. Acesso em: 29 set. 2025.

BRASIL. *Lei Complementar n. 214, de 2025*. Institui o Imposto sobre Bens e Serviços (IBS), a Contribuição Social sobre Bens e Serviços (CBS) e o Imposto Seletivo (IS); cria o Comitê Gestor do IBS e altera a legislação tributária. Disponível em: https://www.planalto.gov.br/ccivil_03/leis/lcp/lcp214.htm. Acesso em: 29 set. 2025.

CARVALHO, Paulo de Barros. *Direito tributário*: linguagem e método. 9. ed. São Paulo: Noeses, 2022.

CARVALHO, Paulo de Barros. Reforma tributária e a federação: riscos e desafios. [Entrevista]. *Fiscosul*, 2023. Disponível em: https://fiscosul.org.br/noticias/reforma-tributaria-deve-ser-fatiada-diz-paulo-de-barros/304. Acesso em: 3 ago. 2025.

CASTRO, Ana Carla Abrão; SILVEIRA, Fábio Giambiagi. Reforma tributária: fundamentos e impactos esperados. *Revista Conjuntura Econômica*, v. 76, n. 2, p. 32-45, 2024.

CARVALHO, Paulo de Barros. "Sistema tributário funciona e não requer reparos." Entrevista a Alessandro Cristo. *Consultor Jurídico*, 17 jan. 2010. Disponível em: https://www.conjur.com.br/2010-jan-17/entrevista-paulo-barros-carvalho-professor-direito-tributario. Acesso em: 3 ago. 2025.

CONSELHO FEDERAL DE CONTABILIDADE (CFC). *Sistema CFC/CRCs debate no Senado os impactos da reforma tributária para as empresas do Simples*. Brasília, 2024. Disponível em: https://cfc.org.br/noticias/sistema-cfc-crcs-debate-no-senado-os-impactos-da-reforma-tributaria-para-as-empresas-do-simples/?utm_source=chatgpt.com. Acesso em: 3 ago. 2025.

CONSELHO NACIONAL DE POLÍTICA FAZENDÁRIA (CONFAZ). *Protocolos ICMS e Convênios.* Disponível em: https://www.confaz.fazenda.gov.br/. Acesso em: 10 jul. 2025.

HESSEN, Johannes. *Teoria do conhecimento.* 3. ed. São Paulo: WMF Martins Fontes, 2012.

FISCOSUL. *Reforma tributária deve ser fatiada, diz Paulo de Barros Carvalho.* 2023. Disponível em: https://fiscosul.org.br/noticias/reforma-tributaria-deve-ser-fatiada-diz-paulo-de-barros/304. Acesso em: 3 ago. 2025.

INSTITUTO BRASILEIRO DE ÉTICA CONCORRENCIAL (ETCO). *Sistema tributário funciona e não requer reparos, afirma Paulo de Barros Carvalho.* 2022. Disponível em: https://www.etco.org.br/etco-na-midia/entrevista-paulo-de-barros-carvalho-sistema-tributario-funciona-e-nao-requer-reparos. Acesso em: 3 ago. 2025.

INSTITUTO BRASILEIRO DE PLANEJAMENTO E TRIBUTAÇÃO (IBPT). *Carga tributária brasileira*: composição, distribuição e impacto nos setores econômicos. Curitiba, 2023.

MACHADO, Hugo de Brito. *Curso de direito tributário.* 38. ed. São Paulo: Malheiros, 2020.

NAGURNHAK, Gilmara Cristina. PIS/Cofins no cenário da reforma tributária. *Migalhas,* 23 out. 2024. Disponível em: https://www.migalhas.com.br/depeso/418085/pis-cofins-no-cenario-da-reforma-tributaria. Acesso em: 3 ago. 2025.

PORTAL DA RECEITA FEDERAL. *Tributos federais – PIS, Cofins, CSLL, IRPJ e Simples Nacional.* Disponível em: https://www.gov.br/receitafederal. Acesso em: 10 jul. 2025.

SOUZA, Daniel de; PEREIRA, Luiz Fernando. A reforma tributária e o comércio varejista: desafios e oportunidades. *Revista de Direito Tributário Atual,* v. 48, p. 65-89, 2024.

Capítulo **16**

Tributação e Inteligência de Negócios no segmento da nova economia: desafios e perspectivas na tributação do mercado digital

Mayara de Oliveira Marques
Caroline Epifânio de Queiroz Gama

INTRODUÇÃO

A economia digital transformou profundamente a forma de produção, consumo e interação comercial. Com a ascensão do *e-commerce*, dos serviços sob demanda e das plataformas tecnológicas, novos modelos de negócio surgiram, desafiando as bases tradicionais da tributação. A reforma tributária aprovada em 2023 por meio da Emenda Constitucional (EC) n. 132 busca reestruturar o sistema tributário brasileiro, prometendo maior simplicidade, neutralidade e justiça fiscal.

Nesse contexto, este capítulo tem por objetivo analisar os reflexos da nova economia no sistema tributário brasileiro, com ênfase nas alterações promovidas pela reforma tributária. O estudo também pretende discutir os desafios e oportunidades para o Fisco e os contribuintes na era digital.

A NOVA ECONOMIA E A DINÂMICA DIGITAL

O termo "nova economia" abrange setores impulsionados pela tecnologia, como o *e-commerce*, os *marketplaces*, as *fintechs*, o *streaming*, entre outros. Segundo a Ebit/Nielsen, o *e-commerce* brasileiro cresceu 24% em 2022, movimentando mais de R$ 169 bilhões. A digitalização também expandiu o número de contribuintes e transações sujeitas à tributação, muitas vezes além das fronteiras nacionais, o que desafia o modelo tributário territorial tradicional.

A REFORMA TRIBUTÁRIA E A NOVA REALIDADE DIGITAL

A Emenda Constitucional (EC) n. 132/2023 estabeleceu, entre outros pontos, a substituição de cinco tributos (PIS, Cofins, IPI, ICMS e ISS) por dois: a Contribuição sobre Bens e Serviços (CBS) e o Imposto sobre Bens e Serviços (IBS). Essa fusão visa unificar a base de consumo e permitir maior neutralidade, o que é essencial na economia digital, onde muitas operações misturam bens e serviços.

Esses novos tributos – CBS de competência federal e IBS de competência compartilhada entre estados e municípios – serão aplicáveis a operações digitais, independentemente da forma de entrega (física ou virtual), baseando-se no princípio do destino. Assim, plataformas digitais, *marketplaces*, serviços de *streaming* e *softwares* sob demanda passarão a ser tributados conforme o local do consumo, e não da sede da empresa.

Outro aspecto relevante é o "Imposto Seletivo", que incidirá sobre bens e serviços prejudiciais à saúde e ao meio ambiente, mas cuja regulamentação poderá futuramente alcançar determinados segmentos digitais – como jogos eletrônicos com potencial aditivo ou que envolvam monetização abusiva.

A criação de um sistema eletrônico de apuração em tempo real e nota fiscal eletrônica padronizada são instrumentos fundamentais para operacionalizar a tributação digital, garantindo rastreabilidade e transparência.

DESAFIOS DA TRIBUTAÇÃO DIGITAL

A tributação da economia digital apresenta desafios estruturais e normativos que ultrapassam a mera adaptação de alíquotas ou bases de cálculo. Estamos diante de um modelo de negócios descentralizado, sem fronteiras físicas, baseado em ativos intangíveis, dados e plataformas. Com efeito, isso gera múltiplas dificuldades ao Fisco, como a identificação do local de ocorrência do fato gerador, a definição do sujeito passivo (em especial no caso de empresas sem presença física no país) e a caracterização de receitas oriundas de modelos baseados em publicidade, algoritmos e monetização de dados.

A reforma tributária de 2023, ao instituir os tributos CBS e IBS com base no princípio do destino, buscou responder a esse novo contexto ao permitir que a tributação se vincule ao local do consumo – e não mais à localização do fornecedor. No entanto, a aplicação prática dessa diretriz enfrenta obstáculos operacionais, tais como a rastreabilidade de operações transfronteiriças, a integração entre entes federativos e a identificação precisa dos fluxos financeiros digitais.

Nesse cenário, a inteligência tributária emerge como elemento estratégico e necessário. Trata-se da aplicação de técnicas de inteligência de negócios (TIN), *analytics* e ciência de dados para promover uma tributação mais precisa, eficiente e justa. Como demonstram os relatórios da Procuradoria-Geral da Fazenda Nacional (PGFN), o uso de bases públicas e dados abertos, aliados a sistemas de cruzamento automatizado, já permite identificar devedores contumazes, simular riscos setoriais e realizar análises preditivas que orientam a atuação fiscal.

Além disso, a chamada governança tributária – no contexto digital – deve incorporar modelos de *compliance* adaptados à tributação digital, incluindo sistemas de reporte em tempo real, trilhas de auditoria algorítmica e instrumentos de detecção de fraudes estruturadas por meio de *machine learning*. Isso é particularmente relevante diante da crescente judicialização das relações tributárias, que impacta tanto a previsibilidade como a segurança jurídica das empresas e do próprio Estado.

A transformação digital, portanto, impõe ao Estado e aos contribuintes a adoção de uma nova racionalidade tributária, centrada na simetria informacional, no controle sistêmico e na responsividade regulatória. Cabe ao legislador e às administrações tributárias aplicar o princípio da capacidade contributiva (CF/88, art. 145, § 1º) também às atividades econômicas intangíveis, assegurando tratamento proporcional e equitativo. Isso exige, por exemplo, que tributos não incidam regressivamente sobre plataformas digitais ou usuários finais, mas sim sobre as cadeias de valor mais lucrativas e com maior potencial de monetização.

Ao fim, a efetividade da tributação digital dependerá menos de novas normas e mais da capacidade institucional do Estado de utilizar a inteligência tributária como instrumento técnico, jurídico e estratégico. Essa é a chave para garantir justiça fiscal em uma era marcada pela volatilidade, pela automação e pela intensificação dos fluxos digitais.

CAMINHOS PARA UMA TRIBUTAÇÃO EFICIENTE E JUSTA

A implementação de um sistema tributário eficiente e justo na era digital demanda mais do que ajustes pontuais em alíquotas ou normas infralegais: exige um redesenho sistêmico do modelo de arrecadação, gestão e fiscalização tributária. Nesse contexto, três eixos principais se impõem como diretrizes estratégicas: (i) simplificação normativa com justiça distributiva; (ii) neutralidade econômica com base no princípio da capacidade contributiva; e (iii) aplicação integrada de inteligência tributária e analítica de dados como fundamento técnico da administração tributária contemporânea.

A reforma tributária aprovada em 2023 representa um passo importante ao promover a unificação dos tributos sobre consumo, a incidência no destino e a adoção de um modelo de imposto sobre valor agregado (IVA dual). No entanto, para que tal estrutura gere, de fato, eficiência e equidade, será essencial dotar o sistema de mecanismos de inteligência fiscal que permitam operacionalizar, com precisão e responsividade, a arrecadação e fiscalização sobre cadeias digitais de valor.

A inteligência tributária – conceito que vai além do mero cruzamento de dados – pode ser compreendida como a integração entre tecnologia da informação, ciência de dados, análise preditiva e raciocínio jurídico estratégico para fins de monitoramento, auditoria, detecção de fraudes e planejamento de políticas fiscais. Em um sistema de IVA moderno, como o que está sendo desenhado com a CBS e o IBS, a rastreabilidade das transações se torna pilar estrutural. Isso requer um ambiente tecnológico em que as operações digitais, inclusive transfronteiriças, sejam capturadas em tempo real, georreferenciadas e processadas por algoritmos fiscais robustos.

Sob essa ótica, propõem-se os seguintes caminhos operacionais para consolidar uma tributação eficiente e justa no ambiente digital:

a) **Sistemas integrados de apuração e conformidade fiscal:** a padronização da Nota Fiscal Eletrônica (NF-e), o uso da escrituração digital e a interoperabilidade entre os fiscos federal, estadual e municipal devem ser potencializados por meio de plataformas em nuvem com validação cruzada automatizada. A unificação dos cadastros tributários e das informações contábeis amplia a capacidade de identificação de inconsistências, otimiza auditorias e reduz litígios.

b) **Segmentação preditiva de risco fiscal:** o uso de modelos de *machine learning* permite classificar contribuintes segundo perfis de risco, com base em comportamento fiscal, volume de operações, variações sazonais e conexões com outros agentes econômicos. Essa segmentação é crucial para a atuação proativa do Fisco e a redução da evasão sem aumento do ônus fiscal para os contribuintes regulares.

c) **Tributação baseada em dados e fatos reais:** a superação da formalidade excessiva exige um sistema tributário ancorado em eventos econômicos reais, inclusive de base algorítmica (como monetização de tráfego, publicidade digital e uso de dados pessoais). A inteligência de negócios permite mapear esses fluxos e quantificar, com base em evidências, a capacidade contributiva efetiva das empresas digitais, internalizando receitas hoje escapáveis por ausência de normas eficazes.

d) **Combate à regressividade e garantia do mínimo existencial:** com o uso de inteligência fiscal, é possível estruturar modelos de restituição, compensação ou isenção automatizada para consumidores de baixa renda, mitigando o efeito regressivo dos tributos sobre consumo. Isso concretiza o mandamento constitucional da capacidade contributiva, especialmente na tributação indireta.

e) **Apoio à tomada de decisão estratégica:** a inteligência tributária também deve servir ao planejamento do Estado. Dados agregados sobre arrecadação, sonegação setorial, elasticidade tributária e impacto social de isenções podem orientar a formulação de políticas públicas tributárias mais alinhadas aos objetivos constitucionais de justiça social, eficiência e segurança jurídica.

Por fim, é preciso destacar que a governança tributária no setor privado também deve evoluir paralelamente, com comitês internos de conformidade, auditoria e uso ético de dados, em alinhamento com as diretrizes de *compliance* e integridade fiscal previstas na Lei Anticorrupção e no Decreto n. 11.129/2022.

A construção de uma tributação eficiente e justa, portanto, não é um projeto unicamente legislativo, mas um esforço institucional, tecnológico e ético – no qual a inteligência tributária funciona como ponte entre a complexidade da nova economia e os princípios fundantes do sistema tributário democrático.

CONSIDERAÇÕES FINAIS

A nova economia impõe desafios significativos ao sistema tributário brasileiro, exigindo adaptação à realidade digital e globalizada. A reforma tributária é um passo relevante, mas deve ser acompanhada de regulação clara e moderna sobre a tributação digital. A adoção de soluções tecnológicas, cooperação internacional e inteligência fiscal serão fundamentais para garantir eficiência, legalidade e justiça tributária.

REFERÊNCIAS

BRASIL. *Emenda Constitucional n. 132, de 20 de dezembro de 2023*. Dispõe sobre a Reforma Tributária. Disponível em: https://www.planalto.gov.br. Acesso em: 1 ago. 2025.

EBIT/NIELSEN. *Relatório Webshoppers 47*. 2023. Disponível em: https://www.ebit.com.br. Acesso em: 1 ago. 2025.

OCDE. *Tax challenges arising from digitalisation*: report on pillar one and pillar two. 2022. Disponível em: https://www.oecd.org/tax/beps/. Acesso em: 01 ago. 2025.

RAZUK, Ricardo. *Tributação na economia digital*. São Paulo: Thomson Reuters, 2022.

SILVA, Rafael. Reforma Tributária e o Desafio Digital. *Revista Brasileira de Tributos*, v. 28, n. 3, p. 115-138, 2024.

Capítulo **17**

Tributação e Inteligência de Negócios na Zona Franca de Manaus e os impactos da reforma tributária

Pâmela Bonifácio
Luciana dos Santos Rosas Perin

INTRODUÇÃO

A Zona Franca de Manaus (ZFM) é considerada um dos maiores instrumentos de política econômica estratégica para o equilíbrio federativo, a geração de empregos, o incentivo às tecnologias e a preservação da Floresta Amazônica.

Em síntese, este capítulo analisa a ZFM sob a perspectiva da inteligência tributária e de negócios, indo além da visão restrita à isenção fiscal. Serão abordados seus fundamentos jurídicos, sua função econômica e as estratégias necessárias para reposicioná-la como um modelo competitivo, especialmente diante das transformações trazidas pela reforma tributária.

A perda de incentivos fiscais e a falta de manutenção da ZFM resultariam em prejuízos incalculáveis não apenas para a região, mas para todo o país, comprometendo a competitividade das empresas ali estabelecidas e criando riscos significativos de desmonte do parque industrial. As consequências socioeconômicas e ambientais de uma possível desestruturação do Polo Industrial de Manaus incluem a perda de empregos formais, a queda da renda regional, a redução da arrecadação tributária e impactos negativos na educação e no meio ambiente, além de um incentivo ao desmatamento da Floresta Amazônica. Esses efeitos prejudicariam a reputação internacional do Brasil.

FUNDAMENTOS JURÍDICO-TRIBUTÁRIOS DA ZONA FRANCA DE MANAUS

A ZFM não é apenas um regime de incentivos fiscais, mas sim uma construção jurídico-estratégica que reflete escolhas políticas de longo prazo voltadas à integração econômica, à proteção da Amazônia e ao reequilíbrio federativo.

Seu nascimento formal deu-se com o Decreto-lei n. 288/67, em substituição ao antigo entreposto comercial da década de 1950, e seu amadurecimento foi sendo moldado por sucessivas normas constitucionais, infraconstitucionais e conveniais, adaptadas às complexidades da realidade tributária nacional.

Ao longo de mais de cinco décadas, o regime da ZFM passou por transformações que expressam um sofisticado processo de maturação institucional. Inicialmente voltado à simples montagem de produtos com forte dependência de insumos importados, evoluiu para um modelo de verticalização produtiva embarcado em tecnologia e inovações, com exigência de conteúdo nacional e, mais adiante, com a imposição de contrapartidas técnicas por meio do Processo Produtivo Básico (PPB). Essa transição, marcada pela Lei n. 8.387/91, traduziu a necessidade de dar racionalidade econômica ao privilégio fiscal – amarrando o incentivo à produção efetiva, desenvolvimento e inovação tecnológica e geração de empregos locais.

Esse amadurecimento jurídico acompanha também a crescente sofisticação das estruturas empresariais na região. O modelo incentivado não apenas atrai empresas, mas estrutura cadeias produtivas completas e complexas, orientadas por critérios jurídicos específicos (projetos técnicos, controle de insumos, rastreabilidade) e pela atuação da Superintendência da Zona Franca de Manaus (Suframa) como órgão gestor e fiscalizador.

No plano constitucional, o regime recebeu robusta proteção por meio do art. 40 do Ato das Disposições Constitucionais Transitórias (ADCT) da Constituição Federal, com prorrogação até 2073 pela Emenda Constitucional (EC) n. 83/2014. Esse respaldo confere estabilidade normativa, o que é vital em um ambiente de negócios em que o tempo de retorno do investimento é longo e a confiança institucional é determinante.

Com a chegada da reforma tributária, regulamentada pela EC n. 132/2023 e pela Lei Complementar (LC) n. 214/2025, são implementados mecanismos relevantes ao desenvolvimento industrial da região, colocando a ZFM diante de um novo ciclo. Embora os tributos sobre consumo tenham sido substituídos pelo Imposto sobre Bens e Serviços (IBS) e pela Contribuição sobre Bens e Serviços (CBS), o texto constitucional e a legislação complementar asseguram a preservação do diferencial competitivo da ZFM, inclusive com a adoção de instrumentos inéditos, como:

- Créditos presumidos com aplicação segmentada por tipo de operação.
- Suspensão, isenção e alíquota zero condicionados à conformidade produtiva.
- Tratamento fiscal favorecido para o comércio e a prestação de serviços locais.

Em termos estratégicos, o regime da ZFM representa uma exceção modelada para gerar impacto econômico regional com eficiência tributária. Mais do que um conjunto de isenções, trata-se de uma plataforma jurídica de estímulo à industrialização localizada, cuja arquitetura legal foi concebida para compensar os altos custos logísticos e estruturais da região amazônica, e preservar sua função geopolítica.

Sua continuidade até 2073 – agora reafirmada mesmo dentro de um novo paradoxo tributário – dependerá menos de garantias formais e mais da inteligência institucional para manter o modelo relevante, adaptável e economicamente justificável. A ZFM segue sendo, portanto, um dos poucos regimes brasileiros que articulam com profundidade a relação entre tributação e desenvolvimento.

Compreendidos os fundamentos jurídico-tributários que sustentam a ZFM, é essencial explorar os principais incentivos fiscais que compõem esse regime e como eles se adaptam ao novo cenário tributário que emergiu após a reforma, garantindo a competitividade e a viabilidade das operações na região.

PRINCIPAIS INCENTIVOS FISCAIS DA ZONA FRANCA DE MANAUS NO ATUAL CENÁRIO E NA PÓS-REFORMA TRIBUTÁRIA

Os incentivos fiscais da ZFM não constituem meras concessões tributárias, mas sim instrumentos estratégicos de diferenciação econômica, capazes de alterar decisões de localização produtiva, estruturação de cadeias de suprimento e viabilidade de novos investimentos. Em última análise, traduzem-se em redução de custos de operação e de preços mais competitivos. Em um país com elevada carga tributária e logística desafiadora, o modelo da ZFM especialmente opera como um vetor de equalização regional e inteligência fiscal aplicada.

O núcleo dos benefícios concentra-se nos seguintes pilares: empresas industriais, comerciais e de serviços habilitadas junto à Suframa, que usufruem de regimes de isenção, suspensão e redução dos principais tributos indiretos e diretos (Quadro 1).

Conforme demonstrado no quadro, os incentivos fiscais – especialmente na aquisição de bens de origem importada, nacional ou nacionalizada, como insumos, bens intermediários, embalagens, bens de uso e consumo e ativos para o parque fabril ou escritório – garantem na pós-reforma tributária a desoneração integral (100%) dos novos tributos. Essa medida evita o acúmulo de créditos tributários e contribui para a otimização do fluxo de caixa das empresas.

A LC n. 214/2025 restringiu de forma clara esses incentivos ao processo produtivo realizado na região. Assim, bens adquiridos com os benefícios e remetidos para fora da ZFM, sem industrialização ou sem comprovação de ingresso no estabelecimento de destino localizado na ZFM, terão o IBS e a CBS exigidos integralmente com os acréscimos legais.

Quadro 1 Principais incentivos fiscais da Zona Franca de Manaus no atual cenário e na pós-reforma tributária

Atual cenário	Pós-reforma tributária
II: redução ou isenção de impostos sobre a importação de insumos e equipamentos destinados à industrialização	II: redução ou isenção de impostos sobre a importação de insumos e equipamentos destinados à industrialização
IPI: isenção do imposto para produtos nacionais adquiridos de outras regiões	IPI: isenção do imposto para produtos nacionais adquiridos de outras regiões
IRPJ: redução de até 75% do imposto, além de incentivos para reinvestimento de lucros	IRPJ: redução de até 75% do imposto, além de incentivos para reinvestimento de lucros
ICMS: isenções, reduções de base de cálculo, créditos fiscais e diferimento do pagamento, tanto na aquisição de insumos quanto na saída de produtos acabados	IBS: suspensão, isenção, alíquota zero nas aquisições de insumos, materiais de uso, consumo e ativos imobilizados de origem importada, nacional e nacionalizada, bem como créditos presumidos nas aquisições e nas operações de vendas
PIS e Cofins: redução a zero na aquisição de mercadorias, insumos ou máquinas nacionais ou nacionalizadas, bem como alíquotas reduzidas na comercialização de produtos fabricados na ZFM às demais regiões do país	CBS: suspensão, isenção, alíquota zero nas aquisições de insumos, materiais de uso, consumo e ativos imobilizados nacionais e nacionalizados, bem como créditos presumidos nas aquisições e nas operações de vendas

CBS: Contribuição sobre Bens e Serviços; Cofins: Contribuição para o Financiamento da Seguridade Social; IBS: Imposto sobre Bens e Serviços; ICMS: Imposto sobre Circulação de Mercadorias e Serviços; II: Imposto de Importação; IPI: Imposto sobre Produtos Industrializados; IRPJ: Imposto de Renda de Pessoa Jurídica; PIS: Programa de Integração Social; ZFM: Zona Franca de Manaus.

Após a reforma tributária, permanecem vedados incentivos para armas, fumo, bebidas alcoólicas, automóveis de passageiros, exceção ao petróleo, lubrificantes, combustíveis, produtos de perfumaria e cosméticos quando destinados exclusivamente ao consumo interno da ZFM ou produzidos com matérias-primas da fauna e da flora regionais, seguindo o processo produtivo básico.

Além da vedação aos incentivos mencionados, essa restrição se estende aos bens de uso e consumo pessoal, salvo se demonstrado que são necessários ao desenvolvimento da atividade do contribuinte vinculada ao projeto técnico-econômico aprovado.

Dos créditos presumidos

Com a transição para o novo sistema tributário, a LC n. 214/2025 introduziu mecanismos inovadores para compensar a perda dos incentivos fiscais tradicionais. Destacam-se os créditos presumidos de IBS e CBS, com percentuais que variam conforme:

- Destino da mercadoria (mercado interno ou externo à ZFM).
- Classificação do bem (intermediário, final, capital, tecnologia).
- Origem da operação (região geográfica do remetente).

Exemplo: uma indústria localizada na ZFM pode usufruir de crédito presumido de até 100% sobre o saldo devedor de IBS em saídas, para a própria região ou para o restante do território nacional, mantendo a competitividade mesmo com a incidência integral do novo tributo.

De acordo com o art. 450, § 1º, da LC n. 214/2025, o crédito presumido de IBS será apropriado nos seguintes percentuais sobre o saldo apurado e devedor desse imposto:

> I – 55% (cinquenta e cinco por cento) para bens de consumo final;
>
> II – 75% (setenta e cinco por cento) para bens de capital;
>
> III – 90,25% (noventa inteiros e vinte e cinco centésimos por cento) para bens intermediários; e
>
> IV – 100% (cem por cento) para bens de informática e para os produtos que a legislação do Estado do Amazonas, até 31 de dezembro de 2023, estabeleceu crédito estímulo de ICMS neste percentual.

A LC n. 214/2025 também instituiu o crédito presumido de CBS, permitindo que as empresas recuperem parte dos tributos pagos em suas operações, contribuindo para equilibrar os efeitos da isenção do IPI sobre produtos e, especialmente, para manter a saúde fiscal e a competitividade das empresas, nos seguintes percentuais:

- 6% nas operações de vendas de produtos que tiveram sua alíquota de IPI reduzida a zero em todo o território brasileiro.
- 2% nas dcmais operações.

Os créditos presumidos de CBS serão aplicados apenas nas operações de venda fora da ZFM, uma vez que as vendas internas na região são tributadas à alíquota zero, portanto não têm direito a esse crédito presumido.

Um ponto importante a destacar é que os adquirentes dos bens produzidos na ZFM, sujeitos ao regime regular do IBS e da CBS, têm garantida a apropriação e a utilização integral dos créditos relativos ao IBS e à CBS, independentemente da apropriação dos créditos presumidos mencionados anteriormente, com base no valor desses tributos destacados em documento fiscal idôneo.

Diante do exposto, os benefícios foram segmentos por finalidade e cadeia, sendo cuidadosamente modulados conforme o papel que a mercadoria exerce na cadeia produtiva, não sendo legível a aplicação dos créditos presumidos de IBS e CBS, na comercialização de bens produzidos na ZFM não sujeitos à incidência ou contemplados por hipóteses de isenção, alíquota zero, suspensão ou diferimento do IBS e da CBS.

Além do crédito presumido de IBS sobre as operações de saída, haverá o crédito presumido desse imposto sobre o valor de aquisição de bem material industrializado de origem nacional relativo às operações internas e interestaduais, contemplados pela redução a zero da alíquota do IBS, nos seguintes percentuais:

- 7,5%, na hipótese de bem intermediário provenientes de operações internas na própria ZFM.
- 7,5%, na hipótese de bens provenientes das regiões Sul e Sudeste, exceto o Espírito Santo.
- 13,5%, na hipótese de bens provenientes das regiões Norte, Nordeste e Centro-Oeste e do Estado do Espírito Santo.

Entre os benefícios concedidos de crédito presumido e mencionados, contemplaram-se também:

- Suspensão de IBS e CBS na importação, que se converte em isenção se respeitadas as condições do PPB e do projeto aprovado.
- Alíquota zero de IBS e CBS na aquisição de fora da ZFM de bem material industrializado de origem nacional e na aquisição interna de bens intermediários.

Ao analisar esse conjunto de estímulos, percebe-se que a ZFM não atua apenas como um reduto de desoneração fiscal, mas como um sistema regulado de compensações tributárias e industriais, com exigências crescentes de controle, rastreabilidade e cumprimento de contrapartidas.

Na prática, o regime cria um ambiente favorável à instalação de centros industriais, *hubs* logísticos e operações de planejamento tributário inteligente, sobretudo para empresas que buscam reduzir custos operacionais, ampliar margens e consolidar a presença no mercado nacional e internacional com maior rentabilidade.

Benefício para prestação de serviços

A normatização da reforma tributária relacionada aos impostos sobre consumo representa um avanço significativo ao incluir a prestação de serviços no escopo de incentivos da ZFM, desde que esses serviços sejam realizados fisicamente dentro da área incentivada. Com essa mudança, esses serviços passam a ter alíquota zero de CBS, o que aumenta consideravelmente a atratividade de operações logísticas, tecnológicas e de serviços em geral na região. Entretanto, a reforma não previu alíquota zero para o IBS, resultando na tributação integral desse imposto nessas operações.

Essa questão é um ponto de atenção que contraria o princípio constitucional de preservação da competitividade da ZFM e deve ser cuidadosamente considerada na futura regulamentação desse imposto.

Benefícios para o comércio

Em todo esse contexto, e não menos importante, o novo sistema tributário também levou em consideração o desenvolvimento do comércio local, concedendo incentivos em operações específicas:

- Na importação de bens para revenda presencial na ZFM, o importador inscrito no regime regular do IBS ou no Simples Nacional terá crédito presumido de 50% da alíquota do IBS aplicável na importação, desde que o bem seja revendido na ZFM; se vendido para fora, o imposto deve ser recolhido integralmente.
- Já nas aquisições de mercadorias de fora do Estado, de bens materiais que tenham sido contemplados com a redução a zero da alíquota do IBS, haverá o recolhimento do IBS pelo revendedor (destinatário), sendo cobrado mediante a aplicação de alíquota correspondente a 70% da alíquota normal desse imposto, que incidiria na respectiva operação caso não houvesse a redução a zero.

Em ambas as situações o direito da apropriação integral dos créditos do IBS incidentes na aquisição desses bens somente será permitido às empresas sujeitas ao regime regular do IBS.

Além do crédito presumido e da redução da alíquota de IBS, as importações e as aquisições de bens oriundos de fora da ZFM serão realizadas com a redução a zero da alíquota do CBS.

Contribuições de contrapartida

Com a concessão dos incentivos fiscais, o Estado do Amazonas ficou autorizado pela LC n. 214/2025 a instituir contribuição de compartida semelhante àquelas existentes em 31 de dezembro de 2023, desde que destinadas ao financiamento do ensino superior, ao fomento da micro, pequena e média empresa e da interiorização do desenvolvimento.

Tal contribuição de contrapartida será cobrada a partir de 2033 e corresponderá a 10% do percentual de 1,5%, resultando em uma alíquota de 0,15%. No período de 2034 a 2073, o percentual dessa contrapartida aplicado no primeiro ano (2033) pós-reforma tributária será acrescido, anualmente, na razão de 1/45, de forma que, em 2073, seja alcançado o percentual máximo permitido ao Estado, de 1,5%, para a cobrança dessa contribuição.

De forma compensatória, com o objetivo de equalizar a carga tributária das empresas instaladas na ZFM após a redução de alguns incentivos fiscais decorrente da reforma tributária, as atuais contribuições – (i) Contribuição ao Fundo de Fomento à Micro e Pequenas Empresas (FMPES), (ii) Contribuição em Favor da Universidade do Estado do Amazonas (UEA) e (iii) Contribuição ao Fundo de Fomento ao Turismo, Infraestrutura, Serviços e Interiorização do Desenvolvimento do Amazonas (FTI) – foram remodeladas, unificando a base de cálculo em um único critério sobre o faturamento das indústrias incentivadas, em substituição às múltiplas bases anteriormente existentes.

Essa unificação reduziu a complexidade do processo e possibilitou a redução do custo dessas contribuições para as empresas instaladas na região, permitindo a equalização da carga tributária e, consequentemente, a preservação dos incentivos fiscais.

Nesse contexto, é importante agora discutir as obrigações acessórias, o *compliance* e os riscos associados à fruição desses incentivos fiscais, que são fundamentais para garantir sua continuidade e eficácia.

OBRIGAÇÕES ACESSÓRIAS, *COMPLIANCE* E RISCOS

A LC n. 214/2025 manteve os incentivos fiscais da ZFM, mas reforçou a exigência de alto rigor no controle e na conformidade para sua fruição.

As operações de aquisição de bens de fora da ZFM, que são tributados a alíquota zero e geram créditos presumidos de IBS e de CBS, dependem, obrigatoriamente, da comprovação do ingresso das mercadorias na região, mediante vistoria e chancela da Suframa e da Secretaria de Fazenda do Amazonas. Somente após essa validação é permitida a escrituração fiscal e a utilização dos créditos.

Caso não haja comprovação da entrada e entrega efetiva dos bens destinados à ZFM, o contribuinte deverá recolher integralmente o IBS e a CBS, que seriam devidos caso não houvesse a redução a zero das alíquotas, com os acréscimos legais.

Para usufruir dos benefícios, é obrigatório o cadastro e a habilitação na Suframa para todos os setores econômicos e, no caso das indústrias, a aprovação de projeto técnico e o cumprimento do Processo Produtivo Básico (PPB).

O descumprimento dessas exigências pode gerar autuações, glosa de créditos, suspensão temporária de suas atividades, além da exclusão do regime tributário de incentivos. A complexidade operacional se agrava no contexto da reforma tributária, que exigirá apuração simultânea de tributos antigos e novos pelo período de sete anos, impactando diretamente o custo de conformidade das empresas.

Vedação à compensação cruzada e ao ressarcimento em espécie

Nos termos do art. 452 da LC n. 214/2025, os créditos presumidos de IBS e CBS somente poderão ser utilizados para abater os respectivos tributos – IBS com IBS e CBS com CBS –, sendo expressamente vedada a compensação com outros tributos ou ainda o ressarcimento em dinheiro.

Em um exemplo prático, para empresas exportadoras ou com baixo volume de débitos desses tributos, haverá um elevado acúmulo de créditos presumidos que não poderá ser convertido em recursos líquidos, o que impacta diretamente o fluxo de caixa. O crédito acumulado poderá ser utilizado apenas para quitar o próprio IBS ou CBS devido em períodos futuros, extinguindo-se automaticamente após cinco anos, contados a partir do primeiro dia do mês subsequente a sua apropriação.

Essa vedação à compensação com outros tributos e/ou ressarcimento em dinheiro reduz a liquidez do incentivo fiscal e impõe um limite concreto a sua efetiva fruição, com impactos relevantes no planejamento tributário, na gestão de caixa e na previsibilidade financeira das empresas.

Com o crescente controle e particularidades do sistema tributário do Amazonas e em especial o rigor nas obrigações acessórias, a ZFM se posiciona como um ambiente que exige não apenas conformidade, mas também uma abordagem estratégica para garantir a competitividade das empresas que nela operam.

COMPLIANCE TRIBUTÁRIO E REPUTACIONAL COMO DIFERENCIAL COMPETITIVO

No contexto da ZFM, o *compliance* tributário deixou de ser apenas uma obrigação legal para se tornar um verdadeiro ativo estratégico. Empresas que operam sob os benefícios da ZFM precisam mais do que regularidade formal – precisam comprovar aderência técnica e operacional às exigências do modelo.

O *compliance* como pilar de permanência no regime

A partir da LC n. 214/2025, que redefiniu parâmetros para manutenção e controle de incentivos fiscais, especialmente os relacionados ao IPI e aos créditos presumidos, o papel da regularidade ganhou centralidade e grande relevância nas operações de cada empresa estabelecida na ZFM. Os incentivos fiscais estão cada vez mais atrelados à **comprovação efetiva da industrialização local, à aderência ao PPB** e ao **controle documental rigoroso**.

Ou seja, não basta estar instalado fisicamente na ZFM: é necessário comprovar **substância econômica**, com evidências claras da atividade industrial ou comercial, conforme os critérios estabelecidos pela Suframa e pela Receita Federal. Empresas que não mantêm esses controles ficam expostas a glosas e autuações. Além disso, correm o risco de exclusão dos regimes favorecidos.

Governança tributária e redução de riscos

Neste contexto, organizações que adotam programas de governança tributária preventiva – abrangendo o mapeamento de obrigações acessórias, a implementação de sistemas de rastreabilidade e a reavaliação periódica de processos internos e incentivos fiscais – reduzem significativamente o risco fiscal e ampliam a previsibilidade no aproveitamento desses incentivos. Esse nível de gestão resulta na otimização dos custos tributários, fortalecendo a competitividade e sustentando um planejamento estratégico mais robusto, com reflexos positivos na valorização da marca e na segurança jurídica das operações.

Além de mitigar contingências, o controle preventivo minimiza riscos reputacionais. Empresas que enfrentam questionamentos fiscais ou descredenciamentos junto à Suframa podem ter contratos comprometidos, sobretudo com grandes indústrias e multinacionais que exigem regularidade integral em sua cadeia de suprimentos.

Na ZFM, a pressão por transparência e responsabilidade corporativa eleva o *compliance* a um patamar estratégico. As exigências não se limitam à regularidade fiscal: englobam também a promoção do desenvolvimento sustentável, a geração de empregos qualificados e a preservação da Floresta Amazônica. Nesse contexto, práticas alinhadas aos princípios ESG (*Environmental, Social and Governance*) tornam-se indispensáveis, incluindo a rastreabilidade de matérias-primas e o monitoramento dos impactos ambientais da produção.

Empresas detentoras de certificações em *compliance* fiscal, ambiental e de governança conquistam maior visibilidade e aceitação nas cadeias globais de fornecimento, caracterizadas por rigorosas exigências de adequação. Isso posiciona a ZFM como um ecossistema favorável a negócios sustentáveis e éticos. Em contrapartida, organizações que não atendem a esses padrões tendem a ser preteridas em processos de compras e parcerias internacionais.

Quando incorporado à estratégia corporativa, o *compliance* fiscal transcende a função de mero instrumento de regularidade, passando a atuar como ferramenta estratégica de gestão de caixa. Um exemplo é a possibilidade de antecipar o ressarcimento de saldo credor apurado de IBS e CBS em até 30 dias para empresas enquadradas em programas de conformidade desenvolvidos pelo Comitê Gestor do IBS e pela Receita Federal do Brasil. Já as empresas que não se adequarem a tais requisitos terão seus saldos credores ressarcidos somente em até 180 dias após o efetivo pedido, o que impacta diretamente o planejamento financeiro e a liquidez.

Diante do aumento da complexidade tributária e da rigidez das regras e controles, especialmente em relação aos incentivos fiscais, é essencial que a gestão tributária incorpore o *compliance* à estratégia corporativa. A adoção de práticas preventivas garante a conformidade, minimiza riscos e otimiza os custos tributários, impactando positivamente o fluxo de caixa e os resultados das empresas.

TENDÊNCIAS, REFORMA TRIBUTÁRIA E PERSPECTIVAS PARA A ZFM

A reforma tributária inaugura uma nova era no sistema tributário brasileiro. A substituição de tributos cumulativos e de multicidência (ICMS, ISS, PIS, Cofins) pelos modernos IBS e CBS promete racionalidade, neutralidade e eficiência. No entanto, esse novo modelo exige um reposicionamento estratégico dos regimes especiais, como é o caso da ZFM.

Apesar do receio inicial sobre o enfraquecimento dos incentivos, o que se observa, na prática, é uma revalorização da ZFM no cenário pós-reforma. Com a extinção de diversos benefícios estaduais e municipais, a ZFM se consolida como um dos poucos regimes incentivados mantidos pela Constituição, com validade até 2073. Isso pode gerar um crescimento significativo e concentrado da atividade industrial e comercial na região, já que atrativos fiscais relevantes deixarão de existir em outros estados.

IPI: um instrumento de decisão ainda relevante

Mesmo com a nova base tributária, o Imposto sobre Produtos Industrializados (IPI) permanece vigente, exercendo uma função extrafiscal e seletiva. Na ZFM, o IPI continua sendo um dos principais mecanismos de incentivo e diferenciação competitiva, pois as indústrias usufruem da desoneração total desse tributo na grande maioria dos produtos fabricados na região. Esse benefício reforça o papel do IPI como um fator estratégico na decisão de localização fabril, considerando o impacto tributário, e torna a região ainda mais atrativa em um cenário em que outros benefícios foram eliminados.

Nesse contexto, a LC n. 214/2025 determina que, a partir de 2027, a alíquota do IPI será reduzida a zero em todo o território brasileiro, exceto em relação aos produtos que tenham industrialização incentivada na ZFM que tenham PPB, sujeitos às alíquotas iguais ou maiores que 6,5%, conforme a TIPI (Tabela de Incidência do IPI) vigente em 31.12.2023. Por exemplo, a motocicleta classificada na Nomenclatura Comum do Mercosul (NCM) iniciada por 8711 está sujeita à alíquota de 35% na importação ou na fabricação fora da ZFM, visto que a fabricação desse produto na ZFM é beneficiada pela isenção no atual sistema e continuará com a isenção no novo sistema.

No entanto, essa medida também reduz a zero o IPI em todo o território brasileiro para aqueles produtos sujeitos a alíquotas inferiores a 6,5%, conforme a TIPI vigente em 31.12.2023, mesmo que tenham sido (i) industrializados na

ZFM em 2024 ou (ii) produzidos por empresas detentoras de incentivos fiscais com projetos aprovados pela Suframa entre 1º de janeiro de 2022 e 16 de janeiro de 2025 (data da publicação da LC n. 214/2025). Para compensar a perda desse diferencial por esses produtos e manter sua competitividade em face das demais regiões do nosso país, foi concedido crédito presumido de CBS na alíquota de 6%.

É importante mencionar que especialmente aos itens enquadrados como bem de tecnologia da informação e comunicação, conforme regulamentação do art. 16-A da Lei n. 8.248, de 23 de outubro de 1991, não se aplica a regra da redução do IPI a zero. Portanto se importados ou fabricados fora da ZFM, permanecem normalmente com a tributação desse imposto, mantendo a isenção quando fabricados na ZFM mediante o PPB.

O novo sistema tributário contempla um tratamento diferenciado do IPI na fabricação de produtos com PPB, com o objetivo de atrair novos investimentos, permitindo a manutenção e o desenvolvimento do polo industrial da ZFM. Além dos incentivos relativos ao IBS e à CBS mencionados anteriormente neste capítulo, para bens sem similar nacional e com similar nacional cuja produção venha a ser estabelecida na ZFM serão concedidos os benefícios adicionais:

Quadro 2 Benefícios concedidos para bens sem similar nacional e com similar nacional

Categoria	Sem similar nacional	Com similar nacional
CBS	Crédito presumido de 6%	Crédito presumido de 2%
IPI	Alíquota mínima de 6,5% nas demais regiões e alíquota zero na ZFM	Alíquota zero nas demais regiões, inclusive na ZFM

CBS: Contribuição sobre Bens e Serviços; IPI: Imposto sobre Produtos Industrializados; ZFM: Zona Franca de Manaus.

A alíquota do IPI, incidente sobre os bens fabricados sem similar nacional, poderá ser majorada ou restabelecida, desde que atendidas algumas condições a saber:

- A majoração da alíquota será de, no máximo, 30%.
- A alíquota resultante do restabelecimento não poderá ser inferior à alíquota de 6,5%.
- A redução ou restabelecimento não poderá ser efetivada antes de decorridos 60 meses da fixação ou majoração da alíquota do IPI.
- A redução deverá ser feita de forma gradual, limitada a, no máximo, 5% por ano.

Importante destacar que o tratamento diferenciado para os bens fabricados na ZFM referente ao IPI encontra-se no art. 126, III, *a*, do ADCT – EC n.

132/2023 –, no entanto depende de regulamentação para definição das mercadorias com NCM (Nomenclatura Comum do Mercosul) que não serão abrangidas pela alíquota zero nas demais regiões do país, fazendo exceção à ZFM.

CONSIDERAÇÕES FINAIS

A ZFM é frequentemente percebida apenas como um regime de exceção fiscal. No entanto, sua verdadeira natureza é muito mais ampla: trata-se de um instrumento estratégico de desenvolvimento regional, preservação ambiental e competitividade industrial, inserido no coração da Amazônia.

Com a promulgação da reforma tributária e a transição para um modelo baseado em IVA dual, a ZFM destaca-se como um dos únicos mecanismos constitucionais de incentivo mantidos até 2073, o que lhe confere uma posição singular no novo pacto federativo. Essa permanência, no entanto, não garante sua sustentabilidade automática – exige evolução, articulação e responsabilidade compartilhada.

A importância da ação coordenada

A perenidade e a efetividade do modelo ZFM dependerão de uma atuação conjunta entre governo federal, governo estadual, empresas e sociedade civil, para que os incentivos deixem de ser apenas instrumentos de redução de carga e passem a se consolidar como ferramentas de transformação econômica e social, com geração de valor agregado, inovação e sustentabilidade.

O papel do profissional tributário

Nesse contexto, o profissional da área tributária ganha protagonismo. Não apenas como executor de obrigações fiscais, mas como agente estratégico de governança, conformidade e planejamento estratégico, sendo responsável por garantir a aderência aos novos modelos de apuração, bem como o uso correto dos créditos presumidos, mitigar riscos, otimizar custos tributários e realizar o monitoramento dos critérios exigidos pela Suframa e pela Receita Federal.

Cabe a esse profissional também orientar a empresa quanto às oportunidades de financiamento por meio dos fundos constitucionais e assegurar que as operações na ZFM estejam preparadas para as novas exigências de rastreabilidade e transparência.

Logística, infraestrutura e a nova inserção da ZFM no Brasil que emerge

Além da agenda tributária, a ZFM deve se beneficiar de uma crescente atenção nacional e internacional ao papel da Amazônia como ativo estratégico global. Com o Brasil assumindo compromissos mais robustos em acordos climáticos e políticas verdes, a atração de investimentos para infraestrutura logística sustentável na região Norte tende a crescer, potencializando:

- Projetos de ampliação e modernização de portos e aeroportos.
- Fortalecimento de corredores logísticos integrados, especialmente os eixos hidroviário-ferroviário.
- Incentivos à inovação industrial verde e à bioeconomia, com foco na valorização de recursos florestais e na biodiversidade com viabilidade econômica.

Esse novo posicionamento pode transformar a ZFM não apenas em um polo industrial incentivado, mas em um verdadeiro *hub* logístico, ambiental e tecnológico, inserido no eixo Norte-Sul global e capaz de conectar sustentabilidade, competitividade e soberania nacional. Portanto a manutenção desse regime é fundamental para o contínuo desenvolvimento sustentável dessa região e de todo o nosso Brasil.

REFERÊNCIAS

BONIFÁCIO, Maria Pamela Souza Ferraz. Gestão tributária com foco no controle dos incentivos fiscais da Zona Franca de Manaus. *Revista Governança Tributária*, 2024. Disponível em: https://ibptla.com.br/gestao-tributaria-com-foco-no-controle-dos-incentivos-fiscais-da-zona-franca-de-manaus-maria-pamela/. Acesso em: 13 out. 2025.

BRASIL. *Constituição da República Federativa do Brasil de 1988*. Disponível em: https://www.planalto.gov.br/ccivil_03/constituicao/constituicao.htm. Acesso em: ago. 2025.

BRASIL. *Emenda Constitucional n. 132, de 20 de dezembro de 2023*. Altera o Sistema Tributário Nacional e estabelece novo modelo de tributação sobre o consumo. Disponível em: https://www.planalto.gov.br/ccivil_03/constituicao/emendas/emc/emc132.htm. Acesso em: ago. 2025.

BRASIL. *Lei Complementar n. 214, de 11 de janeiro de 2025*. Regulamenta a Emenda Constitucional n. 132/2023, institui o IBS e a CBS e dispõe sobre regimes diferenciados de tributação, fundos de compensação e desenvolvimento. Disponível em: https://www.planalto.gov.br/ccivil_03/leis/lcp/lcp214.htm. Acesso em: ago. 2025.

STAMATO, Adriana *et al*. *Reforma tributária*: IBS e CBS na Constituição e na Lei Complementar n. 214/2025. São Paulo: MP Editora, 2025.

PARTE III

Tributação e Inteligência de Negócios na reforma tributária

Capítulo **18**

Tributação e Inteligência de Negócios no contexto do IBS, ISS e ICMS

Vítor Thaler

INTRODUÇÃO

Antes da reforma tributária, a tributação do consumo no Brasil era marcada pela dicotomia entre a prestação dos serviços e a venda de mercadorias pelas empresas, existindo uma zona cinzenta entre estas que gerou diversas discussões nos tribunais a respeito de qual o imposto e qual a alíquota incidente sobre determinadas operações.

Além da diferença entre as alíquotas do Imposto sobre Serviços de Qualquer Natureza (ISS) e do Imposto sobre Circulação de Mercadorias e Serviços (ICMS), que interferem diretamente no preço, os referidos tributos também se distinguem quanto à cumulatividade. Apenas o ICMS é não cumulativo, ou seja, permite a apropriação de crédito do próprio imposto cobrado na etapa anterior da cadeia econômica, a ser compensado com o valor devido na venda.

Já o Imposto sobre Bens e Serviços (IBS), que os substitui, incide sobre todas as operações com bens e serviços e tem alíquota uniforme, exceto para determinadas atividades expressamente estabelecidas pela Emenda Constitucional (EC) n. 132/2023, para as quais há reduções.

Também é não cumulativo, permitindo a apropriação de crédito sobre todas as operações com bens e serviços na etapa anterior da cadeia econômica, exceto sobre uso e consumo pessoal. No entanto, a utilização do crédito para compensação com o valor devido pelo adquirente está condicionada ao pagamento do imposto pelo fornecedor do bem ou serviço, diferente do que acontece em relação ao ICMS.

Após essa breve contextualização, serão aprofundados a seguir as características do modelo de tributação atual e os efeitos práticos da instituição do IBS, assim como suas consequências no ambiente de negócios do Brasil.

ISS x ICMS

A Constituição Federal de 1988 (CF/88) estabeleceu, por meio dos arts. 155, II e § 2º, e 156, III e § 3º, respectivamente, a competência tributária dos estados para instituir imposto sobre operações relativas à circulação de mercadorias e sobre a prestação de serviços de transporte interestadual e intermunicipal e de comunicação (ICMS), assim como dos municípios para instituir imposto sobre os demais serviços, de qualquer natureza (ISS).

Assim, o ICMS foi instituído pela Lei Complementar (LC) n. 87/96, que condiciona a utilização dos créditos do imposto cobrado na etapa anterior da cadeia econômica apenas à idoneidade da documentação, correspondente à emissão da nota fiscal pelo fornecedor, nos termos dos arts. 19, 20 e 23. Além disso, a lei complementar estabelece que o próprio imposto integra sua base de cálculo, nos termos do art. 12, § 1º, I.

Já as alíquotas internas são definidas pelas leis de cada estado para os diferentes tipos de mercadoria ou serviço sujeitos ao ICMS, não podendo, em regra, ser inferiores às alíquotas das operações interestaduais, fixadas pela Resolução n. 22/89 do Senado Federal, em que o imposto é devido para o estado de origem, sendo de 12% em geral e de 7% para as operações realizadas nas regiões Sul e Sudeste destinadas às regiões Norte, Nordeste, Centro-Oeste e ao Espírito Santo. Além disso, em operações com o consumidor final, a diferença entre as alíquotas interestaduais e internas do estado de destino é devida para este, o chamado "Difal".

O ISS, por sua vez, foi instituído por meio da LC n. 116/2003, incidindo sobre os serviços previstos expressamente em lista anexa, que esclarece ainda onde será devido o imposto, sendo em regra no local em que estabelecido o prestador. As alíquotas são definidas pela lei de cada município em relação aos referidos serviços, devendo ser observado o máximo de 5% e o mínimo de 2%, salvo algumas exceções, nos termos dos arts. 8º e 8º-A da LC n. 116/2003.

Assim, verifica-se que a alíquota máxima do ISS é de 5%, enquanto a alíquota mínima padrão do ICMS é de 12%. Por esse motivo, discutiu-se ao longo dos últimos anos nos tribunais a natureza jurídica de determinadas operações e qual o tributo incidente, bem como qual o ente competente para sua cobrança, conforme exemplos a seguir.

Em 2010, no julgamento do Tema n. 212, o Supremo Tribunal Federal (STF) reconheceu que é inconstitucional a incidência do ISS sobre a locação de bens móveis dissociada da prestação de serviços, reafirmando o entendimento de sua Súmula Vinculante 31. Considerando que a locação não se enquadra como venda de mercadorias, trata-se de uma atividade em que também não incide o ICMS.

Já em 2021, no julgamento do Tema n. 590, o STF encerrou longa discussão a respeito da tributação de *softwares*, sejam eles padronizados ou por encomenda, definindo que se enquadram como "licenciamento ou cessão de direito de uso de programas de computação", serviço previsto na lista anexa da LC n. 116/2003, e que, portanto, estão sujeitos à incidência do ISS e não do ICMS.

Por fim, no início deste ano, no julgamento do Tema n. 816, o STF reconheceu a inconstitucionalidade da cobrança do ISS sobre a operação de industrialização por encomenda, não se enquadrando como serviço e sim como uma etapa onerosa do processo produtivo realizada por terceiros, que estaria sujeita ao ICMS.

Além disso, uma vez que as alíquotas do ICMS são definidas pelos estados para cada tipo de mercadoria, sendo possível ainda sua redução ou isenção por meio de benefícios fiscais, existem também diversas discussões a respeito de sua classificação fiscal, com insegurança jurídica das empresas quanto à tributação correta.

IBS

A EC n. 132/2023 incluiu o art. 156-A na CF/88, estabelecendo a competência tributária compartilhada entre estados e municípios para instituir o IBS, os quais deverão fixar por meio de leis específicas suas alíquotas próprias, que serão as mesmas para todas as operações com bens e serviços, exceto para atividades expressamente especificadas. Além disso, o imposto cobrado será correspondente ao somatório das alíquotas dos estados e municípios de destino da operação, sendo fixada alíquota de referência por meio de resolução do Senado Federal, que deverá ser aplicada caso não tenha sido determinada pelo próprio ente federativo.

O referido artigo dispõe ainda que o IBS não integra sua própria base de cálculo e que permite o aproveitamento de crédito sobre todas as operações na etapa anterior da cadeia econômica, exceto bens de uso e consumo pessoal, podendo ser condicionado ao recolhimento do imposto pelo fornecedor do bem ou serviço.

A EC n. 132/2023 também incluiu os arts. 125 a 130 no Ato das Disposições Constitucionais Transitórias (ADCT), estabelecendo que o IBS passará a ser cobrado em 2026, com alíquota estadual de 0,1%, o que poderá ser dispensado caso as empresas apresentem as obrigações acessórias do imposto. Já em 2027 e em 2028, o IBS será cobrado com a alíquota estadual de 0,05% e a alíquota municipal de 0,05%, que serão gradualmente elevadas a partir de 2029 na proporção da redução das alíquotas do ICMS e do ISS, os quais serão extintos em 2033, conforme o Quadro 1.

Quadro 1 Proporção da redução das alíquotas do ICMS e do ISS em comparação com o IBS até a extinção do imposto

Ano	IBS	ICMS ou ISS
2029	10%	90%
2030	20%	80%
2031	30%	70%
2032	40%	60%
2033	100%	0%

Assim, a LC n. 214/2025 instituiu o IBS, determinando entre as hipóteses de extinção dos débitos o *split payment*, que corresponde ao recolhimento do imposto de forma segregada no momento da liquidação financeira da operação paga eletronicamente pelo adquirente, sendo repassado ao fornecedor apenas o valor líquido do bem ou serviço, nos termos dos arts. 27, III, e 31 a 35.

Além disso, o art. 47 estabelece que a apropriação do imposto da etapa anterior da cadeia econômica e sua compensação pelo adquirente está condicionada à extinção dos débitos pelo fornecedor por qualquer uma das modalidades, como o *split payment*, e que é possível aproveitar os créditos de forma proporcional em relação ao Simples Nacional, em que os tributos são cobrados de forma unificada. Já o aproveitamento integral é possível caso o fornecedor do referido regime tributário opte por apurar o IBS e a CBS por fora, mantendo os demais tributos, nos termos do art. 41.

Com relação às atividades com alíquotas diferenciadas, a LC n. 214/2025 estabelece no art. 126 e seguintes a redução em 30% para os serviços fiscalizados por conselhos profissionais e em 60% para bens e serviços relacionados a saúde, educação, cultura, esporte, segurança da informação, cesta básica, e insumos e produtos agropecuários. Há também regimes específicos em relação a bares, restaurantes, hotelaria, parques de diversão e temáticos, transporte de passageiros, agências de turismo, entre outros.

Por fim, o art. 348 da LC n. 214/2025 estabelece que em 2026 será dispensado o recolhimento do IBS com alíquota estadual de 0,1% para as empresas que apresentarem as obrigações acessórias do imposto, o que ainda não será exigido dos optantes pelo Simples Nacional, uma vez que a inclusão do IBS no referido regime de tributação só ocorrerá em 2027.

PRINCIPAIS MUDANÇAS E IMPACTOS

A reforma tributária ampliou a tributação sobre o consumo no Brasil, incidindo sobre todas as operações com bens e serviços e com alíquotas uniformes, exceto para atividades expressamente especificadas. Buscou-se, assim, reduzir as discussões sobre a natureza jurídica de cada operação e a classificação de cada mercadoria, bem como o imposto e a alíquota correspondente.

Além disso, foram ampliadas as hipóteses de creditamento nas etapas anteriores da cadeia econômica, principalmente em relação aos serviços. No entanto, a condição de extinção dos débitos de IBS pelo fornecedor do bem ou serviço para apropriação do crédito pelo adquirente, inclusive por meio do *split payment*, reduzirá o fluxo de caixa das empresas, que atualmente têm prazo para realizar o pagamento do ISS e do ICMS após o recebimento pela operação realizada.

Outro aspecto importante é em relação à forma de cálculo do IBS, que é calculado "por fora", sem estar incluído em sua própria base, diferente do que acontece com o ICMS, que é calculado "por dentro". Essa mudança visa trazer mais transparência para o valor do imposto cobrado em cada operação, bem como facilitar sua segregação por meio do *split payment*. No entanto, trará também desafios para as empresas calcularem das duas formas durante o período de transição e projetarem seu preço e sua margem de lucro com a alteração das alíquotas em cada ano.

Por fim, a tributação do consumo passará a ser realizada no destino do bem ou serviço adquirido, diferente do que ocorre hoje, quando é realizada em regra na origem, havendo ainda a cobrança do Difal em relação ao ICMS. Essa medida visa acabar com a "guerra fiscal" dos estados e municípios que concedem benefícios fiscais para as empresas se estabelecerem em seus territórios com o intuito de aumentarem sua arrecadação. No entanto, trará desafios para as empresas calcularem o valor do IBS a partir das alíquotas de cada um dos estados e municípios em que se encontrarem seus clientes, caso não seja adotada a alíquota de referência fixada pelo Senado Federal.

CARGA TRIBUTÁRIA E SIMPLES NACIONAL

Em que pese a alíquota de referência do IBS e da CBS ainda não tenha sido fixada pelo Senado Federal, o próprio secretário-extraordinário da reforma tributária do governo federal, Bernard Appy, estima que esta seja de 28% (Brasil, 2025c). Estudos realizados pelo Ministério da Fazenda em 2023, antes da regulamentação pela LC n. 214/2025, apontavam em um cenário conservador que a alíquota seria de 27%, sendo 17,95% de IBS (Brasil, 2023b).

A referida alíquota de IBS está próxima da alíquota padrão adotada na maior parte dos estados em relação ao ICMS, que também se trata de um imposto não cumulativo, mas que tem uma base de créditos mais restrita em comparação com o IBS. Portanto, do ponto de vista da carga tributária, as atividades que sofrem a incidência do ICMS atualmente não deverão sofrer tantos impactos.

Já o ISS tem a alíquota máxima de 5%, de modo que o setor de serviços de forma geral, mesmo considerando as atividades que terão alíquotas reduzidas do IBS, sofrerão um aumento bem significativo de sua carga tributária. Ainda que seja possível o creditamento em relação à aquisição de bens e serviços, o que não ocorre com o ISS, esse segmento não costuma ter muitas operações na etapa anterior da cadeia econômica, diferente do que ocorre com a indústria e o comércio.

Além disso, para o adquirente aproveitar o crédito de maneira integral, o fornecedor do bem ou serviço não pode ser optante pelo Simples Nacional ou deve apurar o IBS e a CBS por fora do referido regime de tributação, mantendo apenas os demais tributos de forma unificada. Portanto, para não perder competitividade, o fornecedor muitas vezes terá que renunciar ao benefício do Simples Nacional e optar por outro regime de tributação, o que tende a aumentar sua carga tributária, bem como sua complexidade e os custos de conformidade a ela relacionados.

INTELIGÊNCIA DE NEGÓCIOS

Diante de todo o exposto em relação à substituição do ICMS e do ISS pelo IBS, verifica-se a necessidade de as empresas se adaptarem às novas regras e reestruturarem seus negócios, especialmente durante o período de transição, em que os referidos tributos coexistirão. Assim, serão elencados a seguir os principais aspectos que as empresas devem considerar, inclusive por meio da contratação de profissionais especializados para tanto.

Projeção da carga tributária e adequação das obrigações acessórias

Devem ser analisados os cenários a partir de 2026, quando iniciará a cobrança do IBS com alíquota estadual de 0,1%, a qual será dispensada para as empresas que apresentarem as obrigações acessórias do imposto. A complexidade do cálculo aumentará a partir de 2029, quando as alíquotas serão gradualmente elevadas na proporção da redução das alíquotas do ICMS e do ISS, que serão extintos em 2033, considerando ainda a possibilidade de fixação por cada estado e município de destino do bem ou do serviço adquirido.

O impacto será maior para as empresas do setor de serviços de modo geral, mesmo para as atividades que terão alíquotas reduzidas do IBS, pois sofrerão aumento significativo em sua carga tributária em comparação com o ISS, considerando também que não costumam ter muitas operações na etapa anterior da cadeia econômica que possam gerar créditos.

Projeção do preço, da margem de lucro e do fluxo de caixa

Deve-se analisar a precificação a partir da projeção da carga tributária, considerando ainda a diferença no cálculo do ICMS "por dentro" e do IBS "por fora" durante todo o período de transição, bem como a projeção dos cenários com a manutenção ou a redução da margem de lucro e dos impactos no fluxo de caixa com a adoção do *split payment* ou de outro meio para extinção dos débitos de IBS que possibilite a apropriação do crédito pelo adquirente do bem ou serviço.

Levantamento dos fornecedores e revisão dos contratos

Deve-se identificar os fornecedores do Simples Nacional e verificar a forma de apuração do IBS e da CBS, a fim de possibilitar a apropriação do crédito integral na aquisição do bem ou serviço. A dificuldade será maior para as empresas do setor de serviços, que não apuram créditos de ISS, muitas vezes não dispõem de cadastro de fornecedores e não utilizam sistemas gerenciais.

Deve-se avaliar a possibilidade de rever os fornecedores e revisar seus contratos, o que se aplica também para os próprios clientes, a fim de ajustar o repasse no preço de eventual aumento da carga tributária em virtude do IBS, caso não tenha sido previsto inicialmente.

Planejamento tributário para as empresas do Simples Nacional

É necessário haver uma análise dos cenários, pelos fornecedores de bens e serviços optantes pelo Simples Nacional, em relação à manutenção no referido regime de tributação e à forma de apuração do IBS e da CBS, considerando a possibilidade de perderem competitividade em relação a seus concorrentes ou sofrerem com o aumento da carga tributária caso optem por outro regime, bem como de sua complexidade e dos custos de conformidade a ela relacionados.

CONSIDERAÇÕES FINAIS

A reforma tributária ampliou a tributação sobre o consumo no Brasil, incidindo sobre todas as operações com bens e serviços e com alíquotas uniformes, exceto para atividades expressamente especificadas. Buscou-se, assim, reduzir as discussões sobre a natureza jurídica de cada operação e a classificação de cada mercadoria, bem como o imposto e a alíquota correspondente. Além disso, foram ampliadas as hipóteses de creditamento nas etapas anteriores da cadeia econômica, principalmente em relação aos serviços.

No entanto, a substituição do ICMS e do ISS pelo IBS trará diversos desafios para as empresas brasileiras, especialmente durante o período de transição, em que os referidos impostos coexistirão. Os impactos maiores serão para as empresas do setor de serviços de modo geral, mesmo para as atividades que terão alíquotas reduzidas do IBS, pois sofrerão um aumento significativo de sua carga tributária em comparação com o ISS, considerando também que não costumam ter muitas operações na etapa anterior da cadeia econômica, que possam gerar créditos.

Os fornecedores do Simples Nacional também serão bastante afetados, pois somente possibilitarão a apropriação de crédito integral do IBS para o adquirente do bem ou serviço caso apurem o imposto por fora do referido regime tributário ou optem por outro regime, considerando a possibilidade de perderem competividade em relação a seus concorrentes ou sofrerem com o aumento da carga tributária, bem como de sua complexidade e dos custos de conformidade a ela relacionados, devendo analisar cuidadosamente cada um desses cenários.

Além disso, todas as empresas precisarão projetar a carga tributária e seu impacto no preço, na margem de lucro e no fluxo de caixa, especialmente durante o período de transição, em que haverá um aumento gradual das alíquotas do IBS na proporção da redução das alíquotas do ICMS e do ISS, considerando ainda as diferenças dos cálculos "por dentro" e "por fora" e a adoção do *split payment* ou de outro meio para extinção dos débitos de IBS que possibilite a apropriação do crédito pelo adquirente do bem ou serviço. Será necessária, ainda, a revisão dos contratos com fornecedores e com clientes para adequar essas mudanças.

Dessa forma, reforça-se a importância de as empresas contratarem profissionais especializados em Tributação e Inteligência de Negócios para ajudar a se adaptar às regras do novo sistema tributário sobre o consumo no Brasil, mitigando os impactos em suas atividades.

REFERÊNCIAS

BRASIL. *Constituição da República Federativa do Brasil de 1988.*

BRASIL. *Emenda Constitucional n. 132, de 20 de dezembro de 2023a.* Altera o Sistema Tributário Nacional.

BRASIL. *Lei Complementar n. 87, de 13 de setembro de 1996.* Regulamenta o Imposto sobre Bens e Serviços (IBS) e a Contribuição sobre Bens e Serviços (CBS). Dispõe sobre o imposto dos Estados e do Distrito Federal sobre operações relativas à circulação de mercadorias e sobre prestações de serviços de transporte interestadual e intermunicipal e de comunicação, e dá outras providências (Lei Kandir).

BRASIL. *Lei Complementar n. 116, de 31 de julho de 2003.* Dispõe sobre o Imposto Sobre Serviços de Qualquer Natureza, de competência dos Municípios e do Distrito Federal, e dá outras providências.

BRASIL. *Lei Complementar n. 214, de 16 de janeiro de 2025a.* Institui o Imposto sobre Bens e Serviços (IBS), a Contribuição Social sobre Bens e Serviços (CBS) e o Imposto Seletivo (IS); cria o Comitê Gestor do IBS e altera a legislação tributária.

BRASIL. Ministério da Fazenda. *Alíquota-padrão da tributação do consumo de bens e serviços no âmbito da Reforma Tributária.* 8 ago. 2023b. Disponível em: https://www.gov.br/fazenda/pt-br/acesso-a-informacao/acoes-e-programas/reforma-tributaria/estudos/8-8-23-nt-mf_-sert-aliquota-padrao-da-tributacao-do-consumo-de-bens-e-servicos-no-ambito-da-reforma-tributaria-1.pdf. Acesso em: 3 ago. 2025.

BRASIL. Plenário do Supremo Tribunal Federal, julgamento de 8 de setembro de 2010. *Tema n. 212* – Incidência do ISS sobre locação de bens móveis.

BRASIL. Plenário do Supremo Tribunal Federal, julgamento de 6 de dezembro de 2021. *Tema n. 590* – Incidência de ISS sobre contratos de licenciamento ou de cessão de programas de computador (*software*) desenvolvidos para clientes de forma personalizada.

BRASIL. Plenário do Supremo Tribunal Federal, julgamento de 26 de fevereiro de 2025b. *Tema n. 816* – Incidência do ISSQN em operação de industrialização por encomenda, realizada em materiais fornecidos pelo contratante, quando referida operação configura etapa intermediária do ciclo produtivo de mercadoria.

BRASIL. *Resolução n. 22, de 19 de maio de 1989, do Senado Federal.* Estabelece alíquotas do Imposto sobre Operações Relativas a Circulação de Mercadorias e sobre Prestação de Serviços de Transporte Interestadual e Intermunicipal e de Comunicação, nas operações e prestações interestaduais.

BRASIL. Senado Federal. *País terá nova tributação sobre consumo a partir de 2026.* 17 jan. 2025c. Disponível em: https://www12.senado.leg.br/noticias/materias/2025/01/17/pais-tera-nova-tributacao-sobre-consumo-a-partir-de-2026#:~:text=A%20al%C3%ADquota%2Dpadr%C3%A3o%2C%20que%20ser%C3%A1,do%20governo%20federal%2C%20Bernard%20Appy. Acesso em: 3 ago. 2025.

Capítulo **19**

Tributação e Inteligência de Negócios no contexto do PIS, Cofins e CBS: tensões constitucionais e impactos para o federalismo fiscal

Victor Hugo de Oliveira Abreu
Elaine Cristina de Azevedo

INTRODUÇÃO

A substituição das contribuições sociais Programa de Integração Social (PIS) e Contribuição para o Financiamento da Seguridade Social (Cofins) pela Contribuição sobre Bens e Serviços (CBS) representa uma das mais relevantes iniciativas de transformação estrutural do sistema tributário brasileiro nas últimas décadas. Ancorada em promessas de simplificação, aumento de eficiência e combate à cumulatividade, a CBS emerge como figura central nas discussões sobre reforma tributária, em especial no que tange à reconfiguração da tributação sobre o consumo.

No entanto, para além de suas justificativas econômico-operacionais, a CBS suscita relevantes questionamentos jurídicos, notadamente no que diz respeito a sua conformidade com a Constituição da República de 1988 (CF/88) e aos efeitos que poderá produzir sobre a dinâmica do federalismo fiscal brasileiro. A transposição de dois tributos historicamente ligados à seguridade social para um novo modelo arrecadatório de perfil mais amplo, concentrado e supostamente neutro, levanta dúvidas quanto a sua compatibilidade com o art. 195 da Carta Magna, bem como quanto à eventual recentralização da arrecadação tributária em desfavor de Estados e Municípios com a promessa de amenizar com a criação do IBS (Imposto sobre Bens e Serviços).

Este capítulo tem por objetivo analisar criticamente a CBS sob a perspectiva constitucional e federativa. Pretende-se avaliar se a criação da nova contribuição respeita os parâmetros jurídicos estabelecidos para as contribuições sociais e se seus impactos sobre a repartição de receitas tributárias põem em risco o pacto federativo e a autonomia financeira dos entes subnacionais. Será examinada, ainda, a possibilidade de crescente judicialização da matéria, com destaque para o papel do Supremo Tribunal Federal (STF) na mediação das tensões entre centralização fiscal e autonomia federativa.

Metodologicamente, adota-se abordagem jurídico-dogmática com incursões analítico-comparativas, com base em jurisprudência, legislação constitucional e infraconstitucional e dados sobre arrecadação.

PANORAMA HISTÓRICO DAS CONTRIBUIÇÕES: DO PIS/COFINS À CRIAÇÃO DA CBS

Origem e função do PIS e da Cofins

As contribuições sociais ao PIS e à Cofins representam instrumentos de arrecadação tributária voltados ao custeio de políticas sociais no Brasil, com origens e naturezas jurídicas inicialmente distintas, ainda que ambas encontrem na atualidade fundamento no art. 195, I, *b*, da CF/88.

O PIS foi instituído pela Lei Complementar (LC) n. 7/70, ainda sob a égide do regime militar, com o propósito inicial de financiar o abono salarial e o seguro-desemprego dos trabalhadores do setor privado. Tratava-se, naquele momento, de uma contribuição de natureza parafiscal, vinculada a uma finalidade específica: a correção das desigualdades no mercado de trabalho por meio da redistribuição de parte do faturamento das empresas em favor dos empregados. Com a promulgação da CF/88, o PIS foi constitucionalizado no art. 239, assumindo o papel de fonte de financiamento do PIS e da seguridade social.

> Art. 239. A arrecadação decorrente das contribuições para o Programa de Integração Social, criado pela Lei Complementar n. 7, de 7 de setembro de 1970, e para o Programa de Formação do Patrimônio do Servidor Público, criado pela Lei Complementar n. 8, de 3 de dezembro de 1970, passa, a partir da promulgação desta Constituição, a financiar, nos termos que a lei dispuser, o programa do seguro-desemprego, outras ações da previdência social e o abono de que trata o § 3º deste artigo
>
> § 1º Dos recursos mencionados no *caput*, no mínimo 28% (vinte e oito por cento) serão destinados para o financiamento de programas de desenvolvimento econômico, por meio do Banco Nacional de Desenvolvimento Econômico e Social, com critérios de remuneração que preservem o seu valor.
>
> § 2º Os patrimônios acumulados do Programa de Integração Social e do Programa de Formação do Patrimônio do Servidor Público são preservados, mantendo-se os critérios de saque nas situações previstas nas leis específicas,

com exceção da retirada por motivo de casamento, ficando vedada a distribuição da arrecadação de que trata o *caput* deste artigo, para depósito nas contas individuais dos participantes.

§ 3º Aos empregados que percebam de empregadores que contribuem para o Programa de Integração Social ou para o Programa de Formação do Patrimônio do Servidor Público remuneração mensal de até 2 (duas) vezes o salário mínimo do ano-base para pagamento em 2025, corrigida, a partir de 2026, pela variação anual do Índice Nacional de Preços ao Consumidor (INPC), calculado e divulgado pela Fundação Instituto Brasileiro de Geografia e Estatística (IBGE), ou de outro índice que vier a substituí-lo, acumulada no segundo exercício anterior ao de pagamento do benefício, é assegurado o pagamento de 1 (um) salário mínimo anual, computado nesse valor o rendimento das contas individuais, no caso daqueles que já participavam dos referidos Programas, até a data de promulgação desta Constituição.

§ 3º-A. O limite para elegibilidade do benefício de que trata o § 3º deste artigo não será inferior ao valor equivalente ao salário mínimo do período trabalhado multiplicado pelo índice de 1,5 (um inteiro e cinco décimos).

§ 4º O financiamento do seguro-desemprego receberá uma contribuição adicional da empresa cujo índice de rotatividade da força de trabalho superar o índice médio da rotatividade do setor, na forma estabelecida por lei.

§ 5º Os programas de desenvolvimento econômico financiados na forma do § 1º e seus resultados serão anualmente avaliados e divulgados em meio de comunicação social eletrônico e apresentados em reunião da comissão mista permanente de que trata o § 1º do art. 166.

A Cofins, por sua vez, é mais recente e foi criada pela LC n. 70/91 como substituta do extinto Fundo de Investimento Social (Finsocial). Tem natureza jurídica de contribuição social geral e é destinada ao financiamento das ações estatais no âmbito da seguridade social, o que inclui saúde, previdência e assistência social, nos termos do art. 195, I, *b*, da CF/88. Ao contrário do PIS, não tem destinação restrita ou finalística, sendo considerada tributo com perfil eminentemente arrecadatório, ainda que sua arrecadação deva respeitar os limites da destinação constitucional vinculada à seguridade.

Ambas as contribuições compartilham a característica de incidência sobre a receita ou o faturamento das pessoas jurídicas, e foram objeto de múltiplas alterações legislativas que buscaram adaptar suas estruturas às exigências do mercado e da arrecadação federal. Entretanto, com o tempo, a convivência entre regimes cumulativos e não cumulativos, somada à multiplicidade de exceções e regimes especiais, tornou o sistema extremamente complexo e oneroso.

Críticas doutrinárias à cumulatividade e complexidade operacional

Ao longo dos anos, o modelo de apuração das contribuições ao PIS e à Cofins tornou-se objeto de severas críticas por parte da doutrina tributária e da comunidade empresarial, sobretudo em razão da elevada complexidade normativa e da incidência cumulativa em diversos setores da economia. Tais características comprometeram a transparência, a previsibilidade e a eficiência do sistema, culminando em elevados níveis de litigiosidade e em um custo de conformidade significativamente elevado.

A principal crítica recai sobre a coexistência de regimes distintos de apuração, sendo principalmente o regime cumulativo, aplicável às pessoas jurídicas optantes pelo lucro presumido, e o regime não cumulativo, voltado às empresas tributadas com base no lucro real, ressaltada a exceção a atividades listadas no art. 10 da Lei n. 10.833/2003, para as quais a aplicação do regime cumulativo é obrigatória. Há, ainda, o regime misto e o monofásico.

A adoção de critérios diferentes de apuração para contribuições de mesma natureza – ambas incidindo sobre a receita – gerou um ambiente jurídico assimétrico, tecnicamente frágil e de difícil aplicação prática.

Autores como Misabel Derzi e Sacha Calmon Navarro Coêlho (2007) apontam que o modelo não cumulativo do PIS/Cofins, tal como estruturado a partir das Leis ns. 10.637/2002 e 10.833/2003, não observa a lógica tradicional do Imposto sobre Valor Agregado (IVA), uma vez que restringe fortemente o aproveitamento de créditos, baseando-se em conceitos vagos e casuísticos como "insumo" e "despesas essenciais", cuja definição foi deixada à discricionariedade da Receita Federal e da jurisprudência administrativa e judicial. Isso compromete a aplicação do princípio da não cumulatividade, transformando-o em fonte de insegurança e divergência interpretativa.

Além disso, a profusão de normas infralegais, portarias, instruções normativas e soluções de consulta para disciplinar aspectos específicos das contribuições gerou um verdadeiro "labirinto normativo". Esse cenário levou ao fenômeno que Alfredo Augusto Becker (2007) denominou "manicômio tributário brasileiro", em que a complexidade normativa se transforma em fator de ineficiência econômica, barreira à competitividade e estímulo à judicialização.

No campo prático, a ausência de uniformidade e a instabilidade das interpretações administrativas sobre a dedutibilidade de créditos resultaram em autuações frequentes e disputas fiscais que se arrastam por anos no Judiciário. Estima-se que a litigiosidade relacionada ao PIS/Cofins represente uma das maiores parcelas do contencioso tributário nacional, segundo dados do Conselho Nacional de Justiça (CNJ, 2025).

Portanto, a complexidade operacional e a limitação da não cumulatividade minaram a funcionalidade das contribuições, abrindo espaço político e institucional para propostas de reforma. A CBS, nesse contexto, surge como tentativa de reorganização do sistema de tributação sobre o consumo, conforme será examinado a seguir.

Do ponto de vista funcional, o PIS e a Cofins consolidaram-se como importantes fontes de receita para a União, respondendo por parcela significativa da arrecadação federal. Segundo dados da Receita Federal, juntos representam, historicamente, mais de 20% da receita administrada pela União (Brasil, 2024). No entanto, essa relevância quantitativa não tem sido acompanhada por um modelo normativo estável, eficiente ou transparente, o que motivou frequentes críticas por parte da doutrina, da jurisprudência e dos setores produtivos.

Assim, a compreensão das origens e finalidades dessas contribuições é essencial para que se possa avaliar criticamente a substituição pelo modelo da CBS, cuja concepção rompe com alguns desses elementos fundantes, especialmente no que tange à destinação dos recursos e ao vínculo com a seguridade social.

Introdução da CBS: origem e justificativa política

A criação da CBS foi proposta oficialmente pelo Governo Federal por meio do Projeto de Lei n. 3.887, de 21 de julho de 2020, como etapa inicial de uma reforma tributária em fases, cujo objetivo seria a reorganização da tributação sobre o consumo no Brasil. De acordo com a Exposição de Motivos do projeto, a CBS visa substituir o PIS e a Cofins, unificando ambos em um único tributo federal de base ampla e incidência não cumulativa, com o propósito declarado de simplificar o sistema, aumentar a transparência e reduzir a litigiosidade.

A mudança surge em um contexto de crescente pressão por uma reforma tributária ampla, motivada por fatores como a regressividade do sistema, a baixa competitividade internacional das empresas brasileiras, a excessiva complexidade do cumprimento das obrigações acessórias e os custos de conformidade fiscal. Além disso, o modelo vigente é frequentemente apontado como entrave à atração de investimentos e ao crescimento econômico sustentável, especialmente em razão da fragmentação da base de consumo entre diferentes tributos de competência federal, estadual e municipal.

A CBS, nesse cenário, foi concebida como parte de uma estratégia de reforma em camadas, limitada à esfera federal, juntamente com a unificação do ICMS e do ISS pelo IBS de responsabilidade de administração e arrecadação pelos estados e pelos municípios, à semelhança do modelo europeu mas com uma especificidade brasileira, denominado IVA dual.

Do ponto de vista institucional, a criação da CBS e do IBS também se insere em um esforço de reequilíbrio fiscal por parte da União. A centralização arrecadatória promovida pela criação de um IVA único fortaleceria um controle da Receita Federal sobre a tributação do consumo, reduzindo a fragmentação normativa e reforçando o poder central em detrimento da autonomia dos demais entes nacionais.

Desse modo, é mister reconhecer que a instituição da CBS promove alterações substanciais na lógica de financiamento da seguridade social e na repartição das receitas públicas, desafiando, a nosso ver, por consequência, os limites normativos estabelecidos pela CF/88.

A primeira etapa da reforma tributária sobre o consumo foi formalmente concretizada com a promulgação da Emenda Constitucional n. 132, em 20 de dezembro de 2023, e a sanção da LC n. 214, em 16 de janeiro de 2025, que instituiu a CBS e o IBS. Com isso, o projeto de unificação do PIS e da Cofins deixou de ser uma proposta legislativa e passou a integrar de forma definitiva o ordenamento jurídico nacional.

Embora ainda embasada em argumentos de racionalização e modernização tributária, a CBS levanta relevantes dúvidas quanto a sua fundamentação constitucional, a sua natureza jurídica e a seus efeitos sobre o pacto federativo.

A CBS como tentativa de simplificação: uma análise estrutural e crítica

A promessa de simplificação tributária figura como o principal argumento político e técnico para a criação da CBS. O Projeto de Lei n. 3.887/2020 apresenta-a como um tributo de base ampla, incidência não cumulativa plena, estrutura normativa enxuta e sistemática de créditos universalizada, buscando eliminar as distorções e ineficiências que marcam o regime atual do PIS/Cofins. Trata-se, em essência, de um tributo com inspiração nos modelos clássicos de IVA.

Do ponto de vista estrutural, a CBS é instituída como contribuição social geral, incidente sobre a "receita bruta" auferida pela realização de operações com bens, serviços com alíquota geral e com a extinção de múltiplos regimes diferenciados, como o cumulativo e os regimes monofásicos. O sistema de apuração é inteiramente não cumulativo, com **crédito financeiro** amplo, ou seja, baseado no valor da aquisição, independentemente de sua vinculação direta com a atividade-fim da empresa. Essa mudança representa uma ruptura com o modelo de crédito físico vigente no PIS/Cofins, marcado por intensa controvérsia quanto ao conceito de "insumo".

A simplificação almejada ainda inclui a redução do número de obrigações acessórias, por meio da unificação de declarações e racionalização do cumprimento fiscal. A transparência da incidência é reforçada pela aplicação da CBS "por fora" (ou seja, sem inclusão do tributo na base de cálculo de si próprio), o que facilita a identificação do valor efetivamente recolhido e a formação de preços no mercado.

Contudo, a promessa de simplificação deve ser analisada com cautela. Em primeiro lugar, a CBS permanece sendo um tributo de competência exclusiva da

União, o que limita sua eficácia sistêmica no plano federativo. A manutenção de tributo incidente sobre o consumo (IBS) com regras próprias (p. ex., fixação de alíquotas, art. 14 da LC n. 214/2025) em níveis subnacionais distintos pode comprometer os ganhos de eficiência esperados pela reforma, perpetuando a fragmentação normativa e a complexidade do sistema tributário.

Além disso, a adoção de uma alíquota única para a CBS, não cumulativa, embora coerente com a lógica da neutralidade tributária, levanta preocupações quanto à perda de tratamento diferenciado para setores estratégicos ou socialmente sensíveis. Tais preocupações podem reabrir a porta para a reinstituição demasiada de regimes especiais, reintroduzindo a complexidade e o tratamento tributário desigual.

Outro ponto sensível, e objeto principal deste capítulo, reside na ausência de vinculação direta da CBS a elementos da seguridade social, como ocorre com o PIS no art. 239 da CF/88. A desvinculação, ainda que implícita, afasta a CBS do modelo contributivo previsto no art. 195 da CF/88 e reforça sua vocação arrecadatória, o que poderá ensejar questionamentos sobre sua natureza jurídica e constitucionalidade.

Assim, embora a CBS represente um avanço teórico na direção da simplificação e da eficiência operacional, seu desenho normativo e sua inserção em um sistema tributário fragmentado indicam que sua efetividade depende de um redesenho mais amplo da tributação sobre o consumo no Brasil.

A CBS E A CONSTITUIÇÃO DE 1988: ANÁLISE À LUZ DO ART. 195

A criação da CBS levanta questões constitucionais centrais, notadamente quanto a sua compatibilidade com o art. 195 da CF/88, que estabelece as bases estruturais para o sistema de contribuições sociais voltadas ao financiamento da seguridade. A substituição do PIS e da Cofins por um tributo unificado e amplamente incidente demanda, por isso, uma análise acurada de sua conformidade com o modelo constitucional vigente.

O *caput* do art. 195 dispõe que a seguridade social será financiada por toda a sociedade de forma direta e indiretamente "mediante recursos provenientes dos orçamentos da União, dos estados, do Distrito Federal e dos municípios, e das contribuições sociais previstas neste artigo". Nos incisos subsequentes, a Constituição enumera as fontes específicas de receita, dentre elas as contribuições incidentes sobre "a receita ou o faturamento das empresas" (inciso I, *b*), que justamente dão fundamento ao PIS e à Cofins.

Ao substituir essas duas contribuições sociais por um novo tributo de base mais ampla e **desvinculada expressamente da finalidade de custeio da seguridade**, a CBS desloca o centro de gravidade do sistema de uma lógica contributiva para uma lógica predominantemente arrecadatória. Ainda que tecnicamente estruturada como uma "contribuição social" no inciso V do art. 195 da CF/88, sua natureza funcional aproxima-se mais de um imposto sobre consumo do tipo IVA federal do que de uma contribuição finalística nos moldes exigidos pelo art. 195.

Além disso, a ausência de previsão explícita de vinculação dos recursos da CBS à seguridade social, nos termos do art. 239 da CF/88, aliada à extinção formal das contribuições que financiam diretamente elementos da seguridade social, suscita dúvidas quanto à constitucionalidade da operação de substituição, principalmente do PIS. A doutrina majoritária, com apoio em precedentes do STF, considera que as contribuições sociais devem obedecer não apenas ao critério formal de competência, mas também aos elementos materiais e finalísticos que caracterizam esse gênero tributário.

Nesse sentido, Ricardo Lobo Torres (2001, p. 364) ressalta que "a natureza jurídica das contribuições está diretamente associada à sua finalidade constitucionalmente vinculada, de modo que a desvinculação do produto arrecadado afasta a própria razão de ser do tributo". Por sua vez, Misabel Derzi (2013, p. 1.473-1.477) aponta que a criação de tributos híbridos, de perfil misto, pode ferir o princípio da legalidade tributária qualificada, exigindo a edição de lei complementar ou mesmo emenda constitucional para viabilizar alterações estruturais como as pretendidas pela CBS.

O STF tem reconhecido a importância da finalidade constitucional na caracterização das contribuições. Em casos emblemáticos, como o RE n. 603.624 (STF, 2021b), o Tribunal reafirmou que a destinação constitucional dos recursos é elemento essencial para a identificação da natureza da exação, o que pode ter implicações relevantes no controle de sua validade formal e material.

Nesse contexto, a CBS apresenta traços de ruptura com a modelagem constitucional das contribuições sociais. Sua base de incidência não se limita ao faturamento ou receita, mas abrange amplamente bens, serviços e direitos; sua destinação é genérica e não claramente vinculada, conforme a redação atual da LC n. 214/2025, e sua disciplina normativa pretende ser simplificada a ponto de afastar características historicamente consolidadas nas contribuições sociais.

Em razão disso, é possível sustentar que com a instituição da CBS, nos termos da atual redação da LC n. 214/2025, os limites de compatibilidade com o art. 195 da CF/88 podem ter sido ultrapassados.

A CBS E O PAPEL DO SUPREMO TRIBUNAL FEDERAL: JUDICIALIZAÇÃO E SEGURANÇA JURÍDICA

Como em outros momentos de reforma fiscal no Brasil, a instabilidade normativa, os impactos sobre direitos adquiridos e a reinterpretação de competências tributárias convergem para provocar controvérsias que, inevitavelmente, chegam ao crivo do STF. Nesse contexto, o papel da Corte Constitucional adquire centralidade na mediação dos conflitos decorrentes da CBS, tanto sob o viés formal da legalidade quanto sob a perspectiva substancial da preservação dos direitos fundamentais e da ordem federativa.

A experiência brasileira demonstra que a instabilidade normativa em matéria tributária frequentemente encontra no STF um campo de arbitragem jurídica e política. Casos paradigmáticos como o da exclusão do ICMS da base de cálculo do PIS/Cofins (RE n. 574.706 – STF, 2021a) ou o julgamento da limitação da contribuição (RE n. 603.624) ilustram a capacidade do Tribunal de redefinir os contornos da política fiscal a partir de teses constitucionais de repercussão geral. Tais decisões, embora fundadas em argumentos jurídico-dogmáticos, geram efeitos econômicos e administrativos de largo alcance, impactando não apenas o Fisco, mas também a estabilidade do ambiente de negócios e a previsibilidade do sistema.

No caso da CBS, os riscos de judicialização são múltiplos. Em primeiro lugar, há controvérsias quanto a sua natureza jurídica, que mescla traços de contribuição social e imposto sobre o consumo, criando dificuldades para a delimitação precisa de sua base constitucional de validade, em que pese a inclusão do inciso V no art. 195 da CF/88. A ausência de vinculação expressa à seguridade social e a ampla base de incidência colocam em xeque sua compatibilidade com o art. 195 da CF/88, conforme analisado anteriormente. Essa ambiguidade normativa pode ensejar questionamentos sobre a necessidade de nova emenda constitucional ou reforma da recente LC n. 214/2025.

O STF, nesse cenário, certamente será novamente chamado a exercer seu papel de guardião da Constituição, mas também de moderador institucional das tensões entre os poderes. A Corte terá de decidir não apenas sobre a validade formal da CBS, mas também sobre os efeitos práticos de sua implementação, com atenção ao equilíbrio entre arrecadação e segurança jurídica, entre reforma fiscal e proteção da confiança legítima dos contribuintes.

Mais do que nunca, a atuação do STF demandará sensibilidade institucional, coerência jurisprudencial e respeito ao princípio da vedação ao retrocesso tributário. A construção de um sistema mais simples e eficiente não pode ser feita à custa da previsibilidade normativa, do pacto federativo ou dos direitos adquiridos sob a égide da ordem jurídica vigente. A CBS, se imposta sem mediações adequadas, pode não apenas colapsar setores econômicos, mas corroer a legitimidade do próprio sistema tributário.

Assim, a estabilidade e a efetividade da CBS dependem, em última instância, de uma interpretação constitucional equilibrada, que respeite os limites materiais da CF/88 e preserve a confiança dos contribuintes e dos entes federados. O STF, como árbitro final dessas questões, terá papel decisivo na consolidação – ou na limitação – desse novo paradigma tributário.

CONSIDERAÇÕES FINAIS

A criação da CBS, ainda que apresentada sob a égide da simplificação e da racionalização do sistema tributário, revela-se como uma reforma estrutural de grande magnitude e com impactos profundos sobre os pilares constitucionais do modelo fiscal brasileiro. Longe de se limitar a uma reorganização técnica das contribuições sociais ao PIS e à Cofins, a CBS representa uma relevante reanálise do pacto federativo, na estrutura de financiamento da seguridade social e na distribuição do poder arrecadatório entre os entes da Federação.

Como se demonstrou, a CBS é concebida como um tributo de base ampla, uniforme, não cumulativo e de incidência destacada sobre operações com bens e serviços. Essa modelagem teórica, inspirada nos padrões internacionais de IVA, rompe com os elementos tradicionais das contribuições sociais previstas no art. 195 da CF/88, particularmente pela ausência de vinculação expressa à seguridade social e pela tentativa de instituí-la por meio de lei ordinária, o que suscita fundadas dúvidas quanto a sua constitucionalidade formal e material.

Ainda mais sensíveis, porém, são os efeitos da CBS sobre a dinâmica do federalismo fiscal. Ao reforçar a centralização arrecadatória da União e desestruturar os atuais mecanismos de financiamento de seguridade social que o PIS e a Cofins proporcionavam, aliás, em uma concepção mais negativa, a CBS ameaça aprofundar as desigualdades fiscais entre os entes subnacionais.

A judicialização do novo modelo tributário é outra consequência possível e preocupante. As tensões constitucionais que envolvem a CBS, aliadas à insegurança jurídica quanto a sua implementação, tornam provável a atuação intensa do STF, que terá de equilibrar os objetivos legítimos de reforma tributária com a preservação dos direitos adquiridos, da segurança jurídica e dos princípios estruturantes da CF/88.

REFERÊNCIAS

BECKER, Alfredo Augusto. *Teoria geral do direito tributário.* 4. ed. São Paulo: Noeses, 2007.

BRASIL. *Lei Complementar n. 214, de 16 de janeiro de 2025a.* Institui o Imposto sobre Bens e Serviços (IBS), a Contribuição Social sobre Bens e Serviços (CBS) e o Imposto Seletivo (IS); cria o Comitê Gestor do IBS e altera a legislação tributária. Disponível em: https://www.planalto.gov.br/ccivil_03/leis/lcp/lcp214.htm. Acesso em: 30 set. 2025.

BRASIL. Ministério da Fazenda. Receita Federal. *Arrecadação de receitas federais soma R$ 202,9 bilhões em maio.* 26 jun. 2024. Disponível em: https://www.gov.br/receitafederal/pt-br/assuntos/

noticias/2024/junho/arrecadacao-de-receitas-federais-soma-r-202-9-bilhoes-em-maio. Acesso em: 30 set. 2025.

BRASIL. Ministério da Fazenda. *Regulamentação da reforma tributária*: Lei Geral do IBS, da CBS e do Imposto Seletivo. Atualizado em 3 abr. 2025b. Disponível em: https://www.gov.br/fazenda/pt-br/acesso-a-informacao/acoes-e-programas/reforma-tributaria/regulamentacao-da-reforma-tributaria/lei-geral-do-ibs-da-cbs-e-do-imposto-seletivo/textos-legais. Acesso em: 30 set. 2025.

CONSELHO NACIONAL DE JUSTIÇA (CNJ). *Painel Fazenda Nacional*. 2025. Disponível em: https://justica-em-numeros.cnj.jus.br/painel-fazenda-nacional/. Acesso em: 30 set. 2025.

DERZI, Misabel Abreu Machado. Notas de atualização e comentários sobre os princípios constitucionais tributários. *In*: BALEEIRO, Aliomar. *Direito tributário brasileiro*. 12. ed. Rio de Janeiro: Forense, 2013. p. 1473-1477.

DERZI, Misabel Abreu Machado; COÊLHO, Sacha Calmon Navarro *et al*. Análise crítica do regime não cumulativo do PIS/Cofins à luz do princípio da não cumulatividade e do IVA europeu. *Revista de Direito Tributário Atual*, n. 32, 2007.

MACHADO SEGUNDO, Hugo de Brito. *Lei Complementar 214/2025 comentada*: IBS, CBS e IS. São Paulo: Atlas Jurídico, 2025.

PÊGAS, Paulo Henrique. PIS e Cofins. 5. ed., rev. e atual. São Paulo: Atlas, 2018.

PIS/COFINS x IBS/CBS: diferenças e oportunidades. *BSSP Blog*, 18 mar. 2025. Disponível em: https://www.bsspce.com.br/blog/pis-cofins-ibs-cbs-diferencas-oportunidades/. Acesso em: 30 set. 2025.

ROCHA, Victor Hugo Scandalo. Reforma tributária: transição para CBS e o aproveitamento dos créditos remanescentes de PIS e Cofins. *Portal da Reforma Tributária*, 6 jun. 2025. Disponível em: https://www.reformatributaria.com/reforma-tributaria-transicao-para-cbs-e-o-aproveitamento-dos-creditos-remanescentes-de-pis-e-cofins/. Acesso em: 30 set. 2025.

SUPREMO TRIBUNAL FEDERAL (STF). *Recurso Extraordinário 574.076 – Repercussão Geral – Tema 69*. Relatora: Min. Cármen Lúcia, 2021a. Disponível em: https://portal.stf.jus.br/processos/detalhe.asp?incidente=2585258. Acesso em: 30 set. 2025.

SUPREMO TRIBUNAL FEDERAL (STF). *Recurso Extraordinário 603.624 – Repercussão Geral – Tema 325*. Relatora: Min. Rosa Weber, 2021b. Disponível em: https://portal.stf.jus.br/processos/detalhe.asp?incidente=3774549. Acesso em: 30 set. 2025.

TORRES, Ricardo Lobo. *Curso de direito financeiro e tributário*. 8. ed. Rio de Janeiro: Renovar, 2001.

VIEIRA, Marcílio de Souza. A transição do PIS e Cofins para a CBS: o que você precisa saber? *Migalhas*, 1º dez. 2024. Disponível em: https://www.migalhas.com.br/depeso/420657/a-transicao-do-pis-e-cofins-para-a-cbs-o-que-voce-precisa-saber. Acesso em: 30 set. 2025.

Capítulo **20**

Tributação e Inteligência de Negócios no patrimônio e na renda

Claudia Rodrigues Martins

INTRODUÇÃO

A tributação é um dos pilares do financiamento estatal e da promoção da justiça social. No Brasil, o sistema tributário caracteriza-se pela complexidade normativa e pela distribuição desigual da carga fiscal, o que acaba penalizando as camadas mais vulneráveis da população e fomentando práticas de evasão (prática ilegal para não pagar tributos) e elisão fiscal (forma lícita de reduzir a carga tributária).

Nesse contexto, a inteligência de negócios surge como uma aliada estratégica da Administração Pública, especialmente no âmbito da fiscalização tributária. A capacidade de coletar, processar e cruzar grandes volumes de dados permite à Receita Federal e demais órgãos fiscalizadores atuarem com maior precisão, celeridade e eficácia, reduzindo as brechas para sonegação e promovendo maior justiça fiscal.

Este artigo tem como propósito destacar a utilização da inteligência de negócios na modernização da tributação sobre a renda e sobre o patrimônio dos contribuintes brasileiros, abordando os fundamentos legais da tributação. A análise abrange fundamentos legais, inovações tecnológicas aplicadas à fiscalização, desafios enfrentados pelo profissional tributarista de inteligência de negócios e menção aos reflexos esperados quanto à reforma tributária que se encontra em curso. Adicionalmente, resgata-se a trajetória histórica do Imposto de Renda no país e algumas de suas peculiaridades normativas, contribuindo assim para uma reflexão crítica sobre o papel da tributação na construção de um Estado mais justo e eficiente.

DESENVOLVIMENTO

A Constituição Federal de 1988, em seu art. 145, § 1º, prevê que os tributos devem ter caráter pessoal, ser graduados segundo a capacidade econômica, respeitar os direitos individuais, o patrimônio, os rendimentos e as atividades econômicas do contribuinte, observando os princípios da capacidade contributiva e da isonomia. Isso pressupõe que contribuintes com maior capacidade econômica devem contribuir mais com o erário público, assegurando justiça distributiva. Contudo, o sistema tributário nacional tende a incidir majoritariamente sobre o consumo, e assim acaba penalizando as camadas menos favorecidas.

O Código Tributário Nacional (CTN), em seu art. 113, dispõe sobre a obrigação tributária principal, estabelecendo que esta surge com a ocorrência do fato gerador, e tem por objeto o pagamento de tributo ou penalidade pecuniária. A efetividade dessa norma está diretamente relacionada à capacidade do Estado de fiscalizar, identificar omissões e agir tempestivamente, ou seja, otimizar o processo tributário no País.

Nesse contexto, a Receita Federal tem investido em soluções de inteligência de negócios para otimizar o cruzamento de dados fiscais e financeiros, destacando-se o Sistema Público de Escrituração Digital (SPED).

Essa plataforma integra diversas bases, como Relação Anual de Informações Sociais (Rais), Cadastro Geral de Empregados e Desempregados (Caged) e Declarações de Imposto de Renda, permitindo identificar inconsistências e padrões suspeitos.

Relatórios da Receita Federal (2023) revelam que o uso de tecnologias inteligentes resultou em um aumento significativo na arrecadação decorrente de autuações fiscais. O Portal da Transparência também se insere como um aliado ao fornecer dados públicos que subsidiam ações de controle social e auditoria pública.

Além das informações fiscais, o uso de dados complementares, como os provenientes da e-Financeira (instituições financeiras), cartórios de registro e bases do mercado imobiliário, tem permitido maior acurácia na detecção de variações patrimoniais incompatíveis com a renda declarada. Nesses casos, aplica-se o disposto no art. 42 da Lei n. 9.430/96, que trata da presunção legal de omissão de receitas ou de rendimentos.

Por outro lado, a intensificação da coleta e análise de dados pessoais pelo Estado exige respeito à privacidade e à proteção das informações dos contribuintes. A Lei Geral de Proteção de Dados (Lei n. 13.709/2018) impõe limites ao tratamento de dados, exigindo transparência, finalidade legítima e segurança no uso dessas tecnologias.

Entende-se que a utilização dessas práticas de inteligência de negócios contribui para que haja uma tributação eficaz e, então, a construção de um Estado mais justo e eficiente.

CONCEITOS FUNDAMENTAIS SOBRE TRIBUTAÇÃO

O que é tributo

Tributo é uma prestação pecuniária compulsória instituída em lei, exigida pelo Estado no exercício de sua competência tributária, sem constituir sanção por ato ilícito. Sua principal finalidade é o financiamento das atividades públicas e a manutenção das funções do Estado. A doutrina jurídica classifica os tributos em cinco espécies: impostos, taxas, contribuições de melhoria, empréstimos compulsórios e contribuições especiais, cada qual com natureza jurídica própria.

O que são os impostos

Impostos são tributos pagos de forma compulsória por pessoas físicas ou jurídicas ao Estado, sem a necessidade de uma contraprestação direta. Constituem a principal fonte de financiamento das atividades estatais, como saúde, educação, segurança e infraestrutura.

Impostos diretos e indiretos

Impostos diretos são aqueles cobrados diretamente sobre a renda ou o patrimônio dos contribuintes, como o Imposto de Renda da Pessoa Física (IRPF), o Imposto sobre a Propriedade de Veículos Automotores (IPVA) e o Imposto sobre a Propriedade Predial e Territorial Urbana (IPTU). Já os impostos indiretos incidem sobre o consumo, sendo recolhidos pelos comerciantes e repassados ao governo, como o Imposto sobre Circulação de Mercadorias e Serviços (ICMS) e o Imposto sobre Produtos Industrializados (IPI).

Tributação sobre a renda

A tributação sobre a renda incide sobre os ganhos obtidos por pessoas físicas ou jurídicas ao longo de um período. Pode ser progressiva, quando as alíquotas aumentam conforme a renda, ou proporcional. É considerada um instrumento eficaz de redistribuição de riqueza, embora apresente desafios como complexidade administrativa e potencial para evasão.

Tributação sobre o patrimônio

A tributação sobre o patrimônio incide sobre bens e direitos das pessoas físicas ou jurídicas, como imóveis, veículos, ações e outros ativos. No Brasil, os principais tributos dessa categoria são apresentados no Quadro 1.

Quadro 1 Principais tributos sobre o patrimônio

Imposto sobre a Propriedade Territorial Rural (ITR)	
Competência:	União (podendo ser fiscalizado pelos municípios)
Constituição Federal:	Art. 153, VI
Imposto sobre Transmissão *Causa Mortis* e Doação (ITCMD)	
Competência:	Estados e Distrito Federal
Constituição Federal:	Art. 155, I
Imposto sobre a Propriedade de Veículos Automotores (IPVA)	
Competência:	Estados e Distrito Federal
Constituição Federal:	Art. 155, III
Imposto sobre a Propriedade Predial e Territorial Urbana (IPTU)	
Competência:	Municípios e Distrito Federal
Constituição Federal:	Art. 156, I
Imposto sobre Transmissão de Bens Imóveis (ITBI)	
Competência:	Municípios e Distrito Federal
Constituição Federal:	Art. 156, II

Embora promova a justiça fiscal, a tributação sobre a riqueza acumulada enfrenta resistência e bastante dificuldade na avaliação dos bens.

Desafios técnicos e estratégicos para o Tributarista de Inteligência de Negócios

O profissional tributarista enfrenta desafios relevantes ao orientar seus clientes sobre a forma mais eficiente de recolher tributos, especialmente os incidentes sobre o patrimônio e a renda. No caso dos impostos patrimoniais, a legislação brasileira se mostra complexa e instável, exigindo constante atualização. A distribuição de competência entre União, Estados, Distrito Federal e Municípios amplia a necessidade de domínio técnico e normativo.

As diferenças regionais quanto a alíquotas, isenções e critérios de valoração dos bens impactam diretamente na apuração dos tributos como IPTU, ITBI, ITR e ITCMD. O tributarista precisa estruturar planejamentos que reduzam legalmente a carga tributária, evitando riscos de autuação fiscal. Além disso, deve avaliar a segurança jurídica das estratégias adotadas, diante da oscilação de entendimentos administrativos e judiciais.

No caso do Imposto sobre a Renda, os desafios envolvem a classificação correta dos rendimentos e a escolha do regime de apuração adequado, especialmente para pessoas jurídicas. A legislação sofre alterações frequentes, afetando deduções, compensações e benefícios fiscais. A interpretação das normas também depende da jurisprudência atualizada, o que exige atenção constante do profissional.

Em ambos os contextos, cabe ao tributarista buscar o equilíbrio entre eficiência fiscal e conformidade legal. É igualmente fundamental traduzir as implicações tributárias para o cliente, promovendo decisões seguras e conscientes. Essa atuação exige, além de conhecimento técnico, habilidades de análise, ética profissional e comunicação clara.

Reforma tributária: impactos tributários sobre a renda e o patrimônio

A reforma tributária em discussão visa simplificar o sistema, reduzir a regressividade e promover maior justiça fiscal. No tocante à renda, discute-se a ampliação da base de contribuintes e a taxação de lucros e dividendos. Quanto ao patrimônio, destaca-se o fortalecimento da arrecadação do IPTU e do ITCMD, além de debates sobre a regulamentação do Imposto sobre Grandes Fortunas (IGF).

HISTÓRIA E CURIOSIDADES SOBRE O IMPOSTO DE RENDA

Criação e evolução histórica

O Imposto de Renda no Brasil remonta ao século XIX, com suas primeiras manifestações legais voltadas para a arrecadação sobre vencimentos públicos. Sua institucionalização, contudo, ocorreu em 1922. Desde então, passou por inúmeras reformas, ajustes de alíquotas, isenções e inclusões, refletindo contextos sociais, políticos e econômicos distintos.

Declaração de bens: dos detalhes à obrigatoriedade

Desde 1963, tornou-se obrigatória a apresentação da declaração de bens na declaração anual de rendimentos. Um caso emblemático foi registrado em 1982, quando um contribuinte listou, com riqueza de detalhes, até mesmo utensílios domésticos, peças íntimas e louças, o que revela a falta de clareza sobre os limites dessa obrigação à época.

Primeira lei ecológica do Imposto de Renda

A Lei n. 5.106, de 1966, concedeu incentivos fiscais a empreendimentos de florestamento e reflorestamento, permitindo que pessoas físicas e jurídicas deduzissem esses investimentos da base de cálculo do IR. Essa foi a primeira iniciativa de vincular benefícios fiscais à preservação ambiental no país.

Leis personalizadas: Souza Reis, Sarney e Rouanet

Algumas normas tributárias ganharam reconhecimento popular por seus autores ou idealizadores. A regulamentação do Imposto de Renda de 1926 ficou conhecida como Regulamento Souza Reis. Já as Leis ns. 7.505/86 e 8.313/91 ficaram conhecidas, respectivamente, como Lei Sarney e Lei Rouanet, ambas voltadas ao incentivo à cultura.

Curiosidades históricas e peculiaridades normativas

Diversos episódios históricos revelam peculiaridades do Imposto de Renda no Brasil:

- Alíquotas específicas para presidentes e ministros (Lei n. 2.919/1914).
- Proibição de exigir livros contábeis (Lei n. 4.783/1923).
- Isenção para os rendimentos da primeira profissão (Decreto n. 16.581/1924).
- Na declaração em separado, só o marido podia considerar filho como dependente (Decreto n. 21.554/32).
- Imunidades para jornalistas, escritores e professores (Constituição Federal de 1934).
- O Imposto de Renda do solteiro, no qual solteiros ou viúvos sem filhos deveriam pagar um percentual adicional sobre a importância que pagariam no mesmo Imposto de Renda (Decreto-lei n. 3.200/41).
- Mulheres não podiam fiscalizar imposto de renda (Decreto-lei n. 4.419/42).
- Havia desconto para contribuintes que efetuassem o pagamento integral do imposto no ato da entrega da declaração (Lei n. 154/47).
- Outras curiosidades que demonstram a evolução e as contradições da legislação tributária nacional.

CONSIDERAÇÕES FINAIS

A análise sobre a tributação da renda e do patrimônio à luz da inteligência de negócios evidencia um importante avanço na forma como o Estado pode tornar mais eficaz e justa sua política fiscal. A adoção de ferramentas tecnológicas, como o cruzamento automatizado de dados, amplia a capacidade de fiscalização e contribui para a redução da sonegação e da evasão fiscal.

Além disso, os fundamentos legais apresentados, em consonância com os princípios constitucionais da isonomia e da capacidade contributiva, indicam que é possível aliar eficiência arrecadatória com justiça social. A reforma tributária em curso também se apresenta como uma oportunidade estratégica de revisar distorções históricas, simplificar a estrutura de impostos e ampliar a progressividade da carga tributária.

A trajetória do Imposto de Renda no Brasil, repleta de episódios curiosos e alterações normativas, mostra que a legislação tributária acompanha a evolução da sociedade e do Estado, sendo constantemente adaptada às novas realidades econômicas e tecnológicas.

Por fim, é essencial que a aplicação de inteligência de negócios na fiscalização tributária observe os limites legais e éticos impostos pela Lei Geral de Proteção de Dados, de modo a garantir a privacidade e os direitos fundamentais dos contribuintes. A integração entre tecnologia, legalidade e transparência é o caminho para um sistema tributário mais equitativo, moderno e sustentável.

REFERÊNCIAS

ASPECTOS norteadores da tributação sobre renda, consumo e patrimônio: um estudo comparativo. *Jusbrasil*. 2025. Disponível em: https://www.jusbrasil.com.br/artigos/aspectos-norteadores-da-tributacao-sobre-renda-consumo-e-patrimonio-um-estudo-comparativo/3322191417. Acesso em: 4 ago. 2025.

BRASIL. *Constituição da República Federativa do Brasil*. Brasília, DF: Senado Federal, 1988.Disponível em: https://www25.senado.leg.br/web/atividade/legislacao/constituicao-federal. Acesso em: 1º ago. 2025.

BRASIL. *Decreto n. 17.390, de 26 de julho de 1926*. Regulamento do Imposto de Renda – Regulamento Souza Reis. Disponível em: https://www2.camara.leg.br/legin/fed/decret/1920-1929/decreto-17390-26-julho-1926-514413-publicacaooriginal-1-pe.html. Acesso em: 1 ago. 2025.

BRASIL. *Lei n. 5.106, de 2 de setembro de 1966*. Dispõe sobre incentivos fiscais à atividade florestal. Disponível em: https://www.planalto.gov.br/CCiVil_03/LEIS/1950-1969/L5106.htm. Acesso em: 1 ago. 2025.

BRASIL. *Lei n. 5.172, de 25 de outubro de 1966*. Dispõe sobre o Código Tributário Nacional. Disponível em: https://www.planalto.gov.br/ccivil_03/leis/l5172compilado.htm. Acesso em: 1 ago. 2025.

BRASIL. *Lei n. 7.505, de 2 de julho de 1986*. [Conhecida como Lei Sarney.] Dispõe sobre incentivos fiscais à cultura. Disponível em: https://www.planalto.gov.br/ccivil_03/leis/l7505.htm. Acesso em: 1 ago. 2025.

BRASIL. *Lei n. 8.313, de 23 de dezembro de 1991*. Conhecida como Lei Rouanet. Dispõe sobre política nacional de cultura. Disponível em: https://www.planalto.gov.br/ccivil_03/leis/l8313cons.htm. Acesso em: 1 ago. 2025.

BRASIL. *Lei n. 9.430, de 27 de dezembro de 1996*. Dispõe sobre a legislação tributária federal. Disponível em: https://www.planalto.gov.br/ccivil_03/leis/l9430.htm. Acesso em: 1 ago. 2025.

BRASIL. *Lei n. 13.709, de 14 de agosto de 2018*. Lei Geral de Proteção de Dados Pessoais. Disponível em: https://www.planalto.gov.br/ccivil_03/_ato2015-2018/2018/lei/l13709.htm. Acesso em: 1 ago. 2025.

CURIOSIDADES da evolução do Imposto de Renda – Receita Federal. Disponível em: https://www.gov.br/receitafederal/. Acesso em: 4 ago. 2025.

IMPOSTOS: o que são, exemplos, diretos e indiretos no Brasil. Disponível em: https://www.suapesquisa.com/o_que_e/impostos.htm. Acesso em: 1º ago. 2025.

O SURGIMENTO do imposto de renda no Brasil e sua evolução até os dias atuais. *Jusbrasil*. Disponível em: https://www.jusbrasil.com.br/artigos/o-surgimento-do-imposto-de-renda-no-brasil-e-sua-evolucao-ate-os-dias-atuais/1981017808. Acesso em: 4 ago. 2025.

PORTAL DA TRANSPARÊNCIA. *Home page*. Disponível em: https://www.portaltransparencia.gov.br. Acesso em: 1 ago. 2025.

RECEITA FEDERAL DO BRASIL. *Relatório de Fiscalização 2023*. Disponível em: https://www.gov.br/receitafederal/. Acesso em: 1 ago. 2025.

Capítulo **21**

Tributação e Inteligência de Negócios no contexto do Imposto Seletivo e do IPI

Raquel Lima Pereira

INTRODUÇÃO

A seletividade tributária, tradicionalmente associada ao Imposto sobre Produtos Industrializados (IPI), representa um mecanismo de intervenção estatal voltado à diferenciação de alíquotas conforme a essencialidade dos bens. Combinando funções arrecadatórias e extrafiscais, o IPI historicamente atua na regulação de mercados e na indução de comportamentos de consumo.

A Emenda Constitucional (EC) n. 132/2023 introduziu o Imposto Seletivo (IS), destinado a incidir sobre bens e serviços prejudiciais à saúde ou ao meio ambiente (art. 153, VIII, da CF/88). Diferentemente do IPI, o IS tem perfil regulatório mais explícito, voltado à correção de externalidades negativas, reacendendo debates sobre justiça fiscal, governança e eficiência tributária.

A coexistência ou eventual substituição do IPI pelo IS traz desafios relevantes: sobreposição de competências, risco de bitributação e insegurança jurídica, especialmente em setores sensíveis. Nesse contexto, este capítulo visa: (i) contextualizar a seletividade fiscal no Brasil; (ii) analisar fundamentos, convergências e disfunções entre IPI e IS; e (iii) examinar os impactos sobre a competitividade empresarial e a governança tributária.

O enfoque adotado combina fundamentos constitucionais, análise econômica do direito e ferramentas de inteligência de negócios, além de experiências internacionais. Após discorrer sobre os fundamentos do IPI e sobre aspectos do IS, o capítulo promove uma análise crítica comparativa dos dois tributos e apresenta estratégias empresariais.

FUNDAMENTOS JURÍDICOS E ECONÔMICOS DO IPI

Natureza jurídica: extrafiscalidade e seletividade

O IPI, de competência privativa da União (art. 153, IV, da CF/88), constitui típico exemplo de tributo com função extrafiscal. Sua principal finalidade não reside apenas na arrecadação, mas na capacidade de intervir na economia por meio da modulação de alíquotas que induzem comportamentos do mercado e do consumidor. Essa função extrafiscal se expressa, sobretudo, no princípio da seletividade (art. 153, § 3º, I, da CF/88), que impõe alíquotas diferenciadas conforme a essencialidade dos produtos, promovendo justiça fiscal e eficiência distributiva.

Nesse sentido, produtos considerados essenciais (medicamentos, alimentos básicos) são tributados a alíquotas menores, ao passo que bens supérfluos (bebidas alcoólicas, cigarros, perfumes) recebem maior carga tributária, reforçando o caráter regulatório do imposto. Tal mecanismo visa garantir que a tributação não penalize desproporcionalmente as camadas sociais mais vulneráveis.

Regência constitucional e normativas infraconstitucionais

O IPI encontra seu fundamento de validade no art. 153, IV e § 3º, da Constituição Federal. A norma constitucional prevê sua seletividade, não cumulatividade, isenção nas exportações e estímulo à aquisição de bens de capital. No plano infraconstitucional, a disciplina se dá pelo Código Tributário Nacional (CTN, arts. 46 a 51) e pelo Regulamento do IPI, instituído pelo Decreto n. 7.212/2010, que detalha fatos geradores, base de cálculo, sujeitos passivos e hipóteses de isenção.

Finalidades: seletividade, regulação de mercado e arrecadação

Embora exerça função arrecadatória importante na estrutura orçamentária federal, o IPI se destaca por sua aplicação extrafiscal. Seu desenho normativo permite ao Estado influenciar a cadeia produtiva, estimular setores estratégicos e onerar produtos que apresentem externalidades negativas.

A seletividade atua como mecanismo de justiça tributária, em conformidade com o princípio da capacidade contributiva, reduzindo o ônus fiscal sobre bens essenciais e ampliando-o sobre artigos de luxo ou potencialmente nocivos. Além disso, o imposto desempenha papel de equilíbrio competitivo entre produtos nacionais e importados, incidindo de maneira simétrica sobre ambos, conforme reconhecem a doutrina e a jurisprudência do Superior Tribunal de Justiça (STJ).

Distinção entre função fiscal e extrafiscal

A função fiscal do IPI está voltada à arrecadação, por meio de sua incidência ampla sobre produtos industrializados. Já sua função extrafiscal utiliza a tributação como instrumento de política pública, orientando padrões de produção e consumo.

Essa extrafiscalidade se concretiza por meio de alíquotas diferenciadas, que penalizam bens prejudiciais (como cigarros) e incentivam condutas socialmente desejáveis (como tecnologias sustentáveis). Como destaca Sabrina Muniz, o equilíbrio entre essas funções é essencial para a legitimidade do tributo em um sistema que busca justiça fiscal e eficiência alocativa.

O IMPOSTO SELETIVO NO CONTEXTO DA REFORMA TRIBUTÁRIA

Emenda Constitucional n. 132/2023

A EC n. 132/2023 criou o IS, de competência da União, inserido no art. 153, VIII, da Constituição Federal. Com finalidade extrafiscal, incidirá sobre a produção, comercialização ou importação de bens e serviços prejudiciais à saúde ou ao meio ambiente. O tributo deverá ser instituído por lei complementar, com aplicação única por operação, e não poderá incidir sobre exportações, energia elétrica, telecomunicações e transporte coletivo urbano, semiurbano ou metropolitano. Suas alíquotas serão definidas por lei ordinária, exigindo coerência e flexibilidade legislativa.

A medida busca adequar o sistema tributário ao tratamento de externalidades negativas, utilizando a tributação como ferramenta de intervenção estatal. Com isso, o Brasil se aproxima de práticas internacionais que integram justiça fiscal e sustentabilidade à estrutura tributária, reforçando o papel regulatório do tributo.

Experiências internacionais

Diversos países adotam tributos seletivos sobre produtos específicos para corrigir distorções de mercado e internalizar custos sociais e ambientais. Estudos empíricos demonstram sua eficácia na redução do consumo de itens prejudiciais e na geração de receitas para políticas públicas. O México observou queda significativa na venda de refrigerantes após a adoção de imposto sobre bebidas açucaradas, enquanto a União Europeia, por meio da Diretiva 2011/64/UE, harmonizou a tributação do tabaco com fins fiscais e sanitários. Essas experiências ilustram como a seletividade fiscal pode promover justiça social e proteção ambiental, além da arrecadação.

Risco de sobreposição com o IPI

A criação do IS gera preocupações quanto a sua articulação com o IPI, dado que ambos podem incidir sobre produtos industrializados com finalidades extrafiscais similares. Essa sobreposição funcional, se não for bem regulada, pode comprometer a não cumulatividade e gerar insegurança jurídica.

A EC n. 132/2023 buscou mitigar esse risco ao prever que o IS não comporá a base de cálculo do IPI (art. 153, VIII, e § 6º, III). No entanto, persistem desafios infraconstitucionais, como a definição de fatos geradores e sistemas de crédito. A convivência entre os tributos exigirá coordenação normativa e administrativa para evitar distorções concorrenciais e conflitos de competência.

ANÁLISE CRÍTICA: CONVERGÊNCIAS E DISFUNÇÕES ENTRE IPI E IMPOSTO SELETIVO

Riscos de bitributação e conflitos de competência

A iminente convivência normativa entre o IPI e o novo IS suscita preocupações fundadas quanto à bitributação e à sobreposição de competências tributárias. A bitributação potencial ocorre quando ambos os tributos incidem cumulativamente sobre os mesmos produtos, especialmente aqueles considerados prejudiciais à saúde ou ao meio ambiente, como bebidas alcoólicas e cigarros.

Essa sobreposição afronta o princípio da capacidade contributiva e exige resposta interpretativa da jurisprudência constitucional, notadamente do Supremo Tribunal Federal (STF), que será instado a compatibilizar os princípios da seletividade (art. 153, § 3º, I, da CF/88) e da não cumulatividade com a matriz constitucional do IS, prevista na nova redação do art. 153, VIII, da Constituição.

Considerando os riscos de sobreposição funcional entre exações com finalidade extrafiscal, impõe-se a necessidade de regulação clara das competências tributárias, preferencialmente por meio de lei complementar que estabeleça critérios de prevalência e evite conflitos normativos. Nesse contexto, os princípios constitucionais da vedação ao confisco e da razoabilidade na tributação tornam-se instrumentos essenciais para assegurar a proporcionalidade e a justiça fiscal na reorganização do sistema.

Cumulatividade, seletividade e neutralidade

O modelo institucional do novo IS, conforme a EC n. 132/2023, adota a não cumulatividade plena (art. 156-A, § 1º, VIII, da CF/88), permitindo o abatimento integral de créditos ao longo da cadeia e inibindo a incidência em cascata. No entanto, sua convivência com regimes diferenciados de desoneração e diferimento exige uma regulamentação que equilibre seletividade com maior tributação sobre bens nocivos e neutralidade econômica, evitando distorções alocativas e assegurando critérios objetivos de essencialidade.

O papel da inteligência de negócios na gestão de IPI e IS

A coexistência entre IPI e IS impõe desafios de natureza operacional, fiscal e estratégica para as empresas. O uso de ferramentas de inteligência de negócios (*Business Intelligence* – BI) torna-se crucial para mapear as cadeias de suprimento, identificar produtos sujeitos a dupla incidência, quantificar créditos e simular diferentes cenários de alíquotas e regimes especiais.

O BI permite o cruzamento dinâmico de informações contábeis, fiscais e logísticas, integrando dados de vendas, estoques e compras para fins de *compliance* e planejamento fiscal. Além disso, plataformas analíticas possibilitam a projeção de impactos de alterações legislativas e o monitoramento de riscos de autuação, promovendo uma governança tributária responsiva e alinhada à legalidade.

Implicações práticas para o planejamento fiscal empresarial

Em termos de planejamento fiscal, as empresas devem adotar medidas proativas para se adequarem ao novo arranjo tributário. Isso inclui: (i) revisão e reclassificação fiscal dos produtos conforme a nova tabela de incidência do IS; (ii) atualização de sistemas ERP (*Enterprise Resource Planning*) para refletir os créditos e débitos dos dois tributos; (iii) implementação de auditorias fiscais preventivas e cruzamento de dados com escrituração digital (SPED); e (iv) desenvolvimento de indicadores de sensibilidade às alíquotas.

A integração estratégica dessas medidas pode não apenas mitigar contingências fiscais, mas também gerar oportunidades de otimização tributária por meio do aproveitamento de créditos acumulados, regimes especiais ou disputas judiciais baseadas em precedentes favoráveis do STF e do STJ.

ESTRATÉGIAS EMPRESARIAIS, DADOS DE MERCADO E GOVERNANÇA TRIBUTÁRIA

Inteligência de negócios na identificação de riscos e oportunidades

No contexto do novo IS, a inteligência de negócios surge como ferramenta indispensável para as organizações que buscam adaptar-se estrategicamente às transformações normativas. O cruzamento de dados de consumo setorial, elasticidade de demanda e simulações de alíquotas permite às empresas anteciparem impactos financeiros, identificar oportunidades de adequação e renegociar benefícios fiscais específicos.

Com base no art. 156-A, § 6º, da CF, a legislação complementar poderá prever regimes diferenciados, devoluções parciais ou totais de tributo pago, e tratamentos setoriais específicos. A análise preditiva de cadeias produtivas, aliada a instrumentos de BI, auxilia na gestão de riscos tributários e na modelagem de incentivos fiscais setoriais. Tais ferramentas são fundamentais para decisões como a reconfiguração de portfólio, a realocação de unidades fabris e a estruturação de políticas de preços que absorvam os efeitos do IS sem comprometer a competitividade empresarial.

Indicadores setoriais afetados

O escopo inicial do IS concentra-se em segmentos tradicionalmente associados a externalidades negativas, como o setor de bebidas alcoólicas, tabaco e refrigerantes. A tendência é de ampliação para setores como combustíveis fósseis, plásticos de uso único e produtos com elevado impacto ambiental ou sanitário. A experiência internacional reforça essa lógica de ampliação progressiva, especialmente em países com metas de saúde pública e sustentabilidade ambiental.

A adoção do IS exige desses setores uma análise detalhada de seus indicadores econômicos e tributários. Por exemplo, no setor de bebidas e cigarros, é imprescindível simular cenários de deslocamento da demanda e de reprecificação dos produtos, além de mapear o estoque de créditos acumulados do IPI sobre bens de capital, que podem tornar-se irrelevantes em regime de transição tributária caso não haja previsão expressa de compensação ou aproveitamento.

Análise preditiva e *compliance* fiscal em face da seletividade

A análise preditiva, por meio de modelos estatísticos e algoritmos, permite antecipar os efeitos da tributação seletiva sobre o comportamento do consumidor e a elasticidade da demanda. Ao estimar variações decorrentes de alterações nas alíquotas, empresas podem ajustar estratégias de precificação, reformular portfólios e planejar medidas de compensação operacional, reduzindo impactos negativos sobre margens e competitividade.

Simultaneamente, o uso de *softwares* de *compliance* fiscal torna-se indispensável para acompanhar as obrigações acessórias derivadas do IS e do Imposto sobre Bens e Serviços (IBS). A atuação normativa do Comitê Gestor (art. 156-B da CF/88) demanda parametrizações constantes em sistemas ERP, assegurando a correta escrituração de créditos e o alinhamento às resoluções aplicáveis. A governança tributária passa, assim, a depender da integração entre análise de dados, conformidade normativa e inteligência de negócios, consolidando um ambiente de maior segurança jurídica e eficiência operacional.

CONSIDERAÇÕES FINAIS

A criação do IS pela EC n. 132/2023 representa um marco na tributação do consumo no Brasil, com foco declarado em corrigir externalidades negativas. Sua convivência com o IPI, porém, suscita desafios normativos e operacionais que exigem atenção.

IPI e IS compartilham finalidades extrafiscais, mas a ausência de regulamentação clara pode gerar sobreposição de competências e riscos de bitributação. A eficácia do novo modelo dependerá da definição precisa de bases de cálculo, regras de creditamento e mecanismos de transição, a serem disciplinados por lei complementar.

Do ponto de vista institucional, o Comitê Gestor do IBS deverá garantir coerência sistêmica e simplificação das obrigações acessórias. Para as empresas, a adaptação requer revisão de classificações fiscais, atualização de sistemas e uso de inteligência tributária na gestão de riscos e oportunidades.

Conclui-se que a funcionalidade do IS dependerá da harmonização normativa com o IPI, da segurança jurídica na aplicação e da capacidade das empresas de se anteciparem estrategicamente ao novo ambiente tributário.

REFERÊNCIAS

BRASIL. *Constituição da República Federativa do Brasil de 1988*. Disponível em: https://www.planalto.gov.br/ccivil_03/constituicao/constituicao.htm. Acesso em: jul. 2025.

BRASIL. *Emenda Constitucional n. 132, de 20 de dezembro de 2023*. Altera o Sistema Tributário Nacional. Disponível em: https://www.planalto.gov.br/ccivil_03/constituicao/emendas/emc/emc132.htm. Acesso em: jul. 2025.

BRASIL. Ministério da Fazenda. Receita Federal do Brasil. *IPI – Imposto sobre Produtos Industrializados*. 2023. Disponível em: https://www.gov.br/receitafederal/pt-br/assuntos/orientacao-tributaria/tributos/ipi. Acesso em: jul. 2025.

CARRAZZA, Roque Antonio; BOTTALLO, Eduardo Domingos. A não incidência do IPI nas operações internas com mercadorias importadas por comerciantes. *Revista Dialética de Direito Tributário*, n. 140, p. 92-115, maio 2007.

HOLANDA, Lucas Nogueira; SCHMITZ, Artur Hauser. A tributação dos refrigerantes em um contexto de reforma tributária no Brasil. *Revista de Direitos Fundamentais e Tributação*, v. 1, n. 5, p. 182–202, 2023. Disponível em: https://rdft.com.br/index.php/revista/article/view/81. Acesso em: 27 jul. 2025.

MARQUES, Rogério Cesar; ANGELO, Luiz Raphael Vieira. Interpretação constitucional do princípio da seletividade tributária no IPI e no ICMS. *Apet,* 20 jul. 2012. Disponível em: https://apet.org.br/artigos/interpretacao-constitucional-do-principio-da-seletividade-tributaria-no-ipi-e-no-icms/. Acesso em: jul. 2025.

MUNIZ, Sabrina Coelho. *A extrafiscalidade do imposto sobre produtos industrializados como mecanismo para a proteção ambiental.* Trabalho de Conclusão de Curso (Bacharelado em Direito) – Pontifícia Universidade Católica do Rio Grande do Sul, Porto Alegre, 2018.

ROSÂNGELA, Maria de Fátima. A seletividade e a essencialidade do IPI e do ICMS. *Revista da Faculdade de Direito da UFMG,* v. 11, n. 3, jul./set. 2017.

SANTOS, Ricardo Simões Xavier dos; RAMOS, Carolina Teixeira. A análise da aplicação do Princípio da Seletividade ao Imposto sobre Operação de Circulação de Mercadoria e Serviço – ICMS. *Jusbrasil,* 19 ago. 2017. Disponível em: https://www.jusbrasil.com.br/artigos/a-analise-da-aplicacao-do-principio-da-seletividade-ao-imposto-sobre-operacao-de-circulacao-de-mervadoria-e-servico-icms/489874899. Acesso em: jul. 2025.

SILVA, Ana Beatriz da; ALMEIDA, Carlos Eduardo de. Tributação dos refrigerantes em contexto de reforma tributária. *RDTA – Revista de Direito Tributário e Atualidade,* v. 12, n. 1, p. 112-134, dez. 2023.

WAGNER, Ingrid Ariana. *A não incidência do IPI na revenda de produtos importados não industrializados no Brasil.* Monografia (Especialização em Direito Tributário) – Instituto Brasileiro de Estudos Tributários – IBET, Florianópolis, 2016.

PARTE **IV**

Governança, *compliance* e estratégia

Capítulo **22**

Inteligência de negócios e governança tributária: da transparência à estratégia empresarial

Mariza Meneguelli

INTRODUÇÃO

A crescente complexidade do ambiente empresarial brasileiro impõe às organizações a adoção de modelos de gestão tributária mais sofisticados, pautados pela transparência, pela previsibilidade e pela eficiência. Nesse cenário, a governança tributária consolida-se como ferramenta essencial para a institucionalização de práticas e políticas que assegurem a conformidade legal, a mitigação de riscos fiscais e a otimização de recursos, aspectos indispensáveis à perenidade dos negócios e ao fortalecimento da reputação corporativa.

Simultaneamente, a era digital introduziu a informação como ativo estratégico, sendo a inteligência de negócios (*Business Intelligence* – BI) um dos principais instrumentos para transformar dados em conhecimento aplicável à tomada de decisão. Na esfera tributária, essa abordagem se revela capaz de antecipar riscos, identificar oportunidades legais de economia fiscal e promover o alinhamento entre *compliance* e estratégia empresarial.

O problema que se apresenta é a necessidade de integrar a governança tributária e a inteligência de negócios em um modelo que, além de atender às exigências normativas, atue proativamente na gestão fiscal, reduzindo contingências e agregando valor competitivo. Sob o enfoque jurídico, tal integração dialoga com princípios constitucionais tributários – como legalidade, capacidade contributiva e isonomia – e com a legislação infraconstitucional, notadamente a Lei n. 12.846/2013 (Lei Anticorrupção) e seu regulamento, o Decreto n. 11.129/2022, que reconhecem programas de integridade como atenuantes de responsabilidade administrativa.

A relevância do estudo justifica-se pelo papel cada vez mais estratégico da tributação na agenda corporativa, em especial diante da intensificação da fiscalização eletrônica, da crescente litigiosidade fiscal e da valorização, pelo mercado de capitais e pela sociedade, de práticas empresariais éticas e transparentes.

O objetivo geral deste artigo é analisar a interseção entre inteligência de negócios e governança tributária, explorando seu potencial como instrumento de integridade, eficiência e vantagem competitiva. Para tanto, adota-se uma abordagem jurídico-normativa e técnico-operacional, examinando fundamentos constitucionais e legais, casos práticos de uso de dados abertos governamentais e diretrizes para a implementação de programas de *compliance* fiscal integrados à análise de dados.

FUNDAMENTOS DA GOVERNANÇA TRIBUTÁRIA

A governança tributária consolidou-se como uma das ferramentas mais relevantes da moderna gestão fiscal empresarial, representando a institucionalização de práticas, políticas e controles internos voltados à conformidade legal, à eficiência arrecadatória e à mitigação de riscos tributários. Trata-se de elemento-chave para a perenidade dos negócios e para o fortalecimento da reputação corporativa. Sua importância é simultaneamente prática e jurídica, pois a implementação desse instituto relaciona-se diretamente a princípios constitucionais tributários e a normas infraconstitucionais que versam sobre integridade, ética e responsabilidade empresarial.

Sob o ponto de vista normativo, a governança tributária encontra respaldo nos princípios da legalidade (arts. 5º, II, e 150, I, da CF/88), da capacidade contributiva (art. 145, § 1º) e da isonomia (art. 150, II). Tais princípios delimitam os contornos do dever de tributar e do direito de ser tributado de forma proporcional, justa e previsível, inserindo a governança no núcleo das garantias tributárias do contribuinte.

Nesse contexto, a atuação do Comitê de Governança Tributária (CGT) assume papel estratégico. Como aponta Viggiano (2008), o CGT é responsável por definir as diretrizes ético-tributárias da empresa, atuando como instância de coordenação entre os setores contábil, jurídico e estratégico da organização. Seu objetivo é não apenas assegurar a conformidade com a legislação vigente, mas também transformar o ambiente tributário em fonte de vantagem competitiva sustentável.

Com a entrada em vigor da Lei n. 12.846, de 1º de agosto de 2013 (Lei Anticorrupção), e do Decreto n. 11.129, de 11 de julho de 2022, a governança tributária passou a ser vista também como instrumento de mitigação de responsabilidade objetiva das pessoas jurídicas. Este último diploma regulamentar estabelece que a existência e efetividade de um Programa de Integridade pode atenuar sanções administrativas em casos de infrações contra a Administração

Pública. Dentre os critérios para aferição de tal programa, destacam-se: existência de código de conduta; canais de denúncia; análise de riscos tributários; auditoria interna; e, sobretudo, comprometimento da alta direção com a integridade tributária da empresa.

Essa normatização eleva o *compliance* fiscal ao *status* de mecanismo de defesa institucional. Deixa de ser mera prática desejável para tornar-se exigência regulatória e atenuante de responsabilidade civil e administrativa. Com isso, contribui-se para a disseminação de uma cultura de ética fiscal corporativa, em que a observância das obrigações tributárias passa a ser um princípio orientador de todas as operações empresariais.

Não obstante, a governança tributária vai além do cumprimento normativo. Engloba o desenvolvimento de estratégias lícitas de planejamento tributário, visando à otimização da carga fiscal e à maximização da eficiência operacional. Tal atuação estratégica exige do gestor tributário uma leitura crítica da legislação, da jurisprudência e dos atos administrativos, de modo a permitir decisões seguras e sustentáveis.

Diante da crescente judicialização da matéria fiscal no Brasil, o domínio técnico e metodológico da governança mostra-se condição essencial para a preservação da saúde financeira das empresas. Para tanto, um sistema eficaz deve ser sustentado por pilares como: (i) mapeamento de riscos fiscais; (ii) política interna de integridade; (iii) controle e auditoria de obrigações acessórias e principais; (iv) atualização normativa contínua; (v) capacitação permanente dos colaboradores; e (vi) interação fluida entre as áreas jurídica, contábil e administrativa.

Tais elementos precisam estar formalizados, documentados e incorporados à cultura organizacional, sob pena de perda de efetividade do sistema de *compliance*. Ao garantir previsibilidade, controle e segurança jurídica, a governança tributária reduz custos de transação, melhora a relação com o Fisco e amplia a confiança de investidores e *stakeholders*. Sua adoção deve ser percebida não apenas como obrigação, mas como oportunidade estratégica, especialmente em tempos de crise fiscal, alta litigiosidade e transformações digitais no modelo de arrecadação.

O PAPEL DA INTELIGÊNCIA DE NEGÓCIOS NA ERA DOS DADOS

A era digital introduziu uma nova moeda de valor no ambiente empresarial: os dados. A capacidade de coletar, processar, interpretar e transformar grandes volumes de informação em conhecimento estratégico tornou-se um dos principais diferenciais competitivos da gestão contemporânea. Nesse contexto, a inteligência de negócios (BI) emerge como eixo estruturante da governança corporativa, estendendo-se também à esfera tributária. Trata-se de uma abordagem que ultrapassa o mero uso de tecnologias, consolidando-se como filosofia de tomada de decisão baseada em evidências, previsibilidade e eficiência.

A aplicação de inteligência de negócios envolve a integração de dados internos – como faturamento, estoque, contabilidade, folha de pagamento e obrigações acessórias – e dados externos – como jurisprudência, legislação, bases governamentais abertas e *benchmarking* setorial – com vistas à extração de *insights* úteis para a formulação de estratégias. No campo da governança tributária, essa integração permite mapear passivos ocultos, identificar oportunidades legais de economia fiscal, prever riscos de autuações e otimizar o planejamento tributário de forma proativa.

A crescente complexidade normativa e a automação das fiscalizações tornam essa capacidade analítica imprescindível. A Receita Federal do Brasil, por exemplo, opera com sofisticados sistemas de cruzamento de dados, como o Sistema Público de Escrituração Digital (SPED), adotando critérios de malha fiscal cada vez mais precisos. Empresas que não dispõem de estrutura analítica compatível ficam mais expostas a inconsistências, autuações e litígios onerosos.

Nesse cenário, a inteligência de negócios possibilita uma atuação antecipatória e estratégica, por meio de práticas como: (i) monitoramento em tempo real do cumprimento de obrigações; (ii) análise preditiva de riscos fiscais; (iii) construção de painéis de indicadores de conformidade; (iv) auditorias internas automatizadas; e (v) simulações de impacto de alterações legislativas. Em todas essas práticas, a informação estruturada e inteligível constitui o ativo mais valioso.

Importa salientar que o uso da BI na seara fiscal é compatível com o princípio da legalidade e com as limitações constitucionais ao poder de tributar. Ao fortalecer a previsibilidade e a conformidade, a BI contribui para a segurança jurídica, reduzindo assimetrias informacionais entre contribuinte e Fisco e promovendo a racionalização das relações tributárias.

Além disso, a utilização de inteligência de negócios alinha-se à agenda de *Environmental, Social and Governance* (ESG), especialmente no eixo da governança. Ao utilizar dados para garantir a integridade fiscal, a empresa reforça seu compromisso com a transparência, reduz riscos reputacionais e aumenta sua atratividade perante o mercado de capitais. Investidores nacionais e estrangeiros têm atribuído crescente relevância à adoção de boas práticas tributárias e à exposição a contingências fiscais.

Outro aspecto relevante é que a adoção da BI não exige, necessariamente, investimentos de grande porte. Ferramentas como Power BI, Qlik Sense e Tableau tornaram-se mais acessíveis, e inúmeras bases de dados públicas já estão disponíveis em formatos abertos, como .csv e .json, para exploração analítica. O diferencial competitivo reside menos na tecnologia em si e mais na capacidade metodológica e jurídica de formular as perguntas adequadas e interpretar os dados à luz do ordenamento jurídico.

O advogado tributarista, nesse contexto, assume papel renovado. Não basta dominar a legislação e a jurisprudência: é necessário compreender fluxos de dados, sistemas de *Enterprise Resource Planning* (ERP), critérios de fiscalização automatizada e modelos de risco fiscal preditivo. O profissional moderno atua como um "cientista de dados jurídicos", capaz de traduzir informações complexas em decisões estratégicas e assertivas.

Por fim, é fundamental que a inteligência de negócios seja incorporada a uma cultura organizacional orientada por dados. A prática do "achismo" dá lugar à gestão pautada pelo "dado como ativo", na qual a intuição empresarial é confirmada por *dashboards*, análises e *benchmarks* confiáveis. Em um cenário de alta competitividade, essa transição não é apenas recomendável: é vital para a sobrevivência e o crescimento empresarial.

INTERSEÇÃO ENTRE *COMPLIANCE* E TRIBUTAÇÃO COM INTELIGÊNCIA DE NEGÓCIOS

A interseção entre o *compliance* fiscal e a Tributação com Inteligência de Negócios (TIN) constitui o ponto de convergência entre três dimensões fundamentais da gestão tributária contemporânea: legalidade, integridade e estratégia. Enquanto o *compliance* fiscal busca assegurar o cumprimento das normas legais e regulamentares, prevenindo infrações e penalidades, o TIN adiciona uma camada analítica e preditiva, transformando dados tributários em decisões informadas e sustentáveis. Essa sinergia amplia o alcance dos controles internos e fortalece a cultura de conformidade empresarial.

O conceito de *compliance*, originalmente vinculado ao setor financeiro e ao combate à corrupção, ganhou maior amplitude no ordenamento jurídico brasileiro com a promulgação da Lei n. 12.846, de 1º de agosto de 2013 (Lei Anticorrupção), e do Decreto n. 11.129, de 11 de julho de 2022, que regulamentou os elementos essenciais de um Programa de Integridade. Embora tais normas não tenham enfoque exclusivo no campo tributário, seus princípios e mecanismos aplicam-se integralmente à gestão fiscal, sobretudo na prevenção de ilícitos contra a Administração Pública e na responsabilização objetiva das pessoas jurídicas.

Segundo o Decreto n. 11.129/2022, os Programas de Integridade devem contemplar, entre outros, mecanismos internos de controle e auditoria, códigos de ética, canais de denúncia e procedimentos para a correção de desvios. Nesse cenário, o TIN atua como complemento estratégico, permitindo identificar, com base em dados objetivos, onde se concentram os maiores riscos fiscais, como evoluem ao longo do tempo e de que forma podem ser mitigados ou transformados em oportunidades legais.

Por exemplo, um sistema de *compliance* tributário integrado ao TIN pode detectar padrões recorrentes de erros em obrigações acessórias, simular cenários de impacto de novas legislações, cruzar informações contábeis com bases públicas para validar a regularidade de operações e monitorar variações atípicas em indicadores fiscais. Isso confere racionalidade, precisão e auditabilidade ao processo de conformidade, reforçando os pilares de um Programa de Integridade robusto.

A contribuição do TIN também se revela na superação da abordagem reativa de *compliance*, ainda predominante em muitas organizações, substituindo-a por uma lógica preventiva e estratégica. Em vez de reagir a autuações ou notificações, a empresa passa a antecipar riscos e a agir com base em evidências, fortalecendo sua resiliência regulatória.

Outro benefício é o fortalecimento da trilha de evidências – essencial em auditorias internas e externas. A organização sistemática de dados, o registro de análises preditivas e a documentação de decisões fundamentadas em indicadores objetivos facilitam a prestação de contas (*accountability*) perante órgãos fiscalizadores, investidores e parceiros comerciais. Nesse sentido, *compliance* e TIN não constituem funções isoladas, mas atividades complementares e interdependentes.

Sob a perspectiva jurídica, essa integração pode servir como instrumento de defesa empresarial. A comprovação de que a organização dispõe de um sistema estruturado de *compliance*, alimentado por análises inteligentes e evidências documentadas, reforça a demonstração de boa-fé em eventuais litígios tributários. Tal argumento ganha relevância quando alinhado ao entendimento dos tribunais superiores sobre a necessidade de equilíbrio entre o poder de tributar e os direitos fundamentais do contribuinte.

Considerando o ambiente tributário brasileiro, caracterizado por elevada complexidade normativa e interpretações divergentes, torna-se imperativo que as empresas atuem com alto grau de diligência e transparência. A construção de um *compliance* tributário eficaz, baseado em inteligência de dados, representa uma resposta contemporânea a esse desafio e, cada vez mais, uma exigência do mercado.

USO ESTRATÉGICO DOS DADOS ABERTOS: CASOS E APLICAÇÕES

A disponibilização de dados abertos governamentais representa uma transformação silenciosa, porém profunda, na forma como empresas e profissionais do Direito interagem com o Estado. Na seara tributária, essa transparência informacional – amparada pela Lei n. 12.527, de 18 de novembro de 2011 (Lei de Acesso à Informação), e pela agenda de Governo Digital – ampliou as possibilidades de análise de risco fiscal, de *due diligence* tributária, de prevenção de passivos e de planejamento estratégico.

Um marco relevante desse movimento foi a iniciativa da Procuradoria-Geral da Fazenda Nacional (PGFN) de disponibilizar, de forma periódica e em formato aberto (.csv), a base de dados com informações sobre os débitos inscritos em Dívida Ativa da União, abrangendo dívidas previdenciárias e relativas ao Fundo de Garantia do Tempo de Serviço (FGTS). Essa base de dados, em conformidade com a Lei Geral de Proteção de Dados Pessoais – LGPD (Lei n. 13.709, de 14 de agosto de 2018) –, apresenta informações anonimizadas ou pseudonimizadas, impedindo a exposição indevida de dados pessoais, mas mantendo valor estratégico para análise.

O potencial desses dados para a inteligência de negócios tributária é expressivo. Organizações que adotam práticas de governança tributária utilizam essas informações para:

- Avaliar a regularidade fiscal de parceiros comerciais.
- Selecionar fornecedores com melhor perfil de *compliance*.
- Precificar riscos contratuais.
- Elaborar estratégias de mercado com base em mapas setoriais de inadimplência.

Esse acesso democratizado à informação fiscal, antes restrito a bases pagas ou de difícil acesso, fortalece a competitividade e a segurança nas relações comerciais.

Do ponto de vista técnico, ferramentas de BI como Power BI, R e Python permitem a exploração analítica desses dados com alto grau de precisão, desde que as perguntas formuladas sejam relevantes e alinhadas ao arcabouço jurídico aplicável. Mais do que conhecimento tecnológico, é essencial o domínio das categorias jurídicas e dos parâmetros normativos que definem regularidade e responsabilidade tributária.

Entre os casos de aplicação prática, destacam-se:

1. **Análise de crédito fiscal**: verificação da situação fiscal de clientes ou fornecedores, com adoção de medidas preventivas, como cláusulas contratuais de retenção de tributos ou exigência de certidões negativas atualizadas.
2. **Gestão de risco societário**: na aquisição de empresas, a análise de bases públicas complementa a *due diligence* tradicional, prevenindo a incorporação de passivos ocultos.
3. **Análise concorrencial**: identificação de empresas concorrentes com alto índice de inadimplência, possivelmente praticando preços artificiais e condutas desleais.
4. **Cidadania fiscal**: incentivo ao consumo consciente, privilegiando empresas adimplentes e socialmente responsáveis.

Adicionalmente, o uso estratégico de dados abertos permite monitorar tendências macroeconômicas do contencioso tributário, identificar setores mais vulneráveis a autuações e ajustar estratégias de atuação judicial e administrativa. Escritórios de advocacia, por exemplo, podem direcionar campanhas de regularização fiscal para segmentos com maior índice de inadimplência, previamente identificado nos dados da PGFN.

Contudo, é fundamental que o uso desses dados observe padrões éticos e legais, especialmente quanto aos princípios da finalidade, necessidade e transparência previstos no art. 6º da LGPD. O tratamento da informação deve estar inserido em políticas de governança de dados, integradas ao sistema de governança tributária, de forma a garantir segurança, confiabilidade e não discriminação.

Nesse cenário, o advogado tributarista assume papel de curador de dados e garantidor da legalidade. Sua atuação extrapola a defesa ou a consultoria passiva, incorporando o monitoramento estratégico do ambiente fiscal com base em fontes públicas e análises estruturadas. Trata-se de uma nova fronteira da advocacia tributária, na qual dados se convertem em direitos e direitos se transformam em vantagens competitivas.

REFLEXOS JURÍDICOS: RESPONSABILIDADE, ÉTICA E INTEGRIDADE

A adoção de ferramentas de inteligência de negócios aplicadas à governança tributária, embora represente significativo avanço técnico e estratégico, demanda sólida fundamentação jurídica e alinhamento ético. A normatização vigente impõe às organizações e aos profissionais envolvidos um conjunto de responsabilidades decorrentes do uso estratégico de dados, da automação de processos decisórios e da disseminação de práticas analíticas no contexto fiscal.

Em primeiro lugar, destaca-se a responsabilidade objetiva das pessoas jurídicas por atos lesivos à Administração Pública, conforme dispõe a Lei n. 12.846, de 1º de agosto de 2013 (Lei Anticorrupção). A existência de programas de integridade não apenas configura atenuante legal para eventuais sanções como também estabelece um novo parâmetro de diligência e cuidado esperados das organizações. Nesse sentido, o uso de tecnologias de BI deve estar respaldado por políticas internas formalizadas, registros documentais, trilhas de auditoria e mecanismos de salvaguarda capazes de comprovar a lisura e a conformidade dos processos automatizados.

Sob a perspectiva da LGPD, a utilização de dados tributários, mesmo em formato público ou anonimizado, está submetida aos princípios da finalidade, necessidade, adequação, transparência e responsabilização. Isso impõe o dever de implementar medidas técnicas e administrativas que assegurem a proteção da informação e evitem sua manipulação indevida, especialmente quando tais dados embasam decisões que possam impactar diretamente terceiros, como exclusão de fornecedores ou restrição de crédito.

Além disso, o uso abusivo ou discriminatório de modelos analíticos, por exemplo, para justificar práticas de sonegação ou elisão fiscal abusiva, pode caracterizar violação da boa-fé objetiva, da moralidade administrativa e da função social da empresa. A linha que separa o planejamento tributário legítimo da evasão dissimulada é tênue, exigindo do gestor tributário sensibilidade jurídica, prudência e rigor metodológico.

Nesse cenário, a ética assume papel central. A implementação de inteligência de negócios em governança tributária deve ser orientada por valores de integridade, transparência e responsabilidade social. Isso implica que a busca por eficiência fiscal não pode se sobrepor ao respeito aos direitos fundamentais, à equidade concorrencial e à confiança legítima depositada por parceiros comerciais, investidores e pela sociedade.

Em síntese, a integração entre BI e governança tributária não se limita a ganhos de *performance*, mas implica um compromisso institucional com a legalidade e com a ética empresarial. A conformidade deve ser compreendida não como um fim em si mesma, mas como parte de uma estratégia mais ampla de sustentabilidade organizacional, na qual tecnologia e governança caminham de forma indissociável.

CONSIDERAÇÕES FINAIS

A convergência entre inteligência de negócios e governança tributária representa uma inflexão significativa na forma como as empresas compreendem, planejam e executam sua atuação no campo fiscal. Em um ambiente marcado pela complexidade normativa, pela intensificação da fiscalização eletrônica e pela crescente valorização de condutas empresariais socialmente responsáveis, a gestão tributária deixa de ser mera função operacional para assumir papel estratégico na preservação e no crescimento dos negócios.

Ao longo deste estudo, verificou-se que a adoção de práticas de Tributação com Inteligência de Negócios (TIN) não se configura apenas como tendência tecnológica, mas como resposta necessária ao novo arranjo institucional das relações entre Estado e contribuinte. O uso de ferramentas de *Business Intelligence*, o cruzamento inteligente de dados públicos e internos, a construção de painéis de conformidade e a modelagem preditiva de riscos fiscais emergem como elementos centrais de um modelo de governança voltado à eficiência alocativa, à mitigação de passivos e à preservação da reputação corporativa.

Evidenciou-se, ainda, que a integração entre BI e governança tributária reforça o compromisso das organizações com a ética, a legalidade e os valores constitucionais, especialmente quando vinculada a programas de integridade robustos e efetivos. O *compliance* tributário deixa de ser reativo para se tornar preditivo e estratégico, convertendo-se em ativo institucional de alta relevância.

Esse avanço, contudo, exige profissionais capazes de aliar conhecimento jurídico aprofundado, competência analítica e visão multidisciplinar. O advogado tributarista contemporâneo não atua apenas como intérprete da norma, mas como arquiteto de soluções que integram tecnologia, governança e responsabilidade, contribuindo para o fortalecimento da cidadania fiscal e para o aprimoramento da relação Estado-contribuinte.

Portanto, fomentar a integração entre governança tributária e inteligência de negócios significa abrir caminho para uma nova cultura organizacional, que reconhece a tributação não apenas como dever, mas como oportunidade de gerar valor com legitimidade e confiança. Nesse paradigma, a conformidade deixa de ser custo e se transforma em diferencial competitivo; a transparência, antes vista como ônus, converte-se em ativo reputacional; e a ética consolida-se como fundamento da eficiência empresarial.

A construção de um ambiente tributário mais previsível, colaborativo e inteligente não depende apenas de evolução normativa ou de sofisticação tecnológica, mas do compromisso efetivo de empresas e profissionais em adotar uma visão transformadora da função tributária – uma visão em que dados e integridade caminham juntos, pavimentando um cenário de segurança jurídica, sustentabilidade e prosperidade.

REFERÊNCIAS

BRASIL. *Constituição da República Federativa do Brasil de 1988*. Brasília, DF, 1988.

BRASIL. Decreto n. 11.129, de 11 de julho de 2022. Regulamenta a Lei nº 12.846, de 1º de agosto de 2013, que dispõe sobre a responsabilização administrativa e civil de pessoas jurídicas pela prática de atos contra a administração pública, nacional ou estrangeira. *Diário Oficial da União*: seção 1, Brasília, DF, 12 jul. 2022.

BRASIL. Lei n. 12.527, de 18 de novembro de 2011. Dispõe sobre o acesso a informações. *Diário Oficial da União*, Brasília, DF, 18 nov. 2011.

BRASIL. Lei n. 12.846, de 1º de agosto de 2013. Dispõe sobre a responsabilização administrativa e civil de pessoas jurídicas pela prática de atos contra a administração pública, nacional ou estrangeira. *Diário Oficial da União*, Brasília, DF, 2 ago. 2013.

BRASIL. Lei n. 13.709, de 14 de agosto de 2018. Dispõe sobre a proteção de dados pessoais e altera a Lei n. 12.965, de 23 de abril de 2014 (Lei Geral de Proteção de Dados Pessoais – LGPD). *Diário Oficial da União*, Brasília, DF, 15 ago. 2018.

VIGGIANO, L. M. F. do A. Governança tributária: princípios e prática. *Revista Direito Tributário Atual*, n. 22, p. 258-266, 2008.

Capítulo **23**

Inteligência de negócios perante atos fiscalizatórios

Alberto Alves das Graças

INTRODUÇÃO

A complexidade do nosso sistema tributário exige mais do que um debate; exige conhecimento de causa. Falo com a autoridade de quem dedicou 23 anos à linha de frente da Receita Federal como Auditor Fiscal. Minha experiência não foi apenas burocrática, foi tática. Participei ativamente de algumas das mais intrincadas ações de fiscalização do país, incluindo a "Operação Tempo de Colheita" e a fiscalização nacional do setor frigorífico. Vi, na prática, como fortunas são construídas e destruídas por decisões tributárias.

Por isso, afirmo categoricamente: o maior risco para o seu negócio não é o "Leão". É a crença de que ele ainda existe da mesma forma. A fiscalização moderna é um mecanismo preciso, analítico e cada vez mais preditivo. Temer essa máquina é improdutivo. Entendê-la é a única estratégia viável. Meu propósito aqui é traduzir a lógica de quem fiscaliza, para que você possa antecipar movimentos, corrigir rotas e proteger seu patrimônio com a segurança de quem conhece o terreno em profundidade.

Esqueça a imagem da fiscalização como um ataque de surpresa. Em um mundo digitalizado, a Receita Federal não precisa mais "caçar" informações; ela apenas conecta os pontos a partir do volume inimaginável de dados que as próprias empresas fornecem. O Fisco moderno opera com base em algoritmos e Inteligência Artificial, transformando a fiscalização de um evento aleatório em um desdobramento quase lógico de inconsistências detectadas.

Aqui, a inteligência de negócios transcende o conceito de *software* para se tornar uma filosofia de gestão indispensável. Trata-se de usar seus próprios dados para antecipar riscos, identificar vulnerabilidades e tomar decisões informadas, promovendo uma "autofiscalização" contínua que corrige falhas antes que elas se tornem passivos.

Portanto, este não é um manual sobre como se defender. É um convite para reimaginar a conformidade tributária como um pilar de excelência e uma vantagem competitiva. A empresa que prosperará não é a que nunca erra, mas aquela que é inteligente, proativa e resiliente, pronta para transformar a aparente ameaça do Fisco em uma oportunidade para fortalecer sua governança, sua reputação e seu resultado.

DESENVOLVIMENTO

No radar do Fisco: decodificando os critérios de seleção para fiscalização

A seleção de contribuintes para fiscalização não é um ato de adivinhação ou uma escolha aleatória, como no passado. Longe disso. É o resultado de um processo cada vez mais sofisticado de análise de dados, no qual cada informação que sua empresa envia ao Fisco alimenta complexas malhas e algoritmos. Estar "no radar" hoje significa que seus dados, em algum ponto, emitiram um alerta.

O Big Brother Fiscal: como a Receita Federal utiliza o cruzamento massivo de dados (malhas fiscais)

A ideia de um "Big Brother" observando suas operações é uma analogia que, no contexto fiscal, se aproxima perigosamente da realidade. Não se trata de uma vigilância individualizada, mas de um processamento em massa de informações que você, contribuinte, é obrigado a fornecer. Esse vasto volume de dados é o insumo principal das "malhas fiscais".

Vamos aprofundar algumas das principais obrigações acessórias e como seus dados são interligados para formar um panorama completo da sua atividade:

- **Escrituração Contábil Fiscal (ECF):** a ECF é o coração da sua informação fiscal. Ela espelha sua contabilidade (balanço, DRE etc.) e a apuração do Imposto de Renda da Pessoa Jurídica (IRPJ) e da Contribuição Social sobre o Lucro Líquido (CSLL). É aqui que vemos a totalidade das suas receitas, despesas, custos e o fluxo de caixa. O cruzamento entre as contas contábeis e as contas referenciais é vital.
- **Escrituração Fiscal Digital das Contribuições (EFD-Contribuições):** essa declaração detalha suas operações para Programa de Integração Social (PIS), Contribuição para o Financiamento da Seguridade Social (Cofins) e, se aplicável, Contribuição Previdenciária sobre a Receita Bruta (CPRB).

Ela informa receitas, deduções, bases de cálculo e créditos. É um cruzamento fundamental com a ECF (para verificar se as receitas e despesas são as mesmas) e com a EFD-ICMS/IPI (para conferência de compras e vendas).

- **e-Financeira:** uma das ferramentas mais potentes. Instituições financeiras reportam saldos, aplicações, rendimentos e movimentações acima de limites predefinidos (inclusive PIX). Isso é diretamente confrontado com sua declaração de renda (ECF/DIRPF), a EFD-IPI/ICMS e a EFD-Contribuições para verificar a compatibilidade entre a receita declarada e o dinheiro movimentado.
- **Declaração de Operações com Cartão de Crédito (Decred):** as operadoras de cartões informam o total de vendas realizadas por CNPJ/CPF. Um descompasso entre o valor total de vendas reportado pelas operadoras e a receita declarada na ECF e na DIRPF é um dos alertas mais comuns e imediatos. Exemplo: se a Decred mostra R$ 500 mil em vendas no cartão e sua ECF declara R$ 400 mil de faturamento, há uma divergência de R$ 100 mil a ser explicada.
- **eSocial e EFD-Reinf:** revolucionaram a forma como a Receita vê sua folha de pagamento e os pagamentos a pessoas físicas sem vínculo empregatício (autônomos, MEI, aluguéis). Cada centavo pago, cada benefício concedido, cada retenção previdenciária e de IR é detalhado. Isso permite cruzar as despesas de pessoal da ECF com os recolhimentos efetivados e a compatibilidade de renda dos beneficiários. Por exemplo, se sua empresa declara pagamentos a autônomos na EFD-Reinf (Escrituração Fiscal Digital de Retenções e Outras Informações), mas esses autônomos não declaram renda compatível, isso pode indicar uma operação fictícia ou subfaturamento por parte do prestador.
- **SPED Fiscal (EFD ICMS/IPI) e Bloco K:** embora de competência estadual, seus dados são fundamentais para o Fisco federal. O Bloco K, por exemplo, detalha a movimentação de estoques e a produção. Inconsistências nesse bloco (p. ex., estoque final de um mês que não bate com o inicial do mês seguinte, ou produção incompatível com insumos) levantam alertas sobre a omissão de receita ou simulação de custos.

O princípio subjacente a todas essas malhas é a coerência. Os sistemas da Receita Federal Brasileira (RFB) são treinados para identificar qualquer elo quebrado na cadeia de informações. Uma declaração não pode existir isoladamente; ela precisa estar em harmonia com todas as outras, sejam elas suas, de seus fornecedores, de seus clientes ou de instituições financeiras. Qualquer divergência não justificada se torna um "rastro" digital, que, se persistente e relevante, conduz à seleção para uma análise mais profunda.

Os "alertas vermelhos": principais parâmetros de risco que atraem a fiscalização

Além das divergências diretas entre declarações, certos padrões de comportamento financeiro ou tributário funcionam como "alertas vermelhos" – indicadores de alto risco que atraem a atenção do Fisco.

- **Variações patrimoniais a descoberto:** esse é um clássico. Para pessoas físicas, uma aquisição de bens (imóveis, veículos, aplicações financeiras) incompatível com os rendimentos declarados (salários, lucros distribuídos, aluguéis) é um sinal inequívoco de omissão de receita. Para pessoas jurídicas, o aumento do ativo (imobilizado, investimentos) ou do capital social sem fontes de recursos lícitas comprovadas (lucros, empréstimos, aumentos de capital devidamente integralizados) também levanta sérias dúvidas sobre a origem dos recursos. Os cruzamentos entre DIRPF/ECF, DOI, e-Financeira e dados de cartórios são implacáveis aqui.
- **Saldos elevados e crescentes de créditos tributários:** um grande volume de créditos (PIS/Cofins, IPI, previdenciários) que é compensado ou ressarcido, ou que cresce de forma desproporcional ao volume de negócios, pode indicar que esses créditos estão sendo apropriados indevidamente. Os sistemas da RFB monitoram a evolução desses saldos, a natureza de sua origem e sua compatibilidade com as operações da empresa, acionando alertas para auditorias de créditos. Há grupos, equipes de trabalhos de fiscalização específicas que fazem esse monitoramento.
- **Inconsistências setoriais:** os bancos de dados da RFB contêm informações sobre o desempenho médio (margem de lucro, estrutura de custos, volume de vendas) de empresas por setor de atividade (CNAE) e porte. Se uma empresa apresenta indicadores muito aquém ou muito além dessa média, sem justificativa plausível e documentada, ela se destaca. Uma margem de lucro muito baixa em um setor tradicionalmente lucrativo, por exemplo, pode sugerir subfaturamento.

A Inteligência Artificial a serviço da arrecadação: o uso de algoritmos preditivos pela Receita Federal para identificar padrões de sonegação

A Receita Federal está na vanguarda da aplicação de Inteligência Artificial (IA) para a fiscalização. Não se trata apenas de cruzar dados, mas de permitir que as máquinas "aprendam" com a vasta base de dados de contribuintes, identificando padrões de comportamento, precursores de fraude e até mesmo redes de atuação ilícita que seria impossível mapear manualmente.

- **Detecção de anomalias e padrões:** algoritmos de IA conseguem identificar desvios sutis em gigantescos volumes de dados que não se encaixam nos padrões normais de comportamento tributário para determinado setor ou porte de empresa. Isso inclui, por exemplo, variações bruscas em determinadas contas contábeis, repetições incomuns de valores, ou despesas atípicas.
- **Modelagem preditiva:** com base no histórico de fiscalizações (dossiê fiscal) bem-sucedidas, a IA pode prever a probabilidade de um contribuinte cometer infrações fiscais. Isso otimiza a alocação de recursos humanos: em vez de fiscalizar aleatoriamente, direcionam-se esforços para os casos com maior risco de irregularidade e maior potencial de recuperação de crédito. O fato gerador a ser fiscalizado muda de um ano para outro, a depender da natureza desse fato indiciário.
- **Análise de redes complexas:** a IA é fundamental para identificar e mapear redes de empresas e indivíduos. Isso inclui a detecção de "laranjas", empresas de fachada, ou esquemas de fraude tributária sofisticados que envolvem múltiplas empresas e CPF. O algoritmo é capaz de visualizar conexões indiretas e ocultas que um olho humano dificilmente perceberia.

Essa evolução tecnológica permite que a fiscalização seja mais eficiente e cirúrgica. Em vez de "pescar em aquário", direciona-se a "rede" para onde a probabilidade de encontrar irregularidades é maior. É uma fiscalização mais inteligente, menos intrusiva para o contribuinte regular e mais eficaz no combate à sonegação.

Perspectiva inédita: "Fiscalize-se antes de ser fiscalizado"

Esta é a virada de chave para o contribuinte, a transformação do "Leão" em um espelho. Se o Fisco utiliza dados, algoritmos para identificar riscos e potenciais irregularidades, a estratégia mais inteligente para sua empresa é adotar a mesma abordagem, mas de forma proativa e preventiva. "Fiscalize-se antes de ser fiscalizado" não é um *slogan*; é um imperativo estratégico na era digital.

Isso significa implementar internamente os mesmos mecanismos de análise que a Receita Federal utiliza, mas com o objetivo de encontrar e corrigir suas próprias vulnerabilidades antes que elas gerem um alerta externo. Não se trata apenas de *software*, mas de uma cultura de gestão de dados e conformidade.

Como simular internamente os cruzamentos do Fisco para encontrar e corrigir as próprias vulnerabilidades:

- **Mapeamento integrado de dados e obrigações acessórias**: comece com uma "engenharia reversa". Mapeie todas as obrigações acessórias que sua empresa entrega (ECF, EFD-Contribuições, EFD-IPI/ICMS, eSocial, EFD-Reinf etc.). Crie um fluxo de como essas informações se relacionam e se cruzam. Idealmente, tenha um "*data lake*" interno onde todos esses dados possam ser armazenados e acessados.

- **Desenvolvimento de malhas de cruzamento internos:** utilize seu sistema de BI (*Business Intelligence*) para replicar as malhas fiscais mais comuns. Exemplo prático:
  - **Cruzamento faturamento bruto:** compare os valores de receita informados na ECF, EFD-Contribuições, notas fiscais de venda (sistema ERP/NF-e) e os valores de vendas de cartões (Decred – que pode ser simulada com base nos extratos das operadoras). Qualquer divergência deve ser imediatamente investigada e justificada.
  - **Cruzamento despesas e retenções:** compare os valores lançados na ECF a títulos de custos e despesas com aqueles escriturados nas EFD-Contribuições que geraram impacto na recuperação de créditos de PIS e Cofins. Divergências nessas duas escritas levam à empresa à malha fiscal.
  - **Gestão de estoques (Bloco K):** se sua empresa gera o Bloco K, faça verificações internas. O saldo final de um período deve ser o inicial do próximo. Analise a lógica de produção e consumo de insumos *versus* o volume de vendas.
- **Implementação de ferramentas de BI:** invista em ferramentas de BI que permitam a automatização da coleta, tratamento e visualização desses dados. Um *dashboard* fiscal pode apresentar, de forma clara e intuitiva, os principais indicadores de risco e as divergências encontradas, permitindo que a gestão tome decisões rápidas.
- **Cultura de conformidade e treinamento:** a conformidade tributária não é responsabilidade exclusiva da contabilidade ou do jurídico. Treine as equipes de vendas, compras, RH e financeiro para compreender o impacto fiscal de suas operações. Por exemplo, a equipe de compras deve ser orientada a verificar a idoneidade fiscal dos fornecedores antes de fechar negócios. Outro exemplo: o analista fiscal da empresa deve compreender que uma classificação fiscal errada, seja de NCM, CST ou CFOP (respectivamente, Nomenclatura Comum do Mercosul, Código de Situação Tributária ou Código Fiscal de Operações e de Prestações), poderá gerar um impacto financeiro negativo na empresa, gerando um pagamento indevido de tributo, um não aproveitamento ou até mesmo a glosa de créditos tributários.
- **Plano de ação para inconsistências:** ao identificar uma vulnerabilidade ou inconsistência, tenha um plano claro para sua correção. Isso pode envolver a retificação de declarações, o ajuste de processos internos ou até mesmo a consulta proativa à Receita Federal.

Ao adotar essa postura proativa, sua empresa não apenas reduz drástica e comprovadamente o risco de autuações e multas, mas também aprimora seus processos internos, ganha maior controle sobre suas finanças, garante a qualidade da informação para tomada de decisão estratégica e, mais importante, constrói uma reputação de conformidade que é um ativo intangível valioso.

O MARCO ZERO DA AUDITORIA: O TERMO DE DISTRIBUIÇÃO DE PROCEDIMENTO FISCAL

O recebimento de um Termo de Distribuição de Procedimento Fiscal (TDPF) é o momento em que a fiscalização da Receita Federal formalmente se materializa para o contribuinte. É o ponto de virada, o "marco zero" de uma auditoria. É um momento que, embora possa gerar ansiedade, deve ser encarado com estratégia e conhecimento dos direitos e deveres.

O que é o TDPF e o que ele sinaliza?

O TDPF é um documento formal que instaura o procedimento fiscalizatório. Ele é a certidão de nascimento da auditoria, delimitando o escopo e a legalidade da atuação do auditor fiscal. No âmbito federal, sua emissão é regida por normas como o Decreto n. 70.235/72 e portarias RFB específicas (como a Portaria RFB n. 1.687/2014 e suas sucessoras).

Sua cientificação ao sujeito passivo (ou seu preposto) tem duas implicações jurídicas e práticas imediatas de extrema relevância:

- **Início formal da fiscalização:** é a partir da data de ciência do TDPF que a fiscalização é considerada oficialmente iniciada. Antes disso, qualquer interação ou coleta de dados por parte do Fisco deve ser vista com ressalvas e, como veremos, pode ser ilegal.
- **O fim da espontaneidade:** essa é a consequência mais importante para o contribuinte. Conforme o art. 138 do Código Tributário Nacional (CTN), a denúncia espontânea da infração exclui a responsabilidade por multas, desde que seja feita antes de qualquer procedimento administrativo ou medida de fiscalização relacionados à infração. A ciência do TDPF, por ser o primeiro ato formal de fiscalização, encerra peremptoriamente a possibilidade de denúncia espontânea para os tributos e períodos abrangidos pelo Termo. Isso significa que, a partir desse momento, qualquer recolhimento ou retificação de declaração que se refira ao período e tributos fiscalizados estará sujeito às multas de ofício e juros de mora cabíveis.

A questão crucial: o acesso ilegal a dados antes da cientificação do TDPF e o cerceamento de defesa

É imperativo que o contribuinte esteja ciente de uma prática que, infelizmente, não é incomum e que, se comprovada, macula irremediavelmente a fiscalização: o acesso por parte da Receita Federal a dados sigilosos do contribuinte antes que o TDPF seja formalmente expedido e, mais crucial, cientificado ao sujeito passivo.

A lei é explícita quanto à proteção do sigilo fiscal e ao momento do início do procedimento:

- **O art. 7º, I, do Decreto n. 70.235/72, que regulamenta o processo administrativo fiscal, é claro:** o procedimento fiscal tem início com "o primeiro ato de ofício, escrito, praticado por servidor competente, cientificando o sujeito passivo da obrigação tributária ou seu preposto". Isso significa que, sem a sua ciência formal, o procedimento não se iniciou e, portanto, atos de fiscalização não podem ser praticados.
- **A base legal para a proteção do sigilo fiscal é o art. 198 do CTN.** Ele veda expressamente a divulgação de informações obtidas em razão do ofício sobre a situação econômica ou financeira do sujeito passivo. Seu § 2º reforça que o intercâmbio de informação sigilosa no âmbito da Administração Pública só pode ocorrer mediante "processo regularmente INSTAURADO". Um processo só está "regularmente instaurado" após a cientificação do contribuinte.
- **Normativos internos da própria Receita Federal corroboram essa visão.** A Instrução Normativa RFB n. 2.003/2021, que trata da Escrituração Contábil Digital (ECD), é um exemplo. Seu art. 10, § 3º, estabelece, de forma inequívoca: "Para realizar o acesso na modalidade integral, o usuário do SPED deverá ter iniciado procedimento fiscal dirigido à pessoa jurídica titular da ECD ou que tenha por objeto fato a ela relacionado". O mesmo princípio se aplica a outras escriturações digitais (EFD-Contribuições, ECF, eSocial, EFD-Reinf).

Implicação estratégica para o contribuinte

Se, no relatório fiscal (Termo de Verificação Fiscal – TVF) ou em qualquer comunicação, o auditor confessa ter acessado dados sigilosos (como SPED Contábil, Fiscal, ou de PIS/Cofins) antes da data da cientificação do TDPF, essa prova é ilícita. Isso é um claro desrespeito ao CTN e à própria Instrução Normativa RFB n. 2.003/2021.

A consequência de uma prova ilícita é sua inadmissibilidade no processo administrativo, conforme o art. 30 da Lei n. 9.784/99 (Lei do Processo Administrativo Federal) e o parágrafo único do art. 24 do Decreto n. 7.574/2011. Isso pode levar ao "desentranhamento" de todas as provas obtidas ilegalmente e, se essas provas forem a base da exigência, à nulidade do próprio auto de infração, por falta de elementos de prova indispensáveis à comprovação do ilícito, como exigem os arts. 9º do Decreto n. 70.235/72 e 25 do Decreto n. 7.574/2011.

Este é um ponto crítico de defesa. A presunção de legalidade dos atos administrativos não pode se sobrepor à garantia fundamental do devido processo legal e do sigilo fiscal. A lei existe para proteger o contribuinte de abusos, e é seu direito fazer valer esses preceitos.

Solução eficaz: o "*Kit* de Primeiros Socorros" ao receber um TDPF

O momento do recebimento do TDPF exige ações rápidas e coordenadas. Ter um "*Kit* de Primeiros Socorros" predefinido pode minimizar os impactos e otimizar a defesa.

Checklist de ações imediatas:

- **Acionar imediatamente o advogado tributarista e o contador:** não tente lidar com a fiscalização sozinho. O advogado garantirá que seus direitos sejam respeitados e o contador terá a visão técnica dos dados e declarações. Ambos trabalharão em sinergia para montar a melhor estratégia de defesa.
- **Realizar uma varredura interna (*due diligence*) dos documentos e dados do período fiscalizado:** antes mesmo que o auditor solicite, comece a reunir e organizar toda a documentação contábil, fiscal e societária relativa aos tributos e períodos mencionados no TDPF. Isso inclui notas fiscais, contratos, comprovantes de pagamento, extratos bancários, planilhas de controles de créditos etc. Utilize sua ferramenta de BI para pré-analisar os dados e identificar possíveis inconsistências.
- **Estabelecer um canal único de comunicação com a autoridade fiscal:** defina uma única pessoa da empresa (geralmente o contador interno ou um responsável pelo *compliance*, em conjunto com o advogado) para se comunicar com o auditor. Isso evita ruídos, informações contraditórias e desalinhamento. Todas as comunicações devem ser documentadas (*e-mail*, ofício protocolado).
- **Documentar todas as interações:** mantenha um registro detalhado de todas as reuniões, solicitações do fiscal, entregas de documentos e comunicações. A data e a hora da ciência das intimações devem ser rigorosamente anotadas.

Seguir esse protocolo não apenas otimiza o trabalho da equipe de defesa, mas também transmite uma imagem de organização e seriedade ao auditor, o que pode facilitar o processo e, em muitos casos, evitar o agravamento de penalidades.

CONSIDERAÇÕES FINAIS

Chegamos ao final da nossa jornada de desmistificação da fiscalização e de exploração do poder da inteligência de negócios. Percorremos desde a análise granular de como o Fisco opera suas malhas de dados, utilizando cada obrigação acessória para formar um panorama completo da sua vida fiscal, até a compreensão dos "alertas vermelhos" que disparam a seleção para auditorias. Desvendamos como a Inteligência Artificial e os algoritmos preditivos se tornaram os "olhos" e a "mente" da Receita Federal, otimizando a busca por inconsistências e padrões de sonegação.

Por fim, abordamos questões importantes do Termo de Distribuição de Procedimento Fiscal (TDPF). Demonstramos que ele é o marco zero da auditoria, encerrando a espontaneidade e formalizando a fiscalização. Destacamos um direito fundamental do contribuinte: a ilegalidade do acesso a dados sigilosos por parte da Receita Federal antes da formal cientificação do TDPF. A defesa de um contribuinte deve estar atenta a qualquer indício de que o Fisco realizou "pesquisa" ou "análise prévia" de dados digitais sem o devido início formal do procedimento, pois isso pode configurar cerceamento de defesa e nulidade do auto de infração.

A mensagem é clara: o modelo tradicional de gestão tributária, reativo e focado apenas em atender às demandas do Fisco, está obsoleto. Em um ambiente de fiscalização cada vez mais sofisticado, transparente (para o Fisco) e rigoroso, a empresa que prosperará não é aquela que "não erra", pois, dada a complexidade do sistema tributário brasileiro, o erro é quase inevitável. A empresa que prosperará é aquela que é inteligente, proativa e resiliente.

Deve-se compreender que a conformidade não é um custo, mas um investimento, adotando a inteligência de negócios (BI) como seu principal escudo e sua mais poderosa espada, permitindo-se "fiscalizar antes de ser fiscalizada". Por isso, empresários, proprietários de empresas, conclamo todos a investirem em sistemas que integram dados, em equipes que compreendem o impacto fiscal de cada decisão, e em uma cultura de conformidade que permeie todos os seus departamentos, assim estarão prontos para identificarem suas próprias vulnerabilidades, corrigirem seus desvios antes que se tornem problemas.

A fiscalização do futuro é um diálogo de dados, não um confronto de forças. A empresa do futuro é aquela que está preparada e equipada para essa conversa, transformando a conformidade de uma obrigação onerosa em um diferencial competitivo e um pilar de sustentabilidade.

REFERÊNCIAS

BRASIL. *Decreto n. 70.235, de 6 de março de 1972*. Dispõe sobre o Processo Administrativo Fiscal. Disponível em: https://www.planalto.gov.br/ccivil_03/decreto/d70235cons.htm. Acesso em: jul 2025.

BRASIL. *Lei n. 5.172, de 25 de outubro de 1966*. Dispõe sobre o Sistema Tributário Nacional e institui normas gerais de direito tributário aplicáveis à União, Estados e Municípios (Código Tributário Nacional). Disponível em: https://www.planalto.gov.br/ccivil_03/leis/l5172compilado.htm. Acesso em: jul 2025.

BRASIL. Receita Federal do Brasil. *Portaria RFB n. 1.687, de 3 de novembro de 2014*. Disciplina o procedimento de fiscalização de tributos e contribuições administrados pela Secretaria da Receita Federal do Brasil. Disponível em: www.normaslegais.com.br/legislação/portaria-rfb-1687-2014.htm. Acesso em: jul 2025.

Capítulo **24**

A transação tributária individual no Brasil: aplicações estratégicas, inovações e impactos jurídico-econômicos

Osvaldo Rabelo de Queiroz
Osvan de Sousa Rocha Júnior

INTRODUÇÃO

Historicamente, a relação entre Fisco e contribuinte no Brasil alternou períodos de rigidez sancionatória com políticas episódicas de parcelamento. A promulgação da Lei n. 13.988/2020 marcou um ponto de inflexão ao regulamentar a transação tributária, prevista no art. 171 do Código Tributário Nacional (CTN), permitindo concessões recíprocas, inclusive sobre o crédito principal em hipóteses delimitadas, e flexibilizando a aceitação de garantias proporcionais ao risco. Regulamentada no âmbito federal pela Portaria PGFN n. 6.757/2022, a transação tributária individual desloca o eixo do confronto para a consensualidade, alinhando-se a princípios constitucionais como o da função social da atividade econômica e o da eficiência administrativa.

TRANSAÇÃO TRIBUTÁRIA INDIVIDUAL. PARTICULARIDADES

As principais formas de transação previstas na Lei n. 13.988/2020 são:

- **Transação por adesão:** é aquela em que o contribuinte manifesta interesse em aderir a condições previamente estabelecidas pela Administração Tributária, por meio de edital publicado pela Procuradoria Geral da Fazenda Nacional (PGFN) ou pela Receita Federal do Brasil (RFB).
- **Transação no contencioso de pequeno valor:** aplica-se a litígios de até 60 salários mínimos e tem por objetivo reduzir processos de baixo valor.
- **Transação individual:** prevista no art. 11 da Lei n. 13.988/2020, permite negociação personalizada.

A modalidade individual distingue-se por permitir a negociação personalizada entre contribuinte e Administração Tributária, viabilizando a adaptação das condições de pagamento e desconto à realidade econômico-financeira específica do devedor, bem como o interesse público da União e a função social no caso concreto. Trata-se de mecanismo que, embora recente, tem despertado interesse crescente entre estudiosos, operadores do direito e agentes públicos, tanto por seu potencial de eficiência quanto pelos desafios de sua implementação.

Análise de casos concretos

Neste estudo empírico, analisaremos seis frentes paradigmáticas de aplicação: a regularização fiscal no setor esportivo, a transação no setor público, a transação na área da saúde, a transação na área da educação, a celebração de grandes transações com empresas de relevância estratégica e a autorregularização em cenários de fraude. Em todas, observa-se a incorporação de elementos técnicos como a capacidade de pagamento (Capag), garantias diversificadas e cláusulas de governança, compondo uma arquitetura contratual complexa e adaptada ao caso concreto.

Setor esportivo: função social e sazonalidade das receitas

No esporte, a aplicação da transação tributária individual precisa dialogar com o art. 217 da Constituição Federal, que reconhece o desporto como direito social, e com a função social das entidades que o promovem. Clubes de futebol e entidades olímpicas operam com receitas sazonais – bilheteria, direitos de transmissão, patrocínios – e com passivos que ameaçam a continuidade de suas atividades.

Casos como o do **Botafogo de Futebol e Regatas** e o do **Cruzeiro Esporte Clube** ilustram esse contexto. No acordo do Botafogo, a PGFN estruturou um parcelamento que acompanha o calendário competitivo, aceitando como garantia a cessão fiduciária de direitos de transmissão e receitas de patrocínio. No caso do Cruzeiro, o desenho do acordo considerou a transição para a Sociedade Anônima do Futebol (SAF), assegurando que as receitas futuras fossem canalizadas para a quitação do passivo sem inviabilizar investimentos em elenco e infraestrutura. Também merece menção a transação celebrada com o **Comitê Olímpico Brasileiro**, que vinculou a manutenção do programa de alto rendimento como cláusula essencial.

Nessas negociações, a calibragem do desconto e do prazo levou em conta tanto a capacidade contributiva quanto o impacto social da atividade esportiva, resultando em acordos que não premiam a inadimplência, mas evitam que a execução fiscal provoque a extinção da instituição.

TRANSAÇÃO NO SETOR PÚBLICO. MUNICÍPIOS

A transação tributária individual pode envolver entes federativos, como os municípios, na condição de devedores. Nesses casos, a inadimplência de obrigações tributárias federais tende a decorrer de desequilíbrios orçamentários e limitações de capacidade contributiva, frequentemente agravados por crises econômicas ou contingências extraordinárias.

Sob essa ótica, a transação tributária individual com municípios consolida-se como instrumento de política pública fiscal e de governança federativa, ao compatibilizar a arrecadação com a manutenção da capacidade de atendimento das demandas sociais pela Administração local, atendendo aos postulados da razoabilidade, proporcionalidade e supremacia do interesse público primário.

Neste capítulo vamos analisar, sob enfoque comparativo, três transações tributárias individuais celebradas entre a União e os municípios de **Poconé/MT**, **Pedro Velho/RN** e **Manacapuru/AM**, buscando identificar como o critério do interesse público e a preocupação com a continuidade dos serviços foram incorporados em cada acordo, bem como as estratégias de desconto e parcelamento adotadas.

No caso de **Poconé/MT**, o termo contemplou expressamente a preservação do interesse público na cláusula inaugural, com descontos de aproximadamente 55,91% sobre acréscimos legais e parcelamento escalonado em 60 meses. A modelagem visou proporcionar alívio financeiro inicial para viabilizar a continuidade da gestão municipal, embora o saldo remanescente permaneça elevado e não haja cláusula revisional, o que impõe risco em cenários de queda de arrecadação.

A transação firmada com **Pedro Velho/RN** tratou exclusivamente de débitos de Fundo de Garantia por Tempo de Serviço (FGTS), verba de natureza trabalhista vinculada e protegida constitucionalmente. Aqui, o interesse público se manifesta de forma implícita, na preservação dos direitos dos servidores e na prevenção de bloqueios judiciais que comprometeriam a folha e os serviços básicos. O desconto foi limitado a 28,80%, restrito aos acréscimos legais, em consonância com a legislação, e o prazo de 80 meses conferiu previsibilidade, embora as parcelas fixas representem percentual significativo do orçamento local.

Por sua vez, **Manacapuru/AM** apresentou termo que, à semelhança de Poconé/MT, menciona expressamente o interesse público e a continuidade dos serviços essenciais. O acordo previu descontos de até 65% sobre acréscimos e um escalonamento de 60 meses, com baixa exigência nos primeiros anos e forte concentração de pagamentos nos dois últimos, o que garante fôlego inicial mas acarreta elevado risco de inadimplência futura caso não haja rigor no planejamento fiscal.

A análise dos três casos evidencia que, embora a PGFN mantenha parâmetros normativos uniformes (Lei n. 13.988/2020 e Portaria PGFN n. 6.757/2022), a modelagem concreta da transação varia conforme a natureza do crédito, a capacidade contributiva estimada e o impacto social da cobrança. Nos créditos trabalhistas (FGTS), a margem de concessão é mais restrita, enquanto nos créditos tributários de difícil recuperação há maior flexibilidade para descontos e escalonamentos.

A preocupação com o interesse público e a continuidade dos serviços, por sua vez, assume três formas:

1. **Expressa e programática**, como em Poconé/MT e Manacapuru/AM, em que o termo registra textualmente tal finalidade.
2. **Implícita e vinculada à natureza do crédito**, como em Pedro Velho/RN, em que a preservação de direitos trabalhistas é, por si só, preservação do interesse público.
3. **Operacionalizada pelo desenho financeiro do acordo**, em que prazos e escalonamentos funcionam como instrumentos para equilibrar arrecadação e sustentabilidade da máquina pública.

Destarte, verifica-se que a transação tributária individual com municípios, ao incorporar o interesse público como critério de decisão, não se limita a reduzir a litigiosidade e recuperar créditos, mas atua como mecanismo de governança fiscal e de preservação da autonomia municipal, compatibilizando o dever de cobrança com a função social do Estado. Essa vertente evidencia que, no âmbito da cobrança da dívida ativa, a supremacia do interesse público deve ser entendida não apenas como garantia de recebimento, mas como garantia de continuidade da própria prestação de serviços essenciais.

TRANSAÇÃO NA ÁREA DA SAÚDE

No caso de entidades filantrópicas de saúde, como as Santas Casas de Misericórdia, a transação tributária individual assume relevância ímpar, pois a inadimplência tributária, se enfrentada apenas por vias coercitivas, pode comprometer diretamente a continuidade da prestação de serviços essenciais.

A legislação especial, como a **Lei Complementar n. 187/2021** (que regula a certificação das entidades beneficentes) e a **Lei n. 14.334/2022** (que restringe a expropriação de bens essenciais à prestação dos serviços de saúde), reforça o dever estatal de moldar a cobrança fiscal de forma a não inviabilizar a atividade hospitalar. Esse dever é uma manifestação concreta do que a Lei n. 13.988/2020, em seus arts. 1º, § 1º, e 22-D, § 7º, denomina observância ao **interesse público**, ao **interesse social** e à **função social** na transação tributária.

A análise de três transações celebradas pela PGFN com Santas Casas – **Santa Casa de Caridade de Uruguaiana, Santa Casa de Misericórdia de Castelo** e **Santa Casa de Misericórdia de Pelotas** – evidencia como esses princípios se manifestam na prática.

Nos três casos, os descontos aplicados sobre juros, multas e encargos se aproximam dos limites máximos autorizados para créditos classificados como de difícil recuperação, variando de 27% (para FGTS, cuja legislação proíbe redução do principal) a cerca de 37% para demais créditos tributários.

Os prazos de pagamento foram modulados para compatibilizar arrecadação e fluxo de caixa, indo de 60 meses (previdenciários) até 145 meses (demais débitos). Uruguaiana e Pelotas adotaram o prazo máximo para créditos não previdenciários, enquanto Castelo apresentou escalonamento inicial mais suave, ajustado ao porte da instituição.

Todas as transações resguardaram a integridade dos bens essenciais vinculados à prestação dos serviços de saúde, observando as limitações legais. Uruguaiana apresentou imóvel avaliado em R$ 50 milhões e precatório com destinação parcial a investimentos assistenciais; Pelotas vinculou quatro imóveis de natureza diversa; Castelo manteve proteção genérica de bens essenciais, com possibilidade de uso de precatórios.

Embora nenhuma das transações analisadas utilize a expressão "interesse público" no preâmbulo, seu conteúdo evidencia essa preocupação:

- **Preservação da capacidade assistencial:** prazos alongados e descontos equilibrados evitam estrangulamento financeiro.
- **Proteção dos bens operacionais:** aplicação das normas protetivas da Lei Complementar n. 187/2021 e Lei n. 14.334/2022.
- **Aplicação social de recursos:** no caso de Uruguaiana, parte de um precatório foi vinculada a pagamento de médicos e aquisição de equipamentos, evidenciando uma destinação expressamente assistencial.

Os três casos analisados confirmam que, para as entidades filantrópicas de saúde, a transação tributária não é apenas um mecanismo de recuperação de créditos, mas um **instrumento de política pública indireta**. Ao modular descontos, prazos e garantias, a PGFN preserva a sustentabilidade financeira das instituições e, consequentemente, assegura a continuidade dos serviços hospitalares que atendem, majoritariamente, pelo Sistema Único de Saúde (SUS).

Essa prática representa, na essência, a aplicação concreta da função social e do interesse público no campo tributário, harmonizando a eficiência arrecadatória com a proteção de direitos fundamentais, como o direito à saúde (art. 196 da CF/88).

TRANSAÇÃO NA ÁREA DA EDUCAÇÃO

No setor educacional, a transação tributária individual assume relevância especial, uma vez que a interrupção de atividades acadêmicas pode gerar danos irreversíveis ao desenvolvimento social, econômico e cultural de uma comunidade.

A análise de três transações – **Faculdade Cathedral, Fundação Universidade do Vale do Itajaí (Univali)** e **Universidade Candido Mendes** – demonstra como a PGFN modula os instrumentos financeiros e jurídicos da transação para preservar a continuidade do serviço educacional.

Nos três casos, as condições foram ajustadas à natureza da dívida e ao perfil institucional:

- **Faculdade Cathedral:** o acordo tratou exclusivamente de débitos de FGTS, cujo principal não pode ser reduzido por vedação legal (art. 23, § 2º, da Lei n. 8.036/90). Os descontos incidiram apenas sobre juros e encargos, com prazos de 60 a 120 meses.
- **Univali:** incluiu débitos previdenciários e não previdenciários, com desconto médio de 36,06% e parcelamento no prazo máximo de 145 meses, utilizando precatório para amortização final.
- **Candido Mendes:** similar à Univali, com descontos próximos ao teto legal (30 a 36%) e garantias imobiliárias, também com prazo de até 145 meses.

Enquanto a Cathedral dispensou garantias reais por se tratar de FGTS, Univali e Candido Mendes ofertaram bens imóveis e, no caso da Univali, precatórios. Essas garantias foram estruturadas com cláusulas de substituição ou reforço, de modo a evitar a execução de bens essenciais à continuidade da atividade acadêmica.

Embora os termos contratuais raramente mencionem expressamente "interesse público" no preâmbulo, ele se manifesta de forma implícita e concreta:

- **Proteção dos direitos trabalhistas** (no caso do FGTS) e do corpo docente e técnico-administrativo.
- **Preservação da atividade educacional**, assegurando a formação acadêmica e a produção de conhecimento científico.
- **Impacto socioeconômico regional**, especialmente em municípios com oferta restrita de ensino superior.

As transações analisadas demonstram que, no setor educacional, a PGFN utiliza a flexibilidade da Lei n. 13.988/2020 para construir soluções que conciliem a recuperação do crédito público com a preservação de serviços essenciais. Ao modular descontos, prazos e garantias, a Fazenda Nacional atua como agente de política pública indireta, assegurando que o interesse arrecadatório não se sobreponha à continuidade do ensino superior – atividade essencial à realização dos objetivos constitucionais da República.

GRANDES TRANSAÇÕES: INOVAÇÃO EM GARANTIAS E INTEGRAÇÃO COM RECUPERAÇÃO JUDICIAL

Em operações de vulto envolvendo empresas de setores estratégicos – energia, transporte, telecomunicações, alimentação e mineração –, a transação tributária individual tem assumido contornos inequívocos de instrumento de política econômica. Um avanço notável reside na aceitação de ativos intangíveis, como marcas registradas e patentes, devidamente gravadas junto ao Instituto Nacional da Propriedade Industrial (Inpi), como garantia da dívida. Esse modelo foi observado, por exemplo, na reestruturação de passivos de grupos como o **Fragnani** e a **Bimbo**, em que ativos de alto valor simbólico e mercadológico foram mobilizados para assegurar a recuperação do crédito público sem comprometer a continuidade operacional.

Outro ponto de inovação é a inclusão de entes públicos como garantidores quando a empresa devedora desempenha papel essencial em políticas públicas, como no caso da **Cosanpa** (Companhia de Saneamento do Pará), cuja negociação envolveu cláusulas específicas para garantir a manutenção do abastecimento de água em regiões críticas. A integração com processos de recuperação judicial (Lei n. 11.101/2005) também se consolidou como prática relevante. Em situações como a da **Oi S.A.**, que reestruturou passivos tributários bilionários, e de empresas como **Trombettas** e **Status**, observou-se a concessão de prazos estendidos e entradas reduzidas, condicionadas à preservação de serviços essenciais e ao cumprimento de obrigações trabalhistas.

Esses arranjos demonstram a maturidade institucional do instituto: a compatibilidade entre o plano de recuperação judicial e a transação tributária não apenas assegura a satisfação do crédito público, mas também preserva cadeias produtivas e empregos, minimizando os efeitos sistêmicos de um eventual colapso empresarial. A experiência acumulada sinaliza que, quando bem estruturada, a transação deixa de ser mera ferramenta de cobrança para se tornar um mecanismo de estabilidade econômica e social, com impactos regulatórios relevantes.

AUTORREGULARIZAÇÃO COM CONFISSÃO DE FRAUDES: REPARAÇÃO E GOVERNANÇA

A experiência administrativa recente demonstra que, em cenários de fraude fiscal, a transação tributária individual somente se legitima quando acompanhada de mudança comportamental efetiva e de reparação concreta do dano ao Erário. Casos documentados pela PGFN, como os das empresas **Ello Correntes** e **Status**, revelam um padrão consistente: a devolução de bens imóveis e ativos financeiros alienados fraudulentamente, reincorporando-os à garantia do crédito tributário e restabelecendo a capacidade de cobrança.

Nessas hipóteses, os acordos foram estruturados com cláusulas de confissão irrevogável e irretratável, renúncia a ações e recursos, vedação à distribuição de lucros e obrigação de auditorias periódicas. Esse arcabouço contratual não apenas recupera patrimônio e mitiga o risco de inadimplemento, mas também funciona como elemento dissuasório para o mercado. A mensagem é clara: a cooperação precoce, mediante autorregularização, tende a ser mais vantajosa que a resistência litigiosa prolongada, como se observou em operações que envolveram a empresa **Trombettas**, na qual o restabelecimento do fluxo financeiro e a adoção de mecanismos de *compliance* foram decisivos para a celebração do ajuste.

Ao mesmo tempo, esse modelo evita distorções concorrenciais, pois impede que empresas beneficiadas pela transação convertam o alívio fiscal em vantagem desleal perante concorrentes adimplentes. Reforça-se, assim, a cultura de *compliance* e transparência, alinhando a atuação empresarial aos princípios constitucionais da livre concorrência e da função social da empresa, previstos no art. 170 da Constituição Federal, e às diretrizes da Lei n. 13.988/2020 e da Portaria PGFN n. 6.757/2022.

ANÁLISE CRÍTICA DAS TRANSAÇÕES TRIBUTÁRIAS: DOUTRINA, PRÁTICA E LIMITES

A transação tributária, como concebida pelo art. 171 do CTN e regulamentada pela Lei n. 13.988/2020, representa um deslocamento significativo no paradigma de cobrança da dívida ativa. Hugo de Brito Machado já advertia que a flexibilização da cobrança, quando orientada pela eficiência e pelo interesse público, pode produzir resultados mais efetivos que a rigidez do litígio. Essa visão encontra respaldo na prática recente da PGFN, em que as modalidades de transação – individual, simplificada e por adesão – passaram a atender não apenas à recuperação fiscal, mas também a objetivos econômicos e sociais mais amplos.

Nas transações esportivas, como as celebradas pelo **Comitê Olímpico Brasileiro (COB)**, **Cruzeiro** e **Botafogo**, a aplicação do instituto revela um uso estratégico para preservar entidades de relevância social e cultural, com impacto direto na economia criativa e no desenvolvimento de políticas públicas de esporte. Misabel Derzi, ao tratar da função extrafiscal do tributo, ressalta que a renúncia fiscal condicionada a compromissos de gestão e transparência pode potencializar benefícios coletivos. No entanto, há riscos claros: sem fiscalização efetiva, esses acordos podem perpetuar gestões ineficientes, comprometendo o retorno esperado à sociedade.

As transações aplicadas a municípios, entidades filantrópicas de saúde e instituições de ensino superior cumprem dupla função: viabilizar a recuperação de créditos públicos e preservar a continuidade de atividades indispensáveis ao interesse público primário. Os casos analisados evidenciam que a PGFN utiliza critérios diferenciados para essas entidades, modulando prazos, descontos e garantias de forma a compatibilizar sustentabilidade financeira e arrecadação. A experiência demonstra que a transação tributária não deve ser vista apenas como um instrumento de cobrança, mas como ferramenta de governança pública e de concretização de direitos fundamentais.

No campo das grandes transações corporativas, envolvendo empresas como **Cosanpa**, **Oi**, **Fragnani**, **Bimbo**, **Trombettas** e **Status**, percebe-se a aplicação da transação como instrumento de política industrial e de preservação de serviços essenciais. Heleno Torres enfatiza que, em setores estratégicos, o Estado deve atuar como regulador e facilitador, buscando equilíbrio entre a arrecadação e a manutenção de atividades indispensáveis. Contudo, a crítica doutrinária alerta para o risco de "captura regulatória", quando a flexibilidade excessiva se converte em tratamento privilegiado a determinados grupos econômicos, enfraquecendo a isonomia tributária prevista no art. 150 da CF/88.

As transações voltadas à autorregularização com confissão de fraude, exemplificadas por casos como **Ello Correntes** e **Trombettas**, representam talvez o maior desafio jurídico e moral do instituto. Sacha Calmon pondera que o perdão parcial da dívida, quando associado a ilícitos dolosos, só se justifica mediante contrapartidas robustas e efetivamente cumpridas, sob pena de comprometer a credibilidade do sistema tributário. A experiência recente mostra avanços – como a devolução de ativos, a imposição de auditorias periódicas e a proibição de distribuição de lucros –, mas também evidencia a necessidade de monitoramento contínuo para evitar que tais empresas retornem a práticas ilícitas.

Um ponto comum a todas essas modalidades é a função pedagógica da transação. Ao estruturar benefícios vinculados a condutas positivas – como a adoção de programas de *compliance*, a manutenção de empregos ou a preservação de serviços públicos –, o instituto reforça o papel indutor do direito tributário, alinhando-se à visão de Hugo de Brito Machado sobre a função ordenadora do sistema fiscal. Entretanto, a prática mostra que o sucesso depende menos do texto legal e mais da qualidade da negociação, da precisão das cláusulas e da capacidade do Estado de fiscalizar o cumprimento integral das obrigações assumidas.

Em síntese, a evolução das transações tributárias no Brasil revela um movimento de maturidade institucional, mas que ainda exige vigilância. A doutrina nacional converge no entendimento de que a transação não é um salvo-conduto para o inadimplemento, mas uma ferramenta de política fiscal e econômica. O desafio reside em calibrar o equilíbrio entre concessão e exigência, garantindo que cada acordo celebrado produza não apenas arrecadação imediata, mas também efeitos estruturantes para a economia e para a moralidade tributária.

CONSIDERAÇÕES FINAIS

A transação tributária individual, conforme disciplinada pelo art. 171 do CTN e pela Lei n. 13.988/2020, representa um avanço institucional significativo no sistema fiscal brasileiro, alinhando-se aos objetivos de **eficiência administrativa** e **função social de tributo**, conforme previsto no art. 37 da Constituição Federal. Sua regulamentação, especialmente pela Portaria PGFN n. 6.757/2022, possibilitou seu emprego estratégico em áreas como o esporte, setores corporativos de relevância e casos de reparação fiscal, sempre com foco na continuidade econômica e na preservação do interesse público.

A doutrina nacional reforça essas bases. **Hugo de Brito Machado** salientou que, quando bem estruturada, a transação pode reduzir significativamente o contencioso tributário e melhorar a segurança jurídica, sem abrir mão da cobrança efetiva. **Misabel Derzi** destacou que o uso da transação como instrumento de conformidade tributária exige contrapartidas claras, pois a renúncia parcial de créditos precisa ser justificada à luz da capacidade contributiva e do interesse coletivo. **Sacha Calmon** reforça que esse mecanismo, se utilizado de modo centrado na função social do tributo, preserva o incentivo à formalidade fiscal equivalente ao tratamento dado aos contribuintes adimplentes, em respeito ao princípio da isonomia. Já **Heleno Torres** aponta o caráter pedagógico da transação: ao vincular benefícios a comandos de governança e *compliance*, reforça-se uma cultura de adesão voluntária à legalidade.

Podemos afirmar, com base nesse arcabouço conceitual e normativo, que o verdadeiro valor da transação tributária está em sua capacidade de adaptação às realidades setoriais – seja no contexto esportivo, empresarial ou de autorregularização – sem que ela se transforme em via de fuga para a inadimplência ou em privilégio para poucos. O desdobramento prático dos seis temas estudados – no esporte, no setor público, na saúde, na educação, na esfera corporativa e na reparação de fraudes – mostra que é possível compatibilizar a arrecadação fiscal com a estabilidade econômica, desde que haja transparência, proporcionalidade, controle de risco e monitoramento eficaz.

Essa assertiva é o legado central do trabalho aqui desenvolvido: a transação tributária no Brasil seguiu um caminho de amadurecimento institucional e agora precisa consolidar-se por meio de políticas públicas que acompanhem sua aplicação, garantindo equilíbrio entre efetividade e justiça tributária. Com essa perspectiva, encerramos este capítulo com confiança de que o instituto está a serviço de uma gestão tributária moderna, eficiente e socialmente responsável.

REFERÊNCIAS

BRASIL. *Constituição da República Federativa do Brasil de 1988*. Brasília, DF, 1988.

BRASIL. *Lei n. 5.172, de 25 de outubro de 1966*. Dispõe sobre o Sistema Tributário Nacional e institui normas gerais de direito tributário aplicáveis à União, Estados e Municípios [Código Tributário Nacional]. Brasília, DF, 1966.

BRASIL. *Lei n. 11.101, de 9 de fevereiro de 2005*. Regula a recuperação judicial, a extrajudicial e a falência do empresário e da sociedade empresária. Brasília, DF, 2005.

BRASIL. *Lei n. 13.988, de 14 de abril de 2020*. Dispõe sobre a transação nas hipóteses que especifica. Brasília, DF, 2020.

BRASIL. *Lei n. 14.334, de 10 de maio de 2022*. Estabelece regras sobre a impenhorabilidade de bens públicos e de entidades privadas prestadoras de serviço público na área da saúde. Brasília, DF, 2022.

BRASIL. *Lei Complementar n. 187, de 16 de dezembro de 2021*. Dispõe sobre a certificação das entidades beneficentes e regula as imunidades tributárias. Brasília, DF, 2021.

BRASIL. Procuradoria-Geral da Fazenda Nacional. *Portaria n. 6.757, de 29 de julho de 2022*. Regulamenta a transação no âmbito da PGFN. Brasília, DF, 2022.

COÊLHO, Sacha Calmon Navarro. *Curso de direito tributário brasileiro*. 17. ed. Rio de Janeiro: Forense, 2023.

DERZI, Misabel Abreu Machado. *Direito tributário*: fundamentos jurídicos da obrigação tributária. 4. ed. São Paulo: Noeses, 2022.

MACHADO, Hugo de Brito. *Curso de direito tributário*. 38. ed. São Paulo: Malheiros, 2023.

TORRES, Heleno Taveira. *Direito tributário e financeiro*. 9. ed. São Paulo: Thomson Reuters, 2022.

Capítulo **25**

Análise e inteligência de mercado

Jean Marcel Santos Andrade

INTRODUÇÃO

A crescente complexidade do sistema tributário brasileiro, associada a uma realidade empresarial marcada por altos índices de inadimplência e incertezas regulatórias, tem impulsionado a demanda por profissionais jurídicos, contabilistas e administrados especializados na geração de valor estratégico por meio da tributação. Nesse contexto, a atuação do tributarista ultrapassa os limites do contencioso tradicional e passa a se apoiar em inteligência de mercado, análise de dados e posicionamento propositivo junto ao setor produtivo.

Este capítulo propõe um caminho estruturado para a atuação moderna em quatro frentes de serviços tributários consultivos, cada qual acompanhada por um método de análise e pesquisa prática. A proposta culmina com a aplicação prática na geração da proposta de valor, que oferece um referencial concreto para a elaboração de estratégias de *marketing* e comunicação eficazes no ambiente tributário.

GESTÃO DO PASSIVO TRIBUTÁRIO

A gestão do passivo tributário é um campo de atuação que demanda não apenas domínio jurídico/contábil, mas uma compreensão sistêmica da realidade econômica das empresas. Nesse contexto, o tributarista deve adotar uma postura de **consultor estratégico**, capaz de dialogar com a contabilidade, a diretoria financeira e a controladoria da empresa.

Além da renegociação de débitos com entes federativos, a atuação abrange a **identificação de contingências ocultas**, a **mitigação de riscos fiscais futuros** e o **monitoramento de débitos inscritos ou a vencer**, como forma de evitar o agravamento do passivo.

Outro ponto essencial é a **análise de viabilidade econômica da regularização**, que deve considerar o custo da dívida, as penalidades aplicáveis, os benefícios da regularização (p. ex., certidões, acesso a crédito), bem como os impactos reputacionais e negociais envolvidos.

Em empresas de médio e grande porte, o tributarista também pode atuar com **reestruturação de passivos via recuperação judicial**, acordos diretos com procuradorias e análise de compensações com precatórios federais, estaduais ou municipais.

Passo a passo da pesquisa aplicada

Identificação dos setores com maiores índices de inadimplência (Rais/Caged)

- Acesse os dados atualizados da Rais e do Caged (Ministério do Trabalho).
- Filtre por setor econômico (CNAE) e região.
- Relacione os dados de empresas ativas com inadimplência fiscal (use dados da Serasa, Receita Federal ou protestos estaduais).
- Produza um *ranking* dos setores com maior incidência de passivos tributários.

Análise dos programas vigentes (Refis, transação tributária)

- Consulte os *sites* da Receita Federal, PGFN e Secretarias Estaduais/Municipais.
- Colete informações sobre modalidades ativas: prazos, descontos, requisitos e limites.
- Elabore uma tabela comparativa entre os programas (p. ex., parcelamento ordinário × transação extraordinária).
- Atualize periodicamente com base nos atos normativos recentes.

Entrevistas com tomadores de decisão

- Liste perfis de clientes ou *prospects* (p. ex., empresas com faturamento entre R$ 5 mi e R$ 100 mi).
- Elabore roteiro de entrevista com foco em percepção sobre a dívida, entraves para regularização e expectativa sobre parcelamentos.
- Realize entrevistas qualitativas por telefone ou videoconferência.
- Sistematize os dados em mapas de resistência × oportunidade.

Avaliação da capacidade de pagamento e reflexos no fluxo de caixa

- Solicite simulações de fluxo de caixa dos clientes.
- Aplique metodologia de **indicadores financeiros** (Ebitda, margem operacional, liquidez).
- Avalie o impacto de parcelas sobre o caixa e a operação.
- Sugira prazos e condições mais viáveis conforme a realidade empresarial.

PLANEJAMENTO TRIBUTÁRIO

O planejamento tributário vai além da simples economia de tributos. Ele se ancora em um tripé fundamental: **eficiência fiscal**, **segurança jurídica** e **adequação estratégica** ao modelo de negócio. O tributarista deve atuar de forma preventiva, analisando a estrutura societária, os fluxos operacionais e os regimes tributários disponíveis.

É fundamental dominar os **cenários simulados de tributação**, como projeções de carga tributária sob diferentes formas jurídicas (p. ex., Lucro Presumido × Lucro Real), identificando oportunidades de reorganização patrimonial e operacional. Deve-se, ainda, levar em conta **elementos de *compliance* tributário**, como a escrituração correta de documentos, a classificação fiscal de produtos e o mapeamento de riscos de autuação.

Em grandes operações, o planejamento pode envolver **operações internacionais** (preço de transferência, bitributação, BEPS) ou **reestruturações societárias complexas**, como fusões, incorporações e cisões com efeitos fiscais.

Passo a passo da pesquisa aplicada

Coleta de dados sobre carga tributária efetiva por CNAE (Receita Federal)

- Acesse os relatórios estatísticos da Receita Federal ou utilize bancos de dados setoriais (p. ex., IBGE, Sebrae).
- Selecione os CNAE mais representativos dos clientes-alvo.
- Obtenha a carga efetiva de impostos pagos (p. ex., percentual sobre receita bruta).
- Relacione com margens médias do setor e defina *benchmarks*.

Benchmarking com empresas similares

- Realize pesquisa de mercado com relatórios de empresas listadas ou bases públicas (CVM, BNDES, Sebrae).

- Identifique estruturas jurídicas e modelos tributários adotados.
- Compare indicadores como faturamento, margem líquida, regime tributário e estrutura de capital.
- Avalie oportunidades de migração ou reorganização com base no comparativo.

Análise de regimes fiscais (Simples, Presumido, Real)

- Simule o impacto de cada regime sobre a operação da empresa.
- Utilize ferramentas como planilhas comparativas de carga tributária ou *software* tributário.
- Aponte a melhor relação custo-benefício considerando obrigações acessórias, créditos, tributos cumulativos e não cumulativos.

Estudo de caso comparativo: PF x PJ

- Modele a atividade do empreendedor em dois cenários: como pessoa física e como pessoa jurídica.
- Incorpore despesas operacionais, tributos e ganhos líquidos.
- Avalie impacto sobre INSS, IRPF e dividendos.
- Recomende estrutura jurídica mais vantajosa sob o ponto de vista tributário e sucessório.

Avaliação da margem líquida sob diferentes estruturas

- Calcule a margem líquida da empresa sob cada regime de tributação.
- Inclua simulações com incentivos fiscais possíveis.
- Reforce a análise com métricas como ROE e ROI após ajustes tributários.
- Use o resultado para justificar a reestruturação societária ou operacional.

RECUPERAÇÃO DE TRIBUTOS

A recuperação de tributos exige do profissional uma postura investigativa, quase forense, ao analisar a escrituração fiscal da empresa. Trata-se de identificar pagamentos indevidos ou a maior, interpretar jurisprudência favorável e desenhar a melhor rota – judicial ou administrativa – para restituição ou compensação.

Além das teses já consolidadas, como a exclusão do ICMS da base do PIS/Cofins, há espaço para teses mais recentes ou específicas, como o **creditamento de PIS/Cofins sobre fretes, embalagens e energia elétrica**, ou o **recálculo do INSS patronal sobre determinadas rubricas da folha de pagamento**.

É importante aliar o conhecimento jurídico à análise contábil e ao uso de ***softwares* de auditoria fiscal** (p. ex., Mastersaf, Synchro, TaxOne), que permitem automatizar a identificação de oportunidades e erros.

Passo a passo da pesquisa aplicada

Triagem de setores com pagamentos cumulativos

- Levante setores onde há maior incidência de regimes cumulativos (p. ex., serviços, transportes).
- Use dados da Receita Federal, Caged e entidades setoriais.
- Verifique casos em que a carga tributária é desproporcional ao faturamento.
- Classifique o grau de oportunidade conforme volume de operações e despesas com insumos.

Consulta a tribunais superiores

- Acesse jurisprudência dos tribunais superiores (STF/STJ) e administrativos (Carf).
- Utilize filtros por tema, tese, setor e impacto econômico.
- Monte uma matriz de risco-benefício para cada tese identificada.
- Atualize frequentemente com base nos recursos repetitivos e *leading cases*.

Parceria com escritórios contábeis

- Estabeleça acordos com escritórios contábeis para acesso aos dados fiscais dos clientes.
- Desenvolva formulários de triagem de oportunidades (*checklists* de créditos tributários).
- Elabore relatórios compartilhados com oportunidades e riscos.

Análise de documentos fiscais e SPED

- Solicite acesso ao SPED Contribuições, SPED Fiscal, ECF e DCTF.
- Utilize ferramentas de auditoria eletrônica para localizar omissões, erros ou tributos pagos a maior.
- Produza relatórios técnicos detalhando o valor potencial a ser recuperado.

CONSULTORIA TRIBUTÁRIA COM FOCO NA REFORMA

Com a promulgação da Emenda Constitucional n. 132/2023, o sistema tributário brasileiro entra em uma nova era. A substituição de cinco tributos (PIS,

Cofins, IPI, ICMS e ISS) por dois novos (IBS e CBS) cria um ambiente de **alta complexidade e incerteza**, mas também de oportunidades para os tributaristas.

Empresas precisam de orientação sobre impactos em suas margens, custos operacionais, regime de apuração, alocação de crédito e necessidade de adaptação tecnológica (ERP, *compliance* fiscal).

O tributarista deve se posicionar como intérprete estratégico da reforma, oferecendo **simulações por setor e região**, conduzindo **grupos focais setoriais**, elaborando **memorandos consultivos** e até liderando **projetos de transição tributária interna**.

Passo a passo da pesquisa aplicada

Acompanhamento legislativo (Senado e Câmara)

- Acompanhe os PLP e PEC complementares à EC n. 132/2023.
- Monitore relatórios das comissões e cronogramas de implementação.
- Produza boletins mensais com resumo das movimentações legislativas.
- Indique pontos de atenção para setores específicos.

Painéis setoriais sobre impactos esperados

- Realize reuniões com representantes de segmentos (p. ex., indústria, comércio, serviços).
- Levante percepções sobre a reforma, dificuldades e oportunidades.
- Sistematize os resultados em painéis visuais (infográficos, gráficos de impacto).
- Use esses painéis como base para *marketing* jurídico propositivo.

Simulação de cargas com base nos modelos do Ipea

- Utilize os simuladores do Ipea e IBPT.
- Modele empresas fictícias com base em clientes reais.
- Compare a carga tributária antes e depois da reforma.
- Apresente os resultados em relatórios executivos com recomendações práticas.

Elaboração de relatórios consultivos

- Estruture memorandos com análise técnica e sugestões estratégicas.
- Use linguagem acessível e visual para facilitar o entendimento do cliente.
- Inclua cenários de curto, médio e longo prazo.

Desenvolvimento de *dashboards* comparativos

- Crie *dashboards* em ferramentas como Power BI ou Excel interativo.
- Compare regimes atuais × futuros por tipo de operação.
- Inclua filtros por região, setor e volume de receita.
- Ofereça os *dashboards* como diferencial competitivo no atendimento.

CONSTRUÇÃO DA PROPOSTA DE VALOR ESTRATÉGICA

Com base nas duas estruturas anteriores, o tributarista pode construir **propostas de valor específicas e segmentadas**, comunicadas de forma clara e objetiva.

- Exemplo 1: Proposta de valor para empresas do varejo
  "Ajudamos empresas varejistas a reduzir sua carga tributária e se preparar para a reforma tributária por meio de uma consultoria especializada que simula impactos, identifica oportunidades de recuperação de tributos e garante conformidade fiscal sem surpresas."
- Exemplo 2: Proposta de valor para empresas com passivo tributário
  "Oferecemos uma solução completa de regularização tributária, incluindo renegociação de débitos, análise do fluxo de caixa e simulações de parcelamento que cabem no orçamento da sua empresa, tudo com transparência e segurança jurídica."
- Exemplo 3: Proposta de valor para escritórios de contabilidade parceiros
  "Atuamos como braço jurídico dos escritórios contábeis, oferecendo suporte técnico em planejamento tributário, recuperação de tributos e atendimento especializado em clientes de alto risco ou alta complexidade."

A proposta de valor como estratégia de *marketing* tributário

Em um mercado saturado de advogados oferecendo "consultoria tributária", a clareza e segmentação da **proposta de valor** (PV) se tornam **instrumento de diferenciação.** A PV permite criar comunicações mais efetivas no *marketing* tributário:

- **No *site* e redes sociais**: foco em **soluções reais** para problemas específicos.
- **Em propostas comerciais e contratos**: destaque **o valor entregue** e não apenas as etapas jurídicas.
- **Em eventos e *lives***: direcione a linguagem para **ganhos tangíveis** ao cliente.

A proposta de valor, assim, torna-se um ativo estratégico, que guia não apenas o *marketing*, mas a **forma como o tributarista estrutura e entrega seus serviços.**

CONSIDERAÇÕES FINAIS

O tributarista moderno não pode atuar de forma isolada ou puramente reativa. A união entre **inteligência de mercado, pesquisa aplicada e proposta de valor estratégica** representa um novo modelo para o especialista tributário: mais próxima da realidade empresarial, mais eficaz na entrega de resultados e mais preparada para os desafios da economia em transformação.

Ao aplicar as técnicas aqui descritas – da análise de passivos à transição tributária, passando pelo uso da metodologia PV –, o profissional se posiciona como **solucionador de problemas complexos e parceiro estratégico do negócio.** Esse é o consultor tributarista do futuro.

REFERÊNCIAS

BRASIL. *Constituição da República Federativa do Brasil de 1988*. Disponível em: https://www.planalto.gov.br/ccivil_03/constituicao/constituicao.htm. Acesso em: 8 ago. 2025.

BRASIL. Emenda Constitucional n. 132, de 20 de dezembro de 2023. Altera o sistema tributário nacional e dá outras providências. *Diário Oficial da União*, Brasília, DF, 21 dez. 2023.

BRASIL. Lei n. 13.988, de 14 de abril de 2020. Dispõe sobre a transação nas hipóteses que especifica e dá outras providências. *Diário Oficial da União*, Brasília, DF, ano 157, n. 72, p. 1, 15 abr. 2020.

BRITO, Edvaldo. *Os novos princípios tributários*. São Paulo: IBET, 2025. Disponível em: https://www.ibet.com.br/docs/os-novos-principios-tributarios.pdf. Acesso em: 25 out. 2025.

CONSELHO ADMINISTRATIVO DE RECURSOS FISCAIS (CARF). *Acórdãos e jurisprudência*. Brasília: Ministério da Fazenda, 2025. Disponível em: https://www.gov.br/carf. Acesso em: 8 ago. 2025.

INSTITUTO BRASILEIRO DE PLANEJAMENTO E TRIBUTAÇÃO (IBPT). *Estudos e análises econômicas*. Curitiba, 2024. Disponível em: https://www.ibpt.org.br. Acesso em: 8 ago. 2025.

INSTITUTO DE PESQUISA ECONÔMICA APLICADA (IPEA). *Simuladores de impacto da reforma tributária*. Brasília, 2024. Disponível em: https://www.ipea.gov.br. Acesso em: 8 ago. 2025.

OSTERWALDER, Alexander; PIGNEUR, Yves; BERNARDA, Greg; SMITH, Alan. *Value proposition design*: como criar produtos e serviços que seus clientes desejam. Rio de Janeiro: Alta Books, 2015.

SEBRAE. *Indicadores de carga tributária por setor*. Brasília, 2025. Disponível em: https://www.sebrae.com.br. Acesso em: 8 ago. 2025.

SERASA EXPERIAN. *Mais de 7,7 milhões de empresas estão inadimplentes no Brasil em maio de 2025*. São Paulo, 2025. Disponível em: https://www.serasaexperian.com.br. Acesso em: 8 ago. 2025.

SUPERIOR TRIBUNAL DE JUSTIÇA (STJ). *Repercussão geral – RE 574.706/PR*: Exclusão do ICMS da base do PIS e da Cofins. Brasília, 2021. Disponível em: https://www.stj.jus.br. Acesso em: 8 ago. 2025.

Capítulo **26**

Tributação e Inteligência de Negócios nas operações de exportações e a transferência de crédito acumulado de ICMS

Elisangela Damaceno Costa

INTRODUÇÃO

A complexidade do sistema tributário brasileiro impõe desafios consideráveis para a competitividade das empresas exportadoras. Em especial, o aproveitamento e a compensação de créditos fiscais acumulados de Imposto sobre Circulação de Mercadorias e Serviços (ICMS) representam instrumentos fundamentais para a eficiência financeira das operações. Este capítulo explora três importantes mecanismos:

1. Reintegra (Regime Especial de Reintegração de Valores Tributários).
2. A compensação e o ressarcimento dos créditos de Programa de Integração Social (PIS) e Contribuição para o Financiamento da Seguridade Social (Cofins) incidentes sobre insumos destinados à exportação.
3. A transferência de crédito acumulado de ICMS.

Esses são instrumentos legais de fomento às exportações, mas exigem gestão rigorosa, análise estratégica e domínio técnico – elementos que a inteligência de negócios pode suprir com excelência.

Adicionalmente, este capítulo analisa como esses mecanismos serão tratados no contexto da reforma tributária, com ênfase nos créditos tributários. Por fim, são apresentadas orientações e cuidados essenciais que empresários e profissionais da área devem adotar, à luz da atuação do tributarista de inteligência de negócios.

REINTEGRA

O Reintegra, instituído inicialmente por meio da Lei n. 12.546/2011, e posteriormente consolidado pela Lei n. 13.043/2014, foi criado com o objetivo de desonerar exportações de produtos manufaturados, promovendo a competitividade ao resgatar tributos residuais não recuperáveis na cadeia produtiva.

Como funciona:

- Para as empresas exportadoras, tem por objetivo devolver, parcial ou integralmente, o resíduo tributário remanescente na cadeia de produção de bens exportados.

O programa permite que exportadores apurem um crédito tributário calculado como percentual da receita FOB (*Free on Board*) da exportação, com alíquotas que variaram ao longo do tempo entre 0,1 e 3%.

Esse crédito pode ser:

- Compensado com débitos tributários federais como Imposto de Renda de Pessoa Jurídica (IRPJ), IPI, PIS/Cofins etc.
- Ou ressarcido em espécie, conforme seleção do contribuinte.

INCENTIVOS FISCAIS: COMPENSAÇÃO E RESTITUIÇÃO DE PIS E COFINS

O cenário atual também permite que créditos de PIS e Cofins vinculados à receita de exportação, conforme os arts. 5º da Lei n. 10.637/2002 e 6º da Lei n. 10.833/2003, sejam objeto de compensação ou ressarcimento. Tais créditos são gerados por custos, despesas e encargos vinculados a insumos e aquisições destinadas à produção e à comercialização de mercadorias exportadas, prestação de serviços ao exterior, ou vendas à empresa comercial exportadora com fim específico de exportação.

As empresas optantes pelo regime não cumulativo podem utilizar tais créditos para abater débitos do IRPJ e da Contribuição Social sobre o Lucro Líquido (CSLL) devidos pelas empresas nas operações no mercado interno. Não sendo possível, podem compensá-los com outros tributos federais via PER/DCOMP (Pedido Eletrônico de Restituição, Ressarcimento ou Reembolso e Declaração de Compensação). Persistindo o saldo credor, é possível solicitar o ressarcimento trimestral, conforme disciplinado pela Instrução Normativa RFB n. 2.055/2021.

Na prática, contudo, a utilização desses créditos depende de rigor técnico: correta escrituração no SPED Contribuições e manutenção de documentação comprobatória, observância dos prazos legais e critérios de vinculação entre o insumo e a operação de exportação. A gestão proativa desses créditos exige auditoria permanente e aplicação de tecnologia de inteligência de dados para evitar glosas.

REFORMA TRIBUTÁRIA E O FUTURO DAS COMPENSAÇÕES DE PIS/COFINS

A legislação atual, notadamente os arts. 3º, 5º e 6º das Leis ns. 10.637/2002 e 10.833/2003, bem como a Instrução Normativa RFB n. 2.055/2021, confere às empresas sujeitas ao regime não cumulativo a possibilidade de apuração de créditos de PIS/Pasep e Cofins sobre custos, despesas e encargos vinculados às receitas de exportação. Esses créditos podem ser utilizados para compensar débitos dessas contribuições no mercado interno ou, alternativamente, compensar débitos próprios relativos a outros tributos administrados pela Receita Federal do Brasil. Persistindo saldo credor, **há ainda a previsão de ressarcimento em dinheiro ao final de cada trimestre.**

Essa sistemática assegura ao exportador certa neutralidade tributária, ou seja, o não ônus do PIS e da Cofins sobre insumos utilizados na produção e de mercadorias e de bens destinados ao exterior. Tal desenho legal permitiu ao longo dos anos um mecanismo financeiro de incentivo às exportações.

TRANSFERÊNCIA DE CRÉDITOS DE ICMS

Desafios estaduais com a morosidade na transferência de crédito acumulado de ICMS, prevista na Lei Kandir (LC n. 87/96), é um importante instrumento de fomento às exportações. No entanto, sua aplicação enfrenta não apenas a burocracia regulatória imposta por cada unidade federativa, mas também a morosidade na efetivação do direito ao crédito. Estados impõem requisitos distintos, limites quantitativos e trâmites administrativos complexos, dificultando o acesso tempestivo a esses valores pelas empresas exportadoras.

Um exemplo emblemático é o Estado de Minas Gerais. O processo de aprovação do Demonstrativo do Crédito Acumulado (DCA), documento essencial para viabilizar a transferência, pode demorar até 8 meses para sua aprovação. Após essa etapa, o contribuinte ainda enfrenta, em média, cerca de 3 anos para obter o visto fiscal necessário na nota fiscal de transferência, etapa exigida para concluir o processo.

Essa morosidade decorre da imposição de um valor máximo global mensal para aproveitamento de crédito acumulado, que em Minas Gerais é atualmente fixado em apenas R$ 6 milhões, como montante global máximo para transferência. Esse teto, extremamente irrisório diante da demanda das empresas exportadoras em todo o Estado, gera uma fila volumosa de processos pendentes.

O tempo de espera para a efetivação da transferência compromete severamente o capital de giro das empresas e desestimula o aproveitamento do benefício fiscal em sua plenitude, sem considerar ainda outro fator importante: o deságio do valor do crédito, que por sua complexidade e pela burocracia para sua concretização, pode chegar a 50%. Como consequência, muitas empresas são forçadas a financiar seus próprios créditos por longos períodos, comprometendo o capital de giro e desestimulando a monetização desse valor através da transferência para terceiros.

Esse cenário exige que o empresário atue de forma estratégica realizando o monitoramento constante dos créditos acumulados, priorizando o planejamento tributário por Estado, estruturando relatórios periódicos sobre a evolução dos pedidos e sugerindo alternativas de compensação, venda ou uso interno dos créditos quando viável.

NOVO CENÁRIO COM A REFORMA TRIBUTÁRIA

Créditos de ICMS acumulados até o início do período de transição

O tratamento dos saldos acumulados de crédito de ICMS na transição será decisivo. A proposta prevê devolução em até 240 meses, com possibilidade de transferência, compensação ou ressarcimento corrigido pelo Índice de Preços ao Consumidor (IPCA). A inteligência de negócios poderá modelar estratégias de aproveitamento desses créditos na forma mais vantajosa, inclusive analisando eventual venda de créditos no mercado secundário, conforme permitir a regulamentação infraconstitucional.

Exportações e o novo regime – IBS e CBS

A reforma tributária estabelece uma lógica unificada e centralizada para a gestão de créditos, com **prazos fixos e manutenção expressa dos créditos de exportação**.

Ressarcimento

- Exportadores poderão solicitar **ressarcimento integral ou parcial** ao final de cada período de apuração.
- **Prazos máximos:**
  - **30 dias**: ativo imobilizado de contribuintes enquadrados em programas de conformidade fiscal desenvolvidos pelo Comitê Gestor do Imposto sobre Bens e Serviços (IBS) e pela Receita Federal.
  - **60 dias**: demais pedidos (bens imobilizados ou valor até 150% da média de créditos líquidos dos últimos 24 meses).
  - **180 dias**: todos os demais casos.
  - **360 dias**: limite em caso de procedimento fiscal.

- **Correção monetária**: Selic acumulada a partir do 2º mês + 1% no mês do pagamento; correção diária em caso de descumprimento de prazo.
- **Centralização**: análise pelo Comitê Gestor do IBS (IBS) e pela Receita Federal do Brasil (Contribuição sobre Bens e Serviços - CBS), eliminando a dispersão estadual/federal do modelo anterior.

Neutralidade tributária

- As **exportações não geram anulação de créditos**. O direito à manutenção e utilização dos créditos de operações anteriores é assegurado integralmente.

Proibição de transferência

- Veda **a qualquer título** a transferência de créditos de IBS e CBS para terceiros.
- Extingue, assim, a possibilidade de comercializar créditos acumulados, prática que no ICMS permitia, mas com deságio altíssimo e consequente perda financeira.

O novo sistema substitui a flexibilidade da venda de créditos por uma devolução mais rápida e juridicamente assegurada, reduzindo custos financeiros e eliminando o risco de perda de valor por deságio.

Suspensão nas operações com fim específico de exportação

Na nova sistemática ficou mantida a lógica de incentivo à exportação indireta por meio da **suspensão do IBS e da CBS** na venda para empresas comerciais exportadoras, com conversão automática em **alíquota zero** quando a exportação efetiva ocorrer no prazo de até **180 dias**.

- **Efeito para o adquirente**: como não há incidência na compra, não há crédito a apropriar.
- **Implicação econômica**: o preço de aquisição deve ser **naturalmente reduzido**, pois o custo tributário foi suprimido na origem.
- **Risco e responsabilidade**: se a exportação não ocorrer no prazo ou houver destinação diversa, a comercial exportadora recolherá o tributo com multa e juros.

O exportador indireto deve comparar o benefício de pagar menos na compra (com suspensão), com a possibilidade de comprar com incidência, apropriar créditos e solicitar ressarcimento. Essa escolha dependerá do preço negociado e do fluxo de caixa desejado.

Ao eliminar a possibilidade de transferência, a reforma restringe a flexibilidade do exportador, mas, ao mesmo tempo, **oferece um mecanismo legalmente blindado, com prazos e correção monetária para devolução dos créditos.** Isso representa um **avanço estrutural** em face do regime anterior, que se apoiava em procedimentos morosos, sem prazos uniformes e altamente dependentes das burocracias estaduais.

O novo modelo favorece a **previsibilidade e o planejamento financeiro,** essenciais para empresas que competem no mercado internacional, onde o custo de capital e o *timing* de caixa impactam diretamente a competitividade. A regra de suspensão para comercial exportadora, por sua vez, reforça a necessidade de **análise estratégica** na gestão das aquisições, para decidir entre aproveitar a redução imediata de custo ou manter créditos passíveis de ressarcimento.

Essas mudanças exigirão uma revisão profunda dos modelos de precificação e planejamento fiscal. As empresas precisarão investir em sistemas integrados de gestão tributária e inteligência de negócios para simular impactos, planejar estoques e reorganizar seus processos logísticos e comerciais com base na nova lógica tributária. A atuação do tributarista especializado será fundamental nesse processo, garantindo não apenas a conformidade legal, mas a manutenção da competitividade internacional das empresas brasileiras.

INTELIGÊNCIA DE NEGÓCIOS E PAPEL DO TRIBUTARISTA

Nesse contexto, o tributarista com domínio em inteligência de negócios exerce papel decisivo. Por meio da análise de dados contábeis e fiscais, mapeia oportunidades de crédito, valida a conformidade das escriturações digitais (como o SPED Contribuições), simula cenários de compensação e identifica riscos de glosa. Além disso, prepara a empresa para a transição, promovendo auditorias preventivas, recomendando ajustes sistêmicos e estruturando planos de ação para maximizar o aproveitamento de créditos no novo modelo.

Empresários e profissionais da contabilidade devem trabalhar em sinergia com esse especialista, adotando ferramentas de BI (*Business Intelligence*) fiscal, integrando departamentos (fiscal, contábil, financeiro e jurídico) e mantendo vigilância ativa sobre a legislação e suas regulamentações.

CONSIDERAÇÕES FINAIS

Os incentivos fiscais aplicados anteriormente a reforma tributária, como a transferência de crédito acumulado de ICMS, as compensações de PIS/Cofins, e o Reintegra são mecanismos essenciais de fomento à exportação, mas requerem gestão qualificada e análise custo/benefício, além de serem extremamente burocráticos. A reforma tributária tende a resolver diversas distorções, mas também impõe desafios na transição, especialmente na garantia da neutralidade dos créditos acumulados.

Empresas que adotarem inteligência de negócios como pilar de gestão tributária estarão mais preparadas para navegar esse novo cenário, transformando a conformidade em diferencial estratégico e assegurando vantagens competitivas sustentáveis.

REFERÊNCIAS

BRASIL. *Emenda Constitucional n. 132, de 20 de dezembro de 2023.* Altera o Sistema Tributário Nacional.

BRASIL. *Instrução Normativa RFB n. 2.055, de 6 de dezembro de 2021.* Dispõe sobre restituição, compensação, ressarcimento e reembolso, no âmbito da Secretaria Especial da Receita Federal do Brasil.

BRASIL. *Lei n. 10.637, de 30 de dezembro de 2002.* Dispõe sobre a não cumulatividade na cobrança da contribuição para os Programas de Integração Social (PIS) e de Formação do Patrimônio do Servidor Público (Pasep), nos casos que especifica; sobre o pagamento e o parcelamento de débitos tributários federais, a compensação de créditos fiscais, a declaração de inaptidão de inscrição de pessoas jurídicas, a legislação aduaneira, e dá outras providências.

BRASIL. *Lei n. 10.833, de 29 de dezembro de 2003.* Altera a Legislação Tributária Federal e dá outras providências.

BRASIL. *Lei Complementar n. 87, de 13 de setembro de 1996.* Dispõe sobre o imposto dos Estados e do Distrito Federal sobre operações relativas à circulação de mercadorias e sobre prestações de serviços de transporte interestadual e intermunicipal e de comunicação, e dá outras providências (Lei Kandir).

BRASIL. *Lei Complementar n. 214, de 16 de janeiro de 2025.* Institui o Imposto sobre Bens e Serviços (IBS), a Contribuição Social sobre Bens e Serviços (CBS) e o Imposto Seletivo (IS); cria o Comitê Gestor do IBS e altera a legislação tributária.

BRASIL. Portal Siscomex. *Incentivos às exportações brasileiras.* Disponível em: https://www.gov.br/siscomex/pt-br/servicos/aprendendo-a-exportar/5-formacao-do-preco-de-exportacao/incentivos-as-exportacoes-brasileiras-1. Acesso em: 30 set. 2025.

BRASIL. Receita Federal. *Reintegra.* Disponível em: https://www.gov.br/receitafederal/pt-br/assuntos/orientacao-tributaria/restituicao-ressarcimento-reembolso-e-compensacao/creditos/Reintegra. Acesso em: 30 set. 2025.

CONFAZ. *Convênio ICMS n. 84/2009.*

Capítulo **27**

Tributação e Inteligência de Negócios em contribuições previdenciárias e de terceiros (Setor "S")

Carlos Alberto Ferreira dos Santos Junior

INTRODUÇÃO

As contribuições incidentes sobre a folha de pagamento, compreendidas aqui tanto as contribuições previdenciárias patronais como as contribuições destinadas a terceiros do Setor S, ocupam posição central no custo do trabalho no Brasil, afetando preços, margens e decisões de contratação. Embora vinculadas ao financiamento de atividades de interesse público e à proteção social, a combinação entre desenho normativo heterogêneo, profusão de atos infralegais e a transformação digital do cumprimento acessório, com eSocial, DCTFWeb e PER/DCOMP Web, criou um ambiente propenso a interpretações divergentes, recolhimentos a maior ou a menor e litigiosidade. O avanço da fiscalização orientada por dados, com cruzamentos automatizados de bases trabalhistas, contábeis e fiscais, eleva o nível de exigência sobre controles internos, documentação técnica e rastreabilidade das decisões.

Para além do debate estritamente jurídico, a experiência prática demonstra que a elevação do nível de conformidade e eficiência depende de governança de dados. Isso envolve a parametrização fina de rubricas, a manutenção de catálogos e regras de incidência auditáveis, a definição clara de papéis e responsabilidades entre RH, DP, contabilidade, jurídico e TI e a adoção de uma camada analítica capaz de antecipar riscos, simular impactos regulatórios e sustentar decisões de gestão. Nesse contexto, a inteligência de negócios aplicada ao ciclo de folha e tributos funciona como mecanismo de orquestração entre operação, controle e estratégia, reduzindo assimetrias de informação e favorecendo respostas tempestivas a mudanças normativas e jurisprudenciais.

Com esse pano de fundo, o capítulo persegue objetivos integrados:

- Apresentar o panorama histórico e arquitetônico das contribuições incidentes sobre a folha, contemplando conjuntamente as contribuições previdenciárias patronais e as contribuições de terceiros do Setor S.
- Discutir tensões constitucionais e controvérsias infralegais à luz da jurisprudência recente.
- Demonstrar aplicações de inteligência de negócios na prevenção de contingências, na revisão de bases e na recuperação de valores.
- Propor um roteiro prático de governança, indicadores e controles para monitoramento contínuo.

O escopo recai sobre incidências de folha, com referências operacionais ao eSocial e integrações correlatas, e exemplos sintéticos que ilustram desafios recorrentes e soluções replicáveis.

PANORAMA HISTÓRICO E ARQUITETURA DAS CONTRIBUIÇÕES PREVIDENCIÁRIAS E DE TERCEIROS

As incidências sobre a folha de pagamento reúnem dois grandes blocos. O primeiro é o das contribuições previdenciárias patronais, destinadas ao custeio da Seguridade Social, tradicionalmente compostas pela contribuição de 20% sobre a folha, pela contribuição ao Risco Ambiental do Trabalho, também conhecida como RAT, ajustada pelo Fator Acidentário de Prevenção (FAP), e por adicionais específicos quando cabíveis.

O segundo bloco é o das contribuições de terceiros, de natureza parafiscal, destinadas às entidades do Sistema S, ao salário-educação e ao Instituto Nacional de Colonização e Reforma Agrária (Incra). Em ambos os casos, a base econômica ordinária é a folha de salários, com alíquotas e hipóteses de incidência definidas em lei, sujeitas a particularidades setoriais e regimes diferenciados, como a desoneração da folha que substitui a contribuição previdenciária patronal (CPP) por incidência sobre a receita bruta, sem afastar as contribuições de terceiros que permanecem, via de regra, calculadas sobre a folha.

Embora partilhem a natureza de contribuições sociais, os dois blocos apresentam desenho, destinação e governança distintos, o que explica parte da complexidade operacional verificada nas empresas e a necessidade de integração entre RH, contabilidade, jurídico e TI para manter matrizes de incidência consistentes.

Base constitucional e finalidade

A Constituição de 1988 estrutura a matéria em dois pilares complementares. As contribuições previdenciárias patronais integram o financiamento da

Seguridade Social, com fundamento no art. 195, incidindo sobre a folha de salários, a receita e o faturamento nas hipóteses legalmente previstas, observadas legalidade, anterioridade nonagesimal e demais princípios de segurança jurídica. As contribuições de terceiros, por sua vez, assentam-se no art. 149, com natureza de contribuições sociais de intervenção no domínio econômico ou de interesse de categorias, e têm finalidade parafiscal, vinculada ao custeio de atividades de interesse público desempenhadas por entidades do Sistema S, além do salário-educação e do Incra. A vinculação finalística não dispensa tipicidade cerrada, definição clara de base e alíquota e respeito à capacidade contributiva na modelagem das incidências.

Estrutura de incidência e operacionalização

Na prática, a incidência se materializa na folha por meio de eventos remuneratórios registrados no eSocial e consolidados no fechamento periódico. Rubricas de natureza salarial e indenizatória, adicionais, prêmios, diárias, auxílio-alimentação, verbas de desligamento e o décimo terceiro salário devem estar corretamente classificados para evitar recolhimentos a maior ou a menor.

A CPP abrange a base de remunerações de empregados e, quando aplicável, trabalhadores avulsos e contribuintes individuais equiparados, com cálculo concomitante do RAT ajustado pelo FAP.

Para contribuições de terceiros, a apuração decorre das mesmas bases remuneratórias, respeitadas exclusões legais de verbas de natureza indenizatória. Em regimes de substituição, como a desoneração da folha, a CPP migra para a receita bruta conforme os critérios legais, porém as contribuições do Setor S, o salário-educação e o Incra continuam a exigir parametrização sobre a folha. A interlocução entre DP e RH, contabilidade, jurídico e TI é indispensável para manter catálogos de rubricas, regras de incidência, segregação de funções e trilhas de auditoria, com testes regressivos antes de cada fechamento.

Contribuição previdenciária patronal, RAT e FAP. Limitação a 20 salários e evolução jurisprudencial

A CPP incide, em regra, à alíquota de 20% sobre o total das remunerações pagas ou creditadas aos segurados empregados e trabalhadores avulsos, alcançando também, quando aplicável, os contribuintes individuais equiparados que prestem serviços à empresa. Concomitantemente, compõe-se o Seguro de Acidente do Trabalho, também denominado Risco Ambiental do Trabalho, cuja alíquota básica é de 1, 2 ou 3% conforme o grau de risco da atividade principal, sofrendo ajuste pelo FAP. O FAP é um multiplicador anual que pode reduzir a alíquota à metade ou elevá-la ao dobro, segundo a *performance* acidentária apurada nos dois últimos anos, nos termos da Lei n. 10.666/2003 e do Regulamento da Previdência Social. A correta parametrização dessas incidências requer catálogos de rubricas atualizados e evidências de cálculo que mostrem, de modo auditável, a base de remunerações e a aplicação do RAT ajustado pelo FAP.

A antiga discussão sobre a limitação da base de cálculo a 20 salários mínimos teve origem no art. 4º da Lei n. 6.950/81, que fixava teto para o salário de contribuição. Em relação à contribuição da empresa para a Previdência Social, o Decreto-lei n. 2.318/86 afastou expressamente esse limite, pacificando a inaplicabilidade do teto para a Contribuição Previdenciária Patronal (CPP). Assim, para a CPP de 20% não subsiste limitação vinculada a múltiplos de salário mínimo.

Quanto às contribuições parafiscais destinadas a terceiros do Setor S, ao salário-educação e ao Incra, a controvérsia persistiu por anos. Em 8 de maio de 2024, a Primeira Seção do STJ, sob o rito dos recursos repetitivos, no Tema 1.079, firmou a tese de que, após a entrada em vigor do Decreto-lei n. 2.318/86, o recolhimento dessas contribuições não está submetido ao limite de 20 salários mínimos. Em 20 de fevereiro de 2025, foram indeferidos embargos de divergência da Fazenda Nacional, mantendo-se a orientação fixada. Para fins de gestão, isso implica preservar situações amparadas por coisa julgada favorável e, no mais, parametrizar a base sem teto, com documentação que permita simular impactos, registrar critérios e suportar eventuais compensações estritamente quando haja base legal e probatória.

Em síntese, a modelagem atual demanda três frentes. Primeira, domínio da base de incidência patronal sobre empregados, avulsos e contribuintes individuais equiparados, com cálculo do RAT e ajuste pelo FAP de forma transparente e auditável. Segunda, observância de que não há limite a 20 salários na CPP desde o Decreto-lei n. 2.318/86. Terceira, alinhamento da parametrização das contribuições de terceiros à tese repetitiva do STJ, resguardando situações com coisa julgada e estabelecendo matrizes de decisão para revisão e compensação quando cabível. Esses elementos, combinados à governança de dados, reduzem assimetrias de informação e fortalecem o *compliance*.

Transformação digital: eSocial, DCTFWeb e governança de dados

A digitalização do ciclo de folha consolidou um *pipeline* de dados que, quando bem governado, reduz risco e custo. O eSocial padroniza rubricas e eventos de remuneração e desligamento, permitindo a rastreabilidade das bases de contribuições previdenciárias e de terceiros; a EFD-Reinf e a DCTFWeb transformam os movimentos em débitos e confissões de dívida; o PER/DCOMP Web viabiliza compensações tempestivas de valores pagos indevidamente, desde que lastreadas em documentação técnica e evidências.

Um desenho de controles internos robusto deve incluir catálogos de rubricas com versionamento, matriz de incidência validada por parecer jurídico e por testes de QA (Garantia de Qualidade), segregação de funções, *logs* de alterações, reconciliações periódicas entre bases trabalhistas, contábeis e fiscais e indicadores de desempenho e risco. Essa governança ampara tanto as contribuições previdenciárias patronais quanto as contribuições do Setor S, assegurando consistência operacional e conformidade contínua.

TENSÕES CONSTITUCIONAIS E INFRALEGAIS

As contribuições incidentes sobre a folha abrangem dois blocos que compartilham desafios constitucionais comuns e peculiaridades próprias. No primeiro bloco estão as contribuições previdenciárias patronais, calculadas sobre as remunerações de empregados, trabalhadores avulsos e, quando aplicável, contribuintes individuais equiparados, com cálculo concomitante do RAT ajustado pelo FAP.

No segundo bloco estão as contribuições de terceiros, destinadas às entidades do Sistema S, ao salário-educação e ao Incra, também lastreadas na folha. Em ambos, o debate recai sobre legalidade, tipicidade cerrada, anterioridade e proporcionalidade, exigindo coerência entre a base eleita e a finalidade de custeio social ou parafiscal.

A delimitação entre verbas salariais e indenizatórias, a interação com regimes substitutivos de contribuição sobre a receita bruta e a evolução jurisprudencial que afastou o antigo limite de 20 salários mínimos para a contribuição patronal e, mais recentemente, para as contribuições de terceiros compõem o núcleo das controvérsias.

Alterações normativas que ampliem base ou alíquota devem observar segurança jurídica e vedar surpresas, sob pena de nulidade ou necessidade de modulação de efeitos. A transformação digital do cumprimento acessório, com eSocial, EFD-Reinf e DCTFWeb, tornou a fiscalização orientada por dados mais precisa, o que eleva a exigência de fundamentação técnica e de rastreabilidade das decisões de incidência.

Evolução jurisprudencial das contribuições previdenciárias sobre a folha

Nos últimos ciclos, o Supremo Tribunal Federal (STF) e o Superior Tribunal de Justiça (STJ) ajustaram vetores relevantes da base das contribuições previdenciárias patronais. O STF, em repercussão geral, firmou a inconstitucionalidade da incidência da contribuição patronal sobre o salário-maternidade, por violação aos princípios da isonomia e da não discriminaçao, entendimento consagrado no Tema n. 72, com julgamento noticiado oficialmente em março de 2023. Esse precedente retirou de forma definitiva a parcela da base patronal, com impacto estrutural sobre o custo do trabalho e políticas de diversidade.

Em sentido oposto, o STF resolveu a controvérsia do terço constitucional de férias no Tema n. 985, reconhecendo a natureza remuneratória da verba para fins de incidência da CPP. Após anos de orientação do STJ em direção contrária, o Plenário validou a cobrança e, em junho de 2024, modulou os efeitos para preservar a segurança jurídica, fixando a exigibilidade prospectiva a partir do marco definido no julgamento. Na prática, consolida-se a inclusão do terço de férias na base, resguardados os limites temporais decorrentes da modulação e situações com pagamentos já realizados e não impugnados.

No STJ, a Primeira Seção, sob o rito dos repetitivos, pacificou temas de natureza indenizatória. Destaca-se o Tema n. 478, que afasta a incidência sobre o aviso prévio indenizado por carecer de caráter salarial. Esse entendimento vem sendo reiterado nas turmas de direito público e orienta a dispensa de autuação e de litígio sobre a matéria. Também se consolidou a não incidência sobre a quinzena inicial de afastamento por doença ou acidente, e sobre férias indenizadas, por sua feição indenizatória. Tais definições reforçam a necessidade de parametrização fina de rubricas para evitar pagamentos a maior e para sustentar compensações quando cabíveis.

Quanto a verbas de nítido caráter remuneratório, a orientação prevalente é pela incidência sobre horas extras e seus adicionais, bem como sobre adicionais noturno, de insalubridade e de periculosidade, ressalvadas hipóteses específicas previstas em lei. O tratamento do auxílio-alimentação varia conforme a forma de concessão, prevalecendo que o pagamento em dinheiro atrai natureza salarial e incidência, ao passo que a concessão *in natura*, em regra, não integra a base, especialmente quando observadas as condições dos programas de alimentação do trabalhador. A correta qualificação de tais verbas no eSocial e a documentação das políticas internas são determinantes para a conformidade.

Uma consequência prática é a necessidade de mapas de risco jurídico que abranjam simultaneamente a CPP e as contribuições de terceiros. Esses mapas devem traduzir teses em hipóteses de provisionamento, simulações de fluxo de caixa e políticas de compensação, considerando coisa julgada eventualmente existente e os critérios operacionais de exclusão de verbas indenizatórias. A maturidade do *compliance* se expressa na capacidade de produzir evidências auditáveis, como pareceres, parametrizações de rubricas, telas e relatórios de sistemas, *logs* de alterações, reconciliações periódicas entre bases trabalhistas, contábeis e fiscais e dossiês probatórios para PER/DCOMP. Essa governança integrada reduz assimetrias de informação, alinha os dois blocos de incidência às balizas constitucionais e infralegais e sustenta decisões tempestivas diante de mudanças legislativas e jurisprudenciais.

INTELIGÊNCIA DE NEGÓCIOS APLICADA À GESTÃO DAS CONTRIBUIÇÕES PREVIDENCIÁRIAS E DE TERCEIROS

A Tributação e Inteligência de Negócios (TIN) opera como camada de orquestração entre dados operacionais e decisões tributárias. Em arquitetura de referência, o eSocial é a fonte primária das incidências sobre a folha para a CPP, RAT ajustado pelo FAP, contribuintes individuais equiparados e trabalhadores avulsos, bem como para as contribuições de terceiros. A EFD-Reinf complementa informações correlatas que também convergem para a DCTFWeb. A DCTFWeb consolida débitos e confissões e o PER/DCOMP Web viabiliza a compensação de valores pagos indevidamente. Sobre esse *pipeline*, um *data mart* tributário padroniza tabelas de fatos e dimensões, viabilizando painéis, regras analíticas, modelos preditivos e rotinas de *Robotic Process Automation* (RPA) para reconciliação e preparação de dossiês.

Arquitetura de dados orientada à folha

O *data mart* deve organizar fatos de encargos por competência e CNPJ e dimensões de rubrica, vínculo, centro de custo, unidade, período, Classificação Nacional de Atividades Econômicas (CNAE) e FAP. A trilha de dados parte de eventos do eSocial, como remuneração, desligamentos e fechamento, segue para a consolidação na DCTFWeb e registra o histórico de ajustes via PER/DCOMP. Regras de qualidade de dados incluem completude de eventos, unicidade por matrícula, coerência entre natureza de verba e incidência, reconciliação entre bases trabalhistas, contábeis e fiscais e versionamento de regras com data de vigência.

KPI essenciais por bloco de incidência

Contribuições previdenciárias patronais:

- Alíquota efetiva da CPP por CNPJ e por centro de custo.
- Base de incidência por rubrica e por vínculo.
- RAT efetivo e variação do FAP por estabelecimento.
- Participação de contribuintes individuais equiparados na base total.
- Efeito do décimo terceiro na sazonalidade.
- Impacto financeiro de decisões jurisprudenciais mapeadas.

Contribuições de terceiros:

- Alíquota efetiva agregada e por entidade.
- Base por rubrica e por centro de custo.
- Exclusões legais de verbas indenizatórias.
- Divergências entre folha e DCTFWeb.

- Materialidade de potenciais créditos por parametrização incorreta.
- Curva de autuações e notificações por motivo.

Key Performance Indicators (KPI) transversal:
- *Aging* de créditos e *status* de PER/DCOMP.
- Aderência a prazos legais.
- Reconciliação folha-contábil-fiscal.
- Variação de base por rubrica e detecção de incidências atípicas.
- Concentração de risco por unidade.

Regras analíticas e alertas de conformidade

As regras devem refletir jurisprudência e legislação vigentes, distinguindo verbas remuneratórias e indenizatórias e suas consequências em CPP, RAT e terceiros. Exemplos:
- Sinalizar inclusão indevida de verbas indenizatórias na base da CPP ou de terceiros.
- Checar consistência do RAT com o grau de risco e o FAP vigente por estabelecimento.
- Validar incidências de adicionais e horas extras como remuneratórias.
- Tratar corretamente décimo terceiro.
- Separar salário-maternidade conforme entendimento do STF.
- Refletir a inclusão do terço constitucional de férias conforme modulação.
- Diferenciar aviso prévio indenizado.
- Identificar efeitos de regimes substitutivos sobre a contribuição patronal e a permanência das contribuições de terceiros sobre a folha.

Cada regra deve gerar um alerta com materialidade estimada, trilha de evidências e recomendação de ação.

Automação robótica e reconciliações

Rotinas de RPA executam tarefas repetitivas e sensíveis a erro:
- Ingestão diária de eventos do eSocial e cargas periódicas da DCTFWeb.
- Reconciliação entre bases trabalhistas, contábeis e fiscais.
- Validação pré-fechamento de rubricas críticas.
- Cálculo do RAT efetivo com FAP corrente e comparação com o aplicado.
- Geração de relatórios de divergências.
- Preparação de rascunhos de PER/DCOMP com anexação automática de telas, relatórios e pareceres.
- Atualização do inventário de créditos com *status* processual.

Modelagem de cenários e priorização de projetos

Modelos preditivos estimam risco de autuação por perfil de rubrica, histórico de ajustes e comportamento de bases. Simuladores permitem ligar e desligar parâmetros jurisprudenciais e normativos para mensurar impacto nas bases de CPP, RAT e terceiros. A priorização de projetos de revisão considera materialidade, probabilidade de êxito, complexidade de implementação e prazo de retorno, com *roadmaps* que organizam *quick wins* e iniciativas estruturantes.

Evidências, governança e tomada de decisão

A governança integra jurídico, RH, DP, contabilidade e TI com papéis e responsabilidades definidos. Documentos-chave incluem catálogo de rubricas com natureza e incidência, matriz de decisões jurisprudenciais com datas de vigência e efeitos, *logs* de alterações, atas do comitê de *compliance*, dossiês probatórios de compensação e trilhas de auditoria do *pipeline*. Decisões são registradas com fundamento normativo e impacto financeiro, assegurando consistência entre contribuições previdenciárias patronais e contribuições de terceiros e permitindo respostas rápidas a alterações normativas e decisões judiciais.

ROTEIRO PRÁTICO DE IMPLEMENTAÇÃO E ESTUDOS DE CASO SINTÉTICOS

Preparação e governança inicial

Definir objetivos, escopo e marcos de entrega. Nomear *sponsor* executivo e instituir comitê multidisciplinar com jurídico, RH e DP, contabilidade e TI. Fixar política de evidências e de versionamento de regras. Mapear o parque de sistemas que alimentam e consomem dados do eSocial, EFD-Reinf, DCTFWeb e PER/DCOMP Web.

Diagnóstico e inventário de dados

Levantamento de rubricas, eventos e parâmetros de incidência para a CPP e para as contribuições de terceiros. Consolidação das bases por CNPJ, estabelecimento e centro de custo. Coleta do histórico de FAP por estabelecimento e da alíquota RAT aplicada. Inventário de débitos e créditos, inclusive eventos extraordinários como décimo terceiro, rescisões e afastamentos. Levantamento de decisões judiciais individuais e coletivas com impacto nas incidências.

Mapa jurídico e matriz de risco

Classificação das teses por probabilidade e impacto, separando verbas de natureza remuneratória e indenizatória e distinguindo efeitos em CPP, RAT e terceiros. Considerar coisa julgada, modulações e regimes substitutivos. Definir tratamentos: manter, ajustar, contestar, recuperar. Estimar o efeito financeiro por competência e por CNPJ, com cenários conservador e provável.

Checklist operacional resumido

- Coletar FAP e validar RAT por estabelecimento.
- Fechar catálogo de rubricas com natureza e incidências documentadas.
- Executar ensaio de fechamento eSocial e DCTFWeb com reconciliações.
- Rodar RPA de validações e gerar relatórios de divergência.
- Preparar dossiês e, se cabível, protocolar PER/DCOMP Web.
- Publicar painéis de KPI e KRI e agendar revisão trimestral.

ESTUDOS DE CASO SINTÉTICOS

Estudo A, saúde

Contexto: hospital geral com alta incidência de adicionais e plantões.

Ações:

- Reclassificação de adicionais e plantões com distinção entre parcelas remuneratórias e indenizatórias.
- Ajuste do enquadramento RAT e conferência do FAP por estabelecimento.
- Parametrização de salário-maternidade fora da base da CPP conforme precedente.
- Validação do tratamento do décimo terceiro.
- Implantação de RPA para reconciliação pré-fechamento.

Resultados: redução de pagamentos indevidos na CPP e em terceiros, dossiês robustos para PER/DCOMP e queda de inconsistências na DCTFWeb.

Estudo B, indústria

Contexto: planta com regime de turnos e política de prêmios variáveis.

Ações:

- Harmonização das regras de prêmios e de horas extras no catálogo de rubricas.

- Inclusão do terço constitucional de férias na base da CPP conforme entendimento vigente e exclusão de férias indenizadas quando cabível.
- Revisão das bases de terceiros por centro de custo.
- Criação de painéis para acompanhamento de alíquota efetiva e variações de base.
- *Logs* e trilhas de auditoria para alterações de rubricas.

Resultados: menor reincidência de glosas, previsibilidade do fechamento mensal e base de evidências para eventuais compensações.

Estudo C, serviços intensivos em mão de obra

Contexto: empresa sujeita à desoneração da folha.
Ações:

- Parametrização para CPP sobre a receita bruta conforme a lei aplicável.
- Manutenção da apuração de terceiros sobre a folha.
- Validações automáticas de natureza de verbas.
- Reconciliação mensal folha-contábil-fiscal.
- Mapa de risco jurídico atualizado.

Resultados: consistência entre regime substitutivo e contribuições de terceiros, mitigação de riscos e melhora no ciclo de caixa por redução de retrabalho e de autuações.

CONSIDERAÇÕES FINAIS

A gestão das incidências sobre a folha de pagamento, compreendendo a contribuição previdenciária patronal com RAT ajustado pelo FAP e as contribuições de terceiros do Setor S, exige dupla competência: leitura jurídica apurada e disciplina rigorosa de dados. A evolução jurisprudencial recente trouxe maior previsibilidade, com marcos que redefiniram a base de cálculo em pontos sensíveis, como a exclusão de parcelas de nítido caráter indenizatório, a inclusão de verbas de natureza remuneratória e a rejeição do antigo teto de 20 salários mínimos. Esse contexto, somado à fiscalização orientada por dados e à consolidação de eSocial, EFD-Reinf, DCTFWeb e PER/DCOMP Web, impõe às organizações a necessidade de transformar conformidade em processo contínuo, documentado e mensurável.

A inteligência de negócios, aplicada desde a origem dos eventos de folha até a confissão de débitos e à gestão de créditos, converte complexidade normativa em vantagem competitiva. Catálogos de rubricas versionados, matrizes de incidência por verba, trilhas de auditoria, KPI e *Key Risk Indicators* (KRI) específicos para CPP, RAT e terceiros e modelos de cenário alinhados à jurisprudência vigente reduzem assimetrias de informação e antecipam riscos. Comitês multidisciplinares que unam jurídico, RH, DP, contabilidade e TI, aliados a rotinas de RPA e regras analíticas, sustentam decisões tempestivas, padronizam evidências para compensações e diminuem a recorrência de glosas e autuações.

Como diretriz final, recomenda-se:

- Manter governança jurídica viva, atualizando a matriz de decisões e seus efeitos.
- Fortalecer a arquitetura de dados com reconciliação sistemática entre bases trabalhistas, contábeis e fiscais.
- Executar ciclos de testes pré-fechamento e revisões trimestrais do catálogo de rubricas.
- Priorizar projetos com maior materialidade e retorno comprovado.

Ao incorporar TIN ao ciclo tributário, as organizações pagam exatamente o que é devido, nem mais nem menos, com segurança jurídica, eficiência operacional e transparência perante a Administração e as partes interessadas.

REFERÊNCIAS

BRASIL. *Constituição da República Federativa do Brasil de 1988*. Disponível em: https://www.planalto.gov.br/ccivil_03/constituicao/constituicao.htm. Acesso em: 30 set. 2025.

BRASIL. *Decreto n. 3.048, de 6 de maio de 1999*. Aprova o Regulamento da Previdência Social. Disponível em: https://www.planalto.gov.br/ccivil_03/decreto/d3048.htm. Acesso em: 30 set. 2025.

BRASIL. *Decreto n. 6.957, de 9 de setembro de 2009*. Altera o Regulamento da Previdência Social para disciplinar o FAP. Disponível em: https://www.planalto.gov.br/ccivil_03/_ato2007-2010/2009/decreto/d6957.htm. Acesso em: 30 set. 2025.

BRASIL. *Decreto-lei n. 2.318, de 30 de dezembro de 1986*. Altera a legislação do salário-educação e dá outras providências. Disponível em: https://www.planalto.gov.br/ccivil_03/decreto-lei/del2318.htm. Acesso em: 30 set. 2025.

BRASIL. *Lei n. 6.950, de 4 de novembro de 1981*. Dispõe sobre a unificação de critérios para cálculo de contribuições e dá outras providências. Disponível em: https://www.planalto.gov.br/ccivil_03/leis/l6950.htm. Acesso em: 30 set. 2025.

BRASIL. *Lei n. 8.212, de 24 de julho de 1991*. Dispõe sobre a organização da Seguridade Social e institui o Plano de Custeio. Disponível em: https://www.planalto.gov.br/ccivil_03/leis/l8212cons.htm. Acesso em: 30 set. 2025.

BRASIL. *Lei n. 10.666, de 8 de maio de 2003*. Dispõe sobre o Fator Acidentário de Prevenção e outras providências. Disponível em: https://www.planalto.gov.br/ccivil_03/leis/2003/l10.666.htm. Acesso em: 30 set. 2025.

BRASIL. Receita Federal do Brasil. *Arrecadação das contribuições previdenciárias e de terceiros. Relatórios e estatísticas*. Disponível em: https://www.gov.br/receitafederal. Acesso em: 30 set. 2025.

BRASIL. Receita Federal do Brasil. *DCTFWeb - Manual do Usuário e Perguntas Frequentes*. Disponível em: https://www.gov.br/receitafederal/pt-br/assuntos/dctfweb. Acesso em: 30 set. 2025.

BRASIL. Receita Federal do Brasil. *EFD-Reinf - Guia Prático e leiautes do SPED*. Disponível em: https://www.gov.br/receitafederal/pt-br/assuntos/sped/efd-reinf. Acesso em: 30 set. 2025.

BRASIL. Receita Federal do Brasil. *eSocial - Manual de Orientação do eSocial (MOS) e Tabelas*. Disponível em: https://www.gov.br/esocial. Acesso em: 30 set. 2025.

BRASIL. Receita Federal do Brasil. *PER/DCOMP Web - Manual e orientações para compensação*. Disponível em: https://www.gov.br/receitafederal/pt-br/assuntos/perdcomp. Acesso em: 30 set. 2025.

BRASIL. Superior Tribunal de Justiça. *AgRg no REsp 973.125*. Não incidência de contribuição previdenciária patronal sobre os primeiros 15 dias que antecedem o auxílio-doença. Disponível em: https://www.stj.jus.br. Acesso em: 30 set. 2025.

BRASIL. Superior Tribunal de Justiça. *Embargos de divergência no Tema n. 1.079*. Manutenção da orientação firmada. Disponível em: https://www.stj.jus.br. Acesso em: 30 set. 2025.

BRASIL. Superior Tribunal de Justiça. *REsp n. 1.230.957/RS e correlatos*. Jurisprudência sobre férias gozadas, férias indenizadas e adicionais. Disponível em: https://www.stj.jus.br. Acesso em: 30 set. 2025.

BRASIL. Superior Tribunal de Justiça. *Tema n. 478 (recursos repetitivos)*. Não incidência de contribuição previdenciária sobre aviso prévio indenizado. Disponível em: https://www.stj.jus.br. Acesso em: 30 set. 2025.

BRASIL. Superior Tribunal de Justiça. *Tema n. 1.079 (recursos repetitivos)*. Contribuições parafiscais destinadas ao Sistema S, salário-educação e Incra. Inaplicabilidade do limite de 20 salários-mínimos após o DL n. 2.318/1986. Disponível em: https://www.stj.jus.br. Acesso em: 30 set. 2025.

BRASIL. Supremo Tribunal Federal. *Notícia institucional*: "Contribuição previdenciária sobre terço de férias será cobrada a partir de decisão sobre o tema". 12 jun. 2024. Disponível em: https://portal.stf.jus.br. Acesso em: 30 set. 2025.

BRASIL. Supremo Tribunal Federal. *Notícia institucional*: "STF afasta cobrança da contribuição previdenciária sobre salário-maternidade". 17 mar. 2023. Disponível em: https://portal.stf.jus.br. Acesso em: 30 set. 2025.

BRASIL. Supremo Tribunal Federal. *RE n. 576.967/PR*. Tema n. 72 da Repercussão Geral. Inconstitucionalidade da incidência de contribuição previdenciária patronal sobre salário-maternidade. Disponível em: https://portal.stf.jus.br. Acesso em: 30 set. 2025.

BRASIL. Supremo Tribunal Federal. *Tema n. 985 da Repercussão Geral*. Tese: "É legítima a incidência de contribuição social sobre o valor satisfeito a título de terço constitucional de férias". Disponível em: https://portal.stf.jus.br. Acesso em: 30 set. 2025.

INSTITUTO BRASILEIRO DE GEOGRAFIA E ESTATÍSTICA (IBGE). *Indicadores de mercado de trabalho*. Disponível em: https://www.ibge.gov.br. Acesso em: 30 set. 2025.

Capítulo **28**

Não cumulatividade plena e inteligência de negócios

Fabiana de Oliveira Fiuza Prado

INTRODUÇÃO

A reforma tributária brasileira, com a implementação do Imposto sobre Bens e Serviços (IBS) e da Contribuição sobre Bens e Serviços (CBS), inaugura um novo paradigma no sistema fiscal nacional, assentado sobre a promessa de não cumulatividade plena. A simplificação, a neutralidade e a transparência, pilares desse novo modelo, trazem consigo não apenas desafios de conformidade, mas também oportunidades estratégicas para empresas que souberem utilizar tecnologias de análise de dados e inteligência de negócios (BI) como ferramentas de gestão tributária.

Nesse contexto, o BI deixa de ser um mero suporte operacional para se tornar um ativo estratégico, capaz de otimizar a recuperação de créditos, evitar perdas por erros de apuração e gerar vantagem competitiva. Este artigo tem por objetivo demonstrar que a inteligência de negócios pode ser uma aliada na interpretação e aplicação correta das novas regras de crédito fiscal.

A NÃO CUMULATIVIDADE NA LEI COMPLEMENTAR N. 214/2025

Neste capítulo serão abordados, de forma breve, os conceitos abrangidos pelo tema, a não cumulatividade, conforme descrito na Lei Complementar (LC) n. 214/2025.

Não cumulatividade plena do IBS e da CBS

A reforma tributária modificou a sistemática da não cumulatividade, passando a ser denominada plena. As regras atuais da não cumulatividade garantem que o imposto pago em etapas anteriores da cadeia produtiva possa ser compensado, evitando assim a temida tributação em cascata.

A não cumulatividade é um princípio constitucional no âmbito do direito tributário brasileiro, à luz da interpretação das regras previstas nos arts. 153, IV, § 3º, II, e 155, II, § 2º, I, da Constituição Federal. Esse princípio torna o sistema mais justo, reduzindo distorções econômicas e estimulando a competitividade das empresas.

No Brasil, esse princípio foi consolidado principalmente nos tributos sobre consumo, como o Imposto sobre Circulação de Mercadorias e Serviços (ICMS) e o Programa de Integração Social/Contribuição para o Financiamento da Seguridade Social (PIS/Cofins), e agora se fortalece com a implementação da CBS e do IBS pela LC n. 214/2025.

Assim, a lei complementar em comento garante que a CBS e o IBS sejam totalmente não cumulativos, o que possibilita que todos os impostos pagos na cadeia produtiva sejam compensados, trazendo inúmeros benefícios para o sistema tributário brasileiro. Vejamos:

- **Aumento da competitividade:** possibilita que a economia brasileira tenha maior competividade, haja vista que o modelo de Imposto sobre Valor Agregado (IVA) dual adotado é semelhante ao de muitos países desenvolvidos.
- **Redução de custos:** considerando que as empresas poderão compensar integralmente os tributos pagos nas etapas anteriores, haverá uma redução do custo de produção.

Diante do exposto, importante mencionar que temos muitos desafios em relação a esse tema. Por exemplo, a definição dos insumos que gerarão créditos tributários e a forma de compensação desses valores. Ressalta-se que o texto legal exclui a possibilidade da tomada de créditos nas aquisições de produtos ou serviços para uso e consumo pessoal.

Por isso se torna tão importante a regulamentação desses pontos ainda descobertos, para garantir aos contribuintes a efetiva funcionalidade da não cumulatividade plena.

Apropriação de créditos

Considerando que a LC n. 214/2025 garante que a CBS e o IBS sejam totalmente não cumulativos, possibilitando a compensação dos impostos, abordaremos neste tópico as principais regras da apropriação de créditos.

O art. 47 da LC n. 214/2025 dispõe, de forma clara, sobre essa apropriação de créditos tributários pelo contribuinte enquadrado no regime regular da CBS e do IBS. Dentre os requisitos fundamentais, destacam-se:

- **Extinção do débito tributário:** o direito ao crédito tributário surge quando ocorre a extinção do tributo incidente sobre as operações de aquisição.
- **Vedação à compensação cruzada:** o contribuinte não pode compensar créditos de IBS com valores devidos de CBS e vice-versa. Com essa segregação, o Fisco evita distorções no sistema de arrecadação e mantém a rastreabilidade dos tributos.
- **Documento fiscal eletrônico idôneo:** visando combater fraudes tributárias e fortalecer o controle fiscal, a comprovação da operação por meio de nota fiscal eletrônica torna-se um pré-requisito para a apropriação do crédito.

Além disso, a legislação permite a apropriação de créditos mesmo em aquisições feitas de empresas do Simples Nacional, conforme interpretação do art. 47, § 3º, da LC n. 214/2025, desde que atendidos os critérios de comprovação fiscal. Esse mecanismo evita que empresas do regime regular tenham desvantagens ao negociar com contribuintes optantes pelo Simples Nacional.

Exceções e obrigações do contribuinte

A LC n. 214/2025 impõe algumas exceções e obrigações aos contribuintes, que podem ser observadas a seguir:

- **Estorno de créditos:** o art. 47, §§ 6º e 7º, da LC n. 214/2025 define as situações em que o contribuinte deve realizar o estorno dos créditos apropriados, tais como:
  - Deterioração, extravio, roubo ou furto do bem adquirido.
  - Devolução de bens e serviços para fornecedores em operações não sujeitas ao regime regular.
  - Falência de adquirentes que não tenham permitido a apropriação de créditos (art. 47, § 11).

Em relação aos bens do ativo imobilizado, o estorno dos créditos ocorre proporcionalmente à vida útil do bem e às taxas de depreciação. Assim, as empresas são impedidas de utilizar créditos integralmente sobre bens que tenham sido inutilizados antes do fim de sua vida útil.

- **Operações com tratamento diferenciado:** o art. 49 da LC n. 214/2025 estabelece que operações isentas, imunes ou tributadas com alíquota zero, diferimento ou suspensão não permitem a apropriação de créditos. Isso significa que, em determinadas situações, mesmo que um contribuinte adquira bens ou serviços, ele não poderá aproveitar créditos referentes ao IBS e à CBS, pois o tributo não foi pago na etapa anterior.

Por último, cabe destacar a exceção quanto à possibilidade de utilização de créditos presumidos, em casos previstos em lei. Tal mecanismo visa corrigir distorções e garantir que as empresas de alguns setores possam se beneficiar da não cumulatividade, ainda que em algumas operações, à primeira vista, pareçam não gerar créditos.

DA INTELIGÊNCIA DE NEGÓCIOS COMO ALIADA ESTRATÉGICA

A inteligência de negócios emerge como ferramenta indispensável à gestão tributária eficiente. Isso porque os sistemas integrados de ERP (*Enterprise Resource Planning*) e BI podem classificar automaticamente itens passíveis de crédito, gerar simulações de fluxo de caixa considerando *split payment* e regimes especiais, monitorar o percentual de aproveitamento de créditos e identificar oportunidades de elisão lícita.

Empresas que implementarem *dashboards* tributários poderão não apenas reduzir custos, mas evitar passivos por créditos indevidos. Assim, no ambiente tributário, o BI pode ser estruturado para:

- **Mapeamento de fluxos tributários:** identificação de todas as etapas de aquisição e fornecimento para correta apropriação de crédito.
- **Integração de ERP, NF-e e sistemas fiscais:** adequação ao novo *layout* com campos de IBS e CBS, regime e *split payment* obrigatórios.
- **Monitoramento do perfil dos bens e serviços:** classificar corretamente aqueles que geram crédito e evitar riscos de estorno.
- **Simulações financeiras e planejamento tributário:** prever impacto nos fluxos de caixa (considerando *split payment*) e otimizar precificação.
- ***Dashboards* gerenciais e indicadores-chave:** percentuais de crédito aproveitado, créditos estornados e comparativo de regimes diferenciados.

Por fim, essa abordagem permite que o gestor tributário atue de forma proativa e não apenas reativa, transformando a gestão fiscal em um diferencial competitivo.

Do papel estratégico do BI na maximização dos créditos

Como mencionado, na não cumulatividade plena as empresas terão direito a um conjunto significativamente mais amplo de créditos, cuja correta identificação dependerá de dados confiáveis e estruturados.

Considerando a possibilidade da tomada de créditos de forma plena, surge a necessidade de um *compliance* tributário assertivo. Nesse ponto, é de suma importância que a empresa disponha de um sistema operacional bem estruturado, organizado. Um sistema de BI bem desenhado permitirá:

- **Automação de conciliações fiscais:** conferência automática das notas fiscais de entrada com as de saída, evitando divergências.
- **Detecção de oportunidades de crédito:** identificação de itens que antes não geravam crédito e agora passam a ser aproveitáveis.
- **Gestão de saldos acumulados:** acompanhamento em tempo real para decisões sobre compensação ou pedido de ressarcimento.
- **Rastreabilidade total:** histórico detalhado que fortalece a posição do contribuinte em eventual fiscalização.

Essa abordagem reduz o risco de passivos tributários e aumenta a eficiência financeira da empresa.

Integração entre BI e governança tributária

A inteligência de negócios, para surtir efeito prático, precisa estar integrada a uma governança tributária sólida.

Para tanto, é importante que a empresa tenha políticas internas claras para classificação de despesas e apropriação de créditos, realize treinamento contínuo das equipes para correta alimentação dos sistemas e faça auditorias internas regulares apoiadas em indicadores extraídos do BI. Além de realizar um *compliance* preditivo, que antecipa e corrige inconsistências antes que sejam detectadas pelo Fisco.

Isso porque, quando alinhada à governança, a tecnologia deixa de ser apenas uma ferramenta e se torna parte do DNA operacional da empresa.

Nesse sentido, importante ressaltar que a governança tributária traz alguns desafios, como a integração de sistemas e atualizações de ERP, o que pode deixar a empresa exposta a eventualmente deixar de entregar alguma obrigação acessória por falta de atualizações necessárias que estão em desacordo com a legislação vigente.

Ademais, a empresa precisa passar por uma mudança cultural, para que as áreas tenham maior interação e estejam com seus propósitos alinhados à nova realidade. Com isso, no momento dos treinamentos contínuos, por exemplo, as equipes alinhadas com a mudança de cultura conseguirão absorver de fato como utilizar corretamente os sistemas e assim trazer maiores benefícios para a empresa.

Por fim, a parte regulatória também apresenta um desafio, pela necessidade de constante acompanhamento de atos normativos complementares.

No entanto, a empresa que investir desde já em BI estará à frente da curva, preparada não apenas para cumprir a legislação, mas para extrair valor estratégico dessa mudança.

CONSIDERAÇÕES FINAIS

A não cumulatividade plena representa não apenas uma mudança de técnica legislativa, mas uma transformação paradigmática na forma como empresas lidam com sua carga tributária. Nesse cenário, a inteligência de negócios deixa de ser um luxo tecnológico para tornar-se necessidade operacional e estratégica.

Ao possibilitar a gestão analítica e preditiva dos créditos tributários, o BI fortalece a governança corporativa, eleva o nível de conformidade e cria condições para que a promessa de neutralidade econômica da reforma tributária se materialize de forma concreta. Em outras palavras, quem dominar os dados dominará também os resultados tributários.

REFERÊNCIAS

BRASIL. *Código Tributário Nacional.* Dispõe sobre o Sistema Tributário Nacional e institui normas gerais de direito tributário aplicáveis à União, Estados e Municípios [Código Tributário Nacional]. Disponível em: https://www.planalto.gov.br/ccivil_03/LEIS/L5172Compilado.htm. Acesso em: 16 maio 2025.

BRASIL. *Constituição da República Federativa do Brasil de 1988.* Disponível em: https://www.planalto.gov.br/ccivil_03/Constituicao/Constituicao.htm. Acesso em: 15 abr. 2025.

BRASIL. *Emenda Constitucional n. 132, de 20 de dezembro de 2023.* Altera o Sistema Tributário Nacional e dá outras providências. Disponível em: https://www.planalto.gov.br/ccivil_03/constituicao/emendas/emc/emc132.htm. Acesso em: 16 maio 2025.

BRASIL. *Lei Complementar n. 214, de 16 de janeiro de 2025.* Institui o Imposto sobre Bens e Serviços (IBS), a Contribuição Social sobre Bens e Serviços (CBS) e o Imposto Seletivo (IS); cria o Comitê Gestor do IBS e altera a legislação tributária. Disponível em: https://www.planalto.gov.br/ccivil_03/leis/lcp/Lcp214.htm. Acesso em: 10 maio 2025.

VASQUES, Ana Carolina Brasil; TAPIAS, Camila Abrunhosa, FACHINELLO, Francine (coord.). *Tributário por elas.* São Paulo: NSM, 2025.

Capítulo **29**

Tributação e Inteligência de Negócios no mercado imobiliário: limites constitucionais da tributação imobiliária municipal – o ITBI à luz do STF e o novo regime jurídico do IPTU pós-reforma tributária

Eliana M. Freitas

INTRODUÇÃO

O Imposto sobre Transmissão de Bens Imóveis *Inter Vivos* (ITBI), de competência municipal, figura como uma das principais fontes de receita dos entes locais, incidindo sobre operações onerosas de transmissão de propriedade de bens imóveis e de direitos a eles relativos. A base de cálculo e o fato gerador do ITBI têm sido objeto de intensos debates jurídicos, sobretudo diante da prática reiterada de atribuição unilateral de valores de referência pelo Fisco municipal, sem o devido processo administrativo fiscal, gerando significativa insegurança jurídica.

Essa controvérsia foi enfrentada pelo Supremo Tribunal Federal (STF) no julgamento do Tema n. 1.124, com repercussão geral reconhecida, que delimitou de forma objetiva o momento do fato gerador do ITBI, vinculado à efetiva transferência da propriedade com registro no Cartório de Imóveis, nos termos do art. 1.245 do Código Civil (CC), e reafirmou os limites constitucionais à atuação dos municípios na constituição do crédito tributário.

Diante desse cenário, este capítulo tem por objetivo analisar os contornos jurídicos do fato gerador do ITBI à luz da jurisprudência do STF, bem como discutir a inconstitucionalidade da fixação da base de cálculo com base em valores arbitrados unilateralmente, sem observância do devido processo legal, do contraditório e da ampla defesa, conforme garantido pelo art. 5º, LIV e LV, da Constituição Federal (CF). Ao fim, pretende-se evidenciar a necessidade de compatibilização entre a eficiência arrecadatória e os direitos fundamentais do contribuinte, em consonância com os princípios da legalidade, da segurança jurídica e da justiça fiscal.

Complementarmente ao ITBI, impõe-se a análise do Imposto sobre a Propriedade Predial e Territorial Urbana (IPTU), previsto no art. 156, I, da CF/88, igualmente relevante no contexto tributário municipal. Trata-se de tributo de natureza direta que incide sobre a propriedade, o domínio útil ou a posse de bem imóvel urbano, tendo como base de cálculo o valor venal do imóvel, conforme estabelecido em lei municipal, que disciplina alíquotas, isenções e critérios de lançamento. Além de sua função arrecadatória, o IPTU exerce função extrafiscal relevante na promoção da política urbana, da justiça social e da função social da propriedade, conforme os arts. 182 e 5º, XXIII, da CF e o Estatuto da Cidade.

A recente Emenda Constitucional (EC) n. 132/2023, ao autorizar a atualização da base de cálculo por critérios legais fixados em decreto municipal, ampliou a autonomia dos entes locais, suscitando novos desafios jurídicos e constitucionais. Este capítulo examina os principais aspectos dessa transformação, com foco na compatibilização entre arrecadação eficiente e respeito aos direitos fundamentais do contribuinte.

O ITBI À LUZ DO STF: FATO GERADOR E BASE DE CÁLCULO À PROVA DE ARBITRARIEDADES

O ITBI no sistema constitucional tributário brasileiro

O ITBI, de competência municipal, está previsto no art. 156, II, da CF/88, incidindo sobre a transmissão *inter vivos*, por ato oneroso, de bens imóveis e direitos reais sobre imóveis (exceto garantias), inclusive cessão de direitos a sua aquisição. No plano infraconstitucional, o Código Tributário Nacional (CTN) regula o imposto nos arts. 35 a 42.

A interpretação sistemática desses dispositivos, em conjunto com o art. 1.245 do CC, condiciona a exigência do ITBI à efetiva transmissão da propriedade ou direito real, o que ocorre com o registro do título translativo no cartório.

Assim, o imposto não incide sobre compromissos de compra e venda, que não produzem efeitos reais. A doutrina é unânime ao reconhecer que o fato gerador do ITBI depende de alteração concreta da titularidade do direito.

A correta definição do momento do fato gerador é fundamental para assegurar a legalidade da cobrança e delimitar com precisão o alcance material do tributo, conforme jurisprudência do STF.

O fato gerador do ITBI e o entendimento do STF no Tema n. 1.124

A definição do momento do fato gerador do ITBI gerou controvérsias, especialmente pela prática de alguns municípios de exigir o tributo na lavratura da escritura, antes do registro imobiliário, criando insegurança jurídica.

O STF, no Recurso Extraordinário (RE) n. 1.294.969/SP (Tema n. 1.124, com repercussão geral), fixou a tese de que "o fato gerador do ITBI somente ocorre com a efetiva transferência da propriedade imobiliária, que se dá mediante o registro do título translativo no cartório de registro de imóveis".

A decisão fundamentou-se na interpretação conjunta da Constituição Federal, do art. 35 do CTN e do art. 1.245 do CC, excluindo a incidência do ITBI sobre promessas, compromissos ou cessões não registradas.

O julgamento pôs fim à cobrança antecipada do ITBI antes do registro, estabelecendo critérios claros para sua exigibilidade. Em agosto de 2022, o STF acolheu embargos do Município de São Paulo, suspendendo os efeitos da tese quanto às cessões de direitos de compra e venda não registradas, tema ainda pendente de decisão definitiva.

Enquanto isso, a jurisprudência dominante mantém a orientação de que não há incidência do ITBI sem registro imobiliário.

A base de cálculo do ITBI e a inconstitucionalidade da arbitragem unilateral pelo Município

A definição da base de cálculo do ITBI gera frequentes conflitos entre a autoridade tributária municipal e os direitos dos contribuintes. Embora a legislação municipal costume fixar como base o "valor venal do bem ou direito transmitido", muitos fiscos tratam esse valor como sinônimo de "valor de referência" arbitrado, desvinculado do valor real da transação.

O STJ, no Recurso Especial (REsp) n. 1.937.821/SP (Tema n. 113), firmou que a base de cálculo do ITBI é o valor venal de mercado do imóvel, e que o valor declarado na transação goza de presunção de veracidade, prevalecendo salvo prova fundamentada de subavaliação obtida mediante procedimento regular. O Fisco, portanto, não pode presumir unilateralmente a falsidade do valor declarado e arbitrar outro valor como base de cálculo.

Ao ignorar o valor efetivo da transação e adotar montante fictício, o município afronta a capacidade contributiva e pratica lançamento arbitrário. Por isso, o contraditório e a ampla defesa são garantias essenciais para qualquer reajuste fiscal nessa matéria.

IPTU: ASPECTOS JURÍDICOS, FUNÇÃO SOCIAL E IMPACTOS DA REFORMA TRIBUTÁRIA

O que é IPTU: base legal e função social

O IPTU é tributo de competência exclusiva dos municípios, conforme o art. 156, I, da CF/88, devendo ser instituído por lei ordinária municipal, em consonância com os princípios constitucionais tributários previstos nos arts. 145 a 150 da CF/88 e nos arts. 32 a 34 do CTN.

Nos termos do art. 32 do CTN, o fato gerador do IPTU é a propriedade, o domínio útil ou a posse de bem imóvel localizado em zona urbana. Para essa caracterização, exige-se a existência de ao menos dois melhoramentos públicos entre os descritos no mesmo artigo: calçamento com canalização de águas pluviais, abastecimento de água, esgoto sanitário, iluminação pública e proximidade (até 3 quilômetros) de escola primária ou posto de saúde.

A base de cálculo do imposto é o valor venal do imóvel e as alíquotas são definidas por lei municipal, respeitando os princípios da legalidade, anterioridade e capacidade contributiva.

Além de sua função arrecadatória, o IPTU exerce função extrafiscal, sendo instrumento de política urbana para promover o uso adequado da propriedade. Conforme o art. 182 da CF/88, cabe ao município ordenar o desenvolvimento urbano e garantir a função social da cidade. Nessa linha, a Constituição admite a progressividade das alíquotas, especialmente para imóveis ociosos ou subutilizados.

Essa função extrafiscal também encontra respaldo no Estatuto da Cidade (Lei n. 10.257/2001), que autoriza o uso de instrumentos tributários para efetivar a função social da propriedade urbana.

Portanto, o IPTU tem natureza dual: arrecadatória e regulatória, sendo essencial para o financiamento municipal e para o planejamento urbano. Sua aplicação deve observar o equilíbrio entre a arrecadação e os direitos fundamentais dos contribuintes.

Sujeito passivo do IPTU: quem paga?

A definição do sujeito passivo do IPTU é regida pelo art. 34 do CTN, que dispõe: "contribuinte do IPTU é o proprietário do imóvel, o titular de seu domínio útil, ou o seu possuidor a qualquer título". Essa amplitude normativa permite incluir no polo passivo não apenas o proprietário formal, mas também quem exerce posse com ânimo de domínio.

A titularidade do domínio útil refere-se a situações como enfiteuse e aforamento, nas quais há direito real de uso do bem. A expressão "possuidor a qualquer título" abrange figuras como o usufrutuário e o comodatário, mas somente configura responsabilidade tributária quando há posse qualificada com traços de domínio.

O STJ reconhece que a posse com ânimo de domínio, ainda que não registrada, legitima a exigência do IPTU, desde que haja demonstração fática do exercício dos poderes inerentes à propriedade (REsp n. 1.111.202/SP, *DJe* 06.04.2010).

Por outro lado, a jurisprudência limita a responsabilização do mero detentor como o locatário, que, embora possa assumir contratualmente o pagamento do imposto, não é contribuinte perante o Fisco. A responsabilidade principal permanece com o proprietário.

Admite-se ainda que, diante da dificuldade de localizar o titular formal, o município direcione a cobrança ao ocupante de fato, desde que comprovado o caráter de domínio da posse e respeitados o devido processo legal e a ampla defesa.

Base de cálculo do IPTU

A base de cálculo do IPTU, conforme o art. 33 do CTN, é o valor venal do imóvel urbano, entendido como o montante que o bem alcançaria em venda à vista, em condições normais de mercado, sem fatores atípicos influenciando as partes. Trata-se de uma estimativa fiscal e não do valor real de negociação.

A definição do valor venal é competência municipal, sendo fixado por meio da Planta Genérica de Valores (PGV), que estipula os valores unitários por metro quadrado de terreno e edificação, com base em critérios como localização, padrão construtivo, zoneamento e infraestrutura. A PGV, aprovada por lei municipal, é atualizada periodicamente.

Importante distinguir valor venal de valor de mercado: o primeiro é um parâmetro tributário padronizado; o segundo resulta da livre negociação entre particulares. Essa diferenciação afasta eventuais alegações de confisco e reforça a constitucionalidade da incidência do IPTU.

Reforma tributária e o IPTU: Emenda Constitucional n. 132/2023

A EC n. 132/2023, que trata da reforma tributária, apesar de tratar principalmente da tributação sobre consumo, também trouxe mudança para o IPTU, acrescentando o inciso III ao § 1º do art. 156 da CF/88 e trazendo maior segurança jurídica ao explicitar que a base de cálculo do IPTU pode ser atualizada por meio de ato do Poder Executivo municipal (decreto), conforme critérios gerais estabelecidos em lei municipal, desde que observados os princípios constitucionais. Esse dispositivo representa um marco na autonomia tributária dos municípios.

Vale ressaltar que o dispositivo pode impactar posicionamentos anteriores do STJ e do STF, por exemplo, a Súmula n. 160 do STJ, que determina que é defeso ao município atualizar o IPTU, mediante decreto.

IPTU e progressividade

A progressividade do IPTU é uma expressão da função extrafiscal do tributo, voltada a desestimular a ociosidade de imóveis e promover justiça social na ocupação urbana. Tem respaldo no art. 156, § 1º, I, da CF/88, e é regulamentada pelo Estatuto da Cidade (Lei n. 10.257/2001).

Esse modelo permite alíquotas crescentes conforme o valor venal, localização e uso do imóvel, refletindo a capacidade contributiva do proprietário e incentivando o uso racional da propriedade.

Desde que aplicada com responsabilidade e critérios claros, a progressividade é instrumento legítimo de justiça fiscal e planejamento urbano, devendo observar a legalidade e a proporcionalidade na fixação das alíquotas por faixa de valor e destinação.

Imunidades e isenções de IPTU

O ordenamento jurídico brasileiro prevê imunidades constitucionais e isenções legais aplicáveis ao IPTU, ambas com o mesmo efeito prático: a exclusão da obrigação tributária em determinadas situações.

As imunidades, previstas diretamente na Constituição Federal, funcionam como limitações ao poder de tributar, estando as principais relativas ao IPTU no art. 150, VI, *a*, *b* e *c*.

Já a isenção depende de lei ordinária municipal, que pode concedê-la conforme critérios locais. Trata-se de benefício fiscal discricionário, condicionado a prazo, categoria de contribuinte ou situação específica.

Sua concessão exige previsão legal expressa e o cumprimento dos critérios nela definidos, sendo necessário, em regra, requerimento formal e apresentação de documentos ao Fisco. O não atendimento desses requisitos pode acarretar a cobrança integral do tributo.

CONSIDERAÇÕES FINAIS

Fazendo uma análise a respeito do Imposto sobre a Transmissão de Bens Imóveis *Inter Vivos* (ITBI), à luz da jurisprudência constitucional e infraconstitucional, revela-se a necessidade premente de reafirmação dos limites legais e constitucionais ao poder de tributar dos municípios. Como imposto de competência local, o ITBI deve ser interpretado dentro dos marcos estritos da legalidade tributária (art. 150, I, da CF/88), da segurança jurídica e da capacidade contributiva, princípios estruturantes do Estado Democrático de Direito.

A decisão do STF no Tema n. 1.124, ao reconhecer que o fato gerador do ITBI ocorre apenas com o registro do título no Cartório de Registro de Imóveis (conforme o art. 1.245 do CC), reafirma a centralidade da tipicidade tributária como limite à incidência do imposto. Ao mesmo tempo, coíbe a prática recorrente de antecipação indevida da cobrança, desassociada do efetivo fato gerador, o que fortalece o respeito ao contribuinte enquanto sujeito de direitos e obrigações.

No mesmo sentido, a jurisprudência do STJ tem prestigiado a ideia de que a base de cálculo do ITBI deve refletir o valor real da operação, e que qualquer divergência em relação ao valor declarado exige a instauração de procedimento fiscal regular, com observância ao contraditório e à ampla defesa (art. 5º, LV, da CF/88). A atribuição compulsória de valores de referência, sem possibilidade de impugnação administrativa, compromete não apenas os princípios constitucionais, mas o equilíbrio entre arrecadação e justiça fiscal.

Diante disso, é fundamental que os municípios reavaliem suas práticas fiscais, ajustando suas legislações e procedimentos administrativos à luz dos entendimentos consolidados pelo STF e pelo STJ. Assim, tanto o fato gerador quanto a base de cálculo do ITBI devem ser fixados com base em critérios jurídicos objetivos e em conformidade com os direitos fundamentais do contribuinte, sob pena de se institucionalizar uma tributação abusiva, desprovida de respaldo constitucional e de suporte ético-jurídico.

No tocante ao IPTU, para além de seu caráter arrecadatório, o tributo se qualifica como instrumento de gestão urbana e de concretização de políticas públicas, permitindo ao município intervir no ordenamento territorial, promover justiça fiscal e financiar serviços essenciais. Previsto no art. 156, I, da CF/88 e disciplinado nos arts. 32 a 34 do CTN, sua aplicação depende de normas infraconstitucionais locais e de interpretações administrativas e judiciais sobre temas como sujeito passivo, valor venal, progressividade, imunidades e isenções.

A EC n. 132/2023 fortaleceu a autonomia municipal ao permitir a atualização da base de cálculo do IPTU por meio de decreto fundamentado em critérios legais, promovendo maior eficiência tributária e segurança jurídica, desde que observados os princípios constitucionais. A progressividade reafirma a função extrafiscal do IPTU, combatendo a especulação imobiliária e incentivando o cumprimento da função social da propriedade urbana (art. 182, § 4º, II, da CF/88; Estatuto da Cidade, arts. 7º a 9º). Já as imunidades e isenções têm papel relevante na proteção de direitos fundamentais e na preservação de interesses públicos relevantes.

Compreender o IPTU sob seus múltiplos aspectos – legal, econômico, urbanístico e social – é fundamental para operadores do direito, gestores públicos e cidadãos. Sua aplicação adequada é estratégica não apenas para a justiça fiscal, mas para a construção de cidades mais justas, sustentáveis e comprometidas com a cidadania tributária.

Diante da relevância do ITBI e do IPTU para a estrutura fiscal e a governança urbana dos municípios, é imperativo que suas exigências se pautem por critérios de legalidade estrita, transparência e respeito ao contribuinte como sujeito constitucional de direitos. A consolidação de uma cultura fiscal baseada na segurança jurídica, no devido processo legal e na proporcionalidade da carga tributária não representa um obstáculo à arrecadação – ao contrário, constitui o único caminho sustentável para sua legitimidade. Municípios que alinham seus sistemas tributários às diretrizes constitucionais e jurisprudenciais fortalecem não apenas suas finanças, mas também a confiança institucional e o pacto federativo. Em tempos de transformação digital, inteligência fiscal e ampliação da autonomia municipal, a tributação justa não é apenas uma escolha técnica, mas um compromisso político com a cidadania fiscal e com o desenvolvimento urbano inclusivo e sustentável.

REFERÊNCIAS

BRASIL. *Constituição da República Federativa do Brasil de 1988*. Disponível em: https://www.planalto.gov.br/ccivil_03/constituicao/constituicao.htm. Acesso em: 28 jul. 2025.

BRASIL. *Decreto-lei n.* 5.172, de 25 de outubro de 1966. Dispõe sobre o Sistema Tributário Nacional e institui normas gerais de direito tributário aplicáveis à União, Estados e Municípios [Código Tributário Nacional]. Disponível em: https://legislacao.presidencia.gov.br/ficha/?/legisla/legislacao.nsf/Viw_Identificacao/lei%205.172-1966. Acesso em: 28 jul. 2025.

BRASIL. *Emenda Constitucional n. 132, de 20 de dezembro de 2023*. Altera o sistema tributário nacional e dá outras providências. Disponível em: https://www.planalto.gov.br/ccivil_03/constituicao/emendas/emc/emc132.htm. Acesso em: 29 jul. 2025.

BRASIL. *Lei n. 10.257, de 10 de julho de 2001*. Regulamenta os arts. 182 e 183 da Constituição Federal, estabelece diretrizes gerais da política urbana. Disponível em: https://www.planalto.gov.br/ccivil_03/leis/leis_2001/l10257.htm .Acesso em: 29 jul. 2025.

BRASIL. *Lei n. 10.406, de 10 de janeiro de 2002*. Institui o Código Civil. Disponível em: https://www.planalto.gov.br/ccivil_03/leis/2002/l10406compilada.htm. Acesso em: 28 jul. 2025.

BRASIL. Superior Tribunal de Justiça. Recurso Especial n. 1.111.202/SP. Relator: Min. Mauro Campbell Marques, julgado em 10 de junho de 2025. *Diário da Justiça Eletrônico*, Brasília, DF, 6 abr. 2010. Disponível em: https://www.stj.jus.br/. Acesso em: 29 jul. 2025.

BRASIL. Superior Tribunal de Justiça. Súmula n. 160: "É defeso, ao município, atualizar o IPTU, mediante decreto, em percentual superior ao índice oficial de correção monetária". *Revista de Súmulas do STJ*, São Paulo: STJ, 1. Seção, julgado em 12 de junho de 1996. *Diário da Justiça*, 19 jun. 1996, p. 21940. Disponível em: https://www.stj.jus.br/. Acesso em: 29 jul. 2025.

BRASIL. Supremo Tribunal Federal. *Recurso Extraordinário n. 796.376/SC* (Tema 1124 – repercussão geral). Rel. Min. Marco Aurélio, julgado em 5 de agosto de 2020. Disponível em: https://portal.stf.jus.br/. Acesso em: 29 jul. 2025.

BRASIL. Supremo Tribunal Federal. *Recurso Extraordinário n. 1.294.969/SP.* Relator: Min. Luiz Fux, julgado em 29 de agosto de 2022. Plenário Virtual. Disponível em: https://portal.stf.jus.br/. Acesso em: 29 jul. 2025.

BRASIL. Superior Tribunal de Justiça. *Recurso Especial n. 1.937.821/SP.* Relator: Min. Og Fernandes, julgado em 21 de outubro de 2022. Disponível em: https://www.stj.jus.br. Acesso em: 29 jul. 2025.

Capítulo **30**

Irbes – Índice de Retorno de Bem-Estar à Sociedade: um retrato da situação geral e do Brasil, em particular

João Eloi Olenike

INTRODUÇÃO

O tema aqui proposto tem como objetivo demonstrar toda a sistemática que envolve a criação e aplicação do padrão indicador denominado **Índice de Retorno de Bem-Estar à Sociedade** (Irbes), desde a motivação de sua existência, a metodologia utilizada para sua origem, os ideais de conscientização de seus resultados, bem como mostra que sua aplicação tem uma importância muito sólida em relação ao conhecimento por parte dos brasileiros, da real situação do nosso país, quando se trata do binômio arrecadação de tributos × investimentos para a melhoria de vida da população do país, o que se insere, dentro de uma contextualização mundial, como um assunto superimportante para todos os habitantes da esfera global.

JUSTIFICATIVA PARA CRIAÇÃO DO ÍNDICE

Nossa entidade, o Instituto Brasileiro de Planejamento e Tributação (IBPT), do qual, neste momento, sou o Presidente Executivo, teve sua fundação na data de 12 de dezembro de 1992, tem como uma de suas finalidades:

> Realizar estudos, pesquisas, pareceres e serviços técnicos de natureza tributária, fiscal, contábil, administrativa, econômica ou de finanças públicas, de administração ou economia tecnológica, para fins históricos, científicos, tecnológicos ou estatísticos.

A principal meta dessa finalidade é a conscientização da população brasileira da real situação do país, em relação à carga tributária brasileira e à aplicação dos recursos arrecadados em prol da melhoria da qualidade de vida da nossa população.

Diante disso, foram feitos muitos estudos nesse sentido, corroborando sempre o nosso entendimento de que a arrecadação de tributos era muito expressiva e se avolumava de forma substancial ano após ano, mas não víamos melhora em benefício do povo brasileiro.

Uma vez que colocávamos essa situação como verdadeira em face dos resultados de nossos trabalhos, mas não havia uma fórmula matemática que apontasse para a prova numérica dessa constatação, resolvemos, no ano de 2011 criar um índice que assim demonstrasse essa realidade.

SURGIMENTO DO ÍNDICE

Durante o ano de 2011, com o envolvimento de muitas pessoas de qualidade ímpar em termos de conhecimento técnico e profissional, em uma grande junta de *expertises* multidisciplinar, foi elaborado o projeto de criação de um padrão indicador que viesse a cumprir o objetivo principal: demonstrar na prática, com números, o que nossos estudos tributários anteriores já demonstravam, ou seja, a desproporcionalidade, em nosso país, do retorno dos tributos arrecadados, sempre e cada vez mais volumosos, em relação à falta crônica de uma melhoria na qualidade de vida de nossa população.

Para essa consecução precisaríamos da utilização de índices que, conjugados, refletissem, por meio de números, a real situação que demonstrasse a nossa assertiva aqui já explicada.

Após inúmeros estudos, foi eleita como representante do fator arrecadação de tributos a carga tributária × PIB (em inglês denominada *tax-to-GDP*), e como fator da qualidade de vida o IDH (Índice de Desenvolvimento Humano).

Após essa etapa precisávamos ainda determinar o grau de importância de cada um desses fatores na constituição final do Irbes, que seria o somatório dessas duas grandezas, ponderadas pelo seu grau de importância para a população.

Nesse estágio, resolvemos fazer uma pesquisa de opinião para que fosse determinado o percentual de importância para os componentes do Irbes, levando em conta o total dos dois fatores em 100%. Ouvimos diversas pessoas, envolvendo diversas atividades de prestação de serviços intelectuais que se encontravam dentro do grau de conhecimento das atividades pertinentes aos estudos do IBPT, e o resultado majoritário dessa ação foi: grau de importância de 15% para a carga tributária e de 85% para o IDH.

Definida essa fase, partimos para a elaboração da metodologia de criação do nosso índice.

METODOLOGIA DE CÁLCULO DO IRBES

O Irbes é decorrente da somatória do valor numérico relativo à carga tributária do país, com uma ponderação de 15%, com o valor do IDH, que recebeu uma ponderação de 85%, por entendermos que o IDH elevado, independentemente da carga tributária do país, é muito mais representativo e significante do que o percentual da carga tributária, independentemente do IDH. Assim, entendemos que o IDH, necessariamente, deve ter um peso bem maior para a composição do índice.

Exemplo de cálculo

A	B	C	D	E
CT sobre o PIB	IDH	Fator ajuste CT	Fator ajuste IDH	Irbes
36,27%	0,730	73,29	62,05	135,34

Sendo:
A: carga tributária × PIB em percentual.
B: valor do IDH (índice).
C: ajuste da CT = (100 – (A*100)* 1,15) – para transformar percentual em índice e acrescentar o peso utilizado na metodologia. O valor de 1,15 é calculado sobre o valor de 100 (–) percentual da CT multiplicado por 100.
D: ajuste do IDH = B × 85 – para acrescentar o peso utilizado na metodologia.
E: Irbes = C + D – somatório dos índices ajustados.

Sabedores de que um número sozinho não tem muita relevância em termos comparativos, decidimos calcular o Irbes dos 30 países de maior carga tributária, com dados obtidos na Organização para a Cooperação e Desenvolvimento Econômico (OCDE), no IBPT e por meio de pesquisas em *sites* especializados. De posse dos números, estipulamos um *ranking* de colocação com os resultados obtidos.

O *ranking* foi determinado pela ordem decrescente do valor calculado referente ao Irbes de cada país. Quanto maior o valor desse índice, melhor o retorno da arrecadação dos tributos para a população.

DETERMINAÇÃO DOS FATORES UTILIZADOS NO IRBES E SUAS FORMAS DE CÁLCULO

Como informamos anteriormente, os fatores escolhidos e utilizados foram: para a arrecadação de tributos a carga tributária sobre o PIB e para o retorno desses valores em serviços para a população, o IDH. Trazemos a seguir o que são esses fatores, como são calculados e o que representam.

Carga tributária

É a relação percentual obtida pela divisão do total geral da arrecadação de tributos do país em todas as suas esferas (federal, estadual e municipal) em um ano, pelo valor do PIB (Produto Interno Bruto), ou seja, a riqueza gerada durante o mesmo período de mensuração do valor dos tributos arrecadados, tendo como exemplo no Brasil. A seguir apresentamos dados do ano de 2023, sendo esse o último ano em que tivemos os dois fatores divulgados:

Ano de 2023	Em R$ MIL
Arrecadação tributária	R$ 3.629.059,00
PIB	R$ 10.856.112,00
Carga tributária	33,43%

Índice de Desenvolvimento Humano (IDH)

O Índice de Desenvolvimento Humano (IDH) é uma medida comparativa de riqueza, alfabetização, educação, esperança de vida, natalidade e outros fatores para os diversos países do mundo. É uma maneira padronizada de avaliação e medida do bem-estar de uma população, especialmente bem-estar infantil. O índice foi desenvolvido em 1990 pelo economista paquistanês Mahbubul Haq e vem sendo usado desde 1993 pelo Programa das Nações Unidas para o Desenvolvimento (PNUD), em seu relatório anual.

O IDH é um índice que serve de comparação entre os países, com o objetivo de medir o grau de desenvolvimento econômico e a qualidade de vida oferecida à população. Esse índice é calculado com base em dados econômicos e sociais. O IDH vai de 0 (nenhum desenvolvimento humano) a 1 (desenvolvimento humano total). Quanto mais próximo de 1, pode-se afirmar que esse país é o que atingiu maior grau de desenvolvimento.

RESULTADO DO *RANKING* IRBES DA PRIMEIRA E DA ÚLTIMA EDIÇÃO

A primeira edição do estudo data de 8 de junho de 2011 e trouxe o seguinte resultado, conforme o *ranking* dos 30 países de maior carga tributária (Quadro 1).

Quadro 1 *Ranking* Irbes da primeira edição em 2011

Discriminação	**Irbes – Índice de Retorno ao Bem-Estar da Sociedade**			
Ranking:	**2009**	**2010**	**Índice obtido**	**Resultado**
30 países de maior tributação	**CT sobre o PIB**	**IDH**	**Irbes**	***Ranking***
Estados Unidos	24%	0,950	168,15	1º
Japão	25,30%	0,956	167,17	2º
Irlanda	27,90%	0,960	164,52	3º
Coreia do Sul	25,80%	0,928	164,21	4º
Austrália	30,68%	9,965	161,74	5º
Grécia	29,40%	0,947	161.69	6º
Suíça	30,03%	0,955	161,64	7º
Canadá	31,10%	0,967	161,43	8º
Espanha	30,70%	0,949	160,36	9º
Nova Zelândia	31%	0,944	159,59	10º
Islândia	34,10%	0,969	158,15	11º
Israel	31,40%	0,930	157,94	12º
Uruguai	27%	0,859	156,97	13º
Reino Unido	34,30%	0,942	155,63	14º
Eslováquia	29,30%	0,872	155,43	15º
Argentina	29%	0,860	154,75	16º
Luxemburgo	37,50%	0,956	153,14	17º
Alemanha	37%	0,940	152,35	18º
República Checa	34,80%	0,897	151,23	19º
Noruega	41%	0,968	150,13	20º
Eslovênia	37,90%	0,923	149,87	21º
França	41,90%	0,955	147,99	22º
Áustria	42,80%	0,951	146,62	23º
Finlândia	43,10%	0,954	146,53	24º
Suécia	43,80%	0,958	146,06	25º
Bélgica	43,20%	0,948	145,90	26º
Itália	43,50%	0,945	145,30	27º
Dinamarca	44%	0,952	145,09	28º
Hungria	39%	0,877	144,70	29º
Brasil	34,41%	0,807	144,02	30º

Carga tributária 2009 – fonte: OCDE.
IDH 2010 – fonte: ONU.

A 14ª e última edição do estudo data de 12 de maio de 2025 e trouxe o seguinte resultado, conforme o *ranking* dos 30 países de maior carga tributária (Quadro 2).

Quadro 2 *Ranking* Irbes da 14ª edição em 2025

Discriminação	Irbes – Índice de Retorno ao Bem Estar da Sociedade				
Ranking:	2023	2023	Índice obtido	Resultado	Resultado
30 países de maior tributação	CT sobre o PIB	IDH	Irbes	*Ranking*	*Ranking* anterior
Irlanda	22,70%	0,950	169,65	1º	1º
Suíça	27,90%	0,967	165,11	2º	2º
Estados Unidos	26,90%	0,921	162,35	3º	3º
Austrália	29,10%	0,942	161,61	4º	4º
Israel	29,70%	0,927	159,64	5º	10º
Coreia do Sul	29,90%	0,923	159,07	6º	5º
Nova Zelândia	33%	0,939	156,87	7º	8º
Canadá	33,20%	0,936	156,38	8º	7º
Islândia	36,10%	0,959	155,00	9º	6º
Japão	33,70%	0,923	154,70	10º	12º
Argentina	28,60%	0,849	154,28	11º	22º
Noruega	37,90%	0,966	153,53	12º	23º
Reino Unido	35,30%	0,924	152,95	13º	11º
Uruguai	29%	0,830	152,20	14º	9º
República Checa	34,30%	0,895	151,63	15º	13º
Alemanha	38,80%	0,947	150,88	16º	15º
Eslovênia	36,90%	0,918	150,60	17º	14º
Espanha	37,50%	0,911	149,31	18º	17°
Eslováquia	34,50%	0,859	148,34	19º	21°
França	42,80%	0,969	148,15	20º	24º
Hungria	34,80%	0,859	148,00	21°	18º
Suécia	42%	0,952	147,62	22°	19º
Finlândia	41,60%	0,942	147,23	23°	25°
Grécia	38,50%	0,893	146,63	24°	29°
Dinamarca	44,10%	0,956	145,55	25º	20°
Bélgica	43,20%	0,942	145,39	26º	27°
Luxemburgo	42,80%	0,927	144,58	27°	16°
Áustria	42,10%	0,913	144,19	28°	28°
Itália	42%	0,906	143,71	29°	26°
Brasil	33,43%	0,786	143,37	30°	30°

Carga tributária 2023 – fonte: OCDE.
IDH 2023 – fonte: ONU.

POSIÇÃO DO LÍDER E DO BRASIL EM TODAS AS EDIÇÕES – SITUAÇÃO MUITO PREOCUPANTE PARA NÓS

Demonstra-se com o Quadro 3 que o Brasil figura como o último colocado no *ranking* em todas as edições deste estudo, o que é, ou deveria ser, muito preocupante para o nosso governo.

Quadro 3 Posição do líder e do Brasil em todas as edições do *ranking* Irbes

Data da edição	Irbes Brasil	Colocação	País líder	Irbes país líder
08.06.2011	134,02	30º	EUA	168,15
16.01.2012	135,83	30º	Austrália	164,18
22.11.2012	134,61	30º	Austrália	164,53
16.03.2013	135,63	30º	EUA	165,78
13.03.2014	135,34	30º	EUA	164,67
15.05.2015	137,94	30º	Austrália	162,91
05.04.2017	140,48	30º	Suíça	163,46
12.06.2018	139,14	30º	Irlanda	167,01
12.06.2019	140,13	30º	Irlanda	168,51
06.10.2020	139,19	30º	Irlanda	169,43
03.10.2022	142,29	30º	Irlanda	168,94
10.09.2023	140,11	30º	Irlanda	171,06
30.04.2024	142,35	30º	Irlanda	171,72
12.05.2025	143,37	30º	Irlanda	169,65

ESPAÇO OCUPADO PELO IRBES NA IMPRENSA NACIONAL

Nesses 14 anos de edições do estudo referente ao Irbes, o trabalho foi veiculado em diversas formas de mídias existentes em nosso país, tais como:

- **Jornais:** *Folha de S.Paulo, O Globo, Jornal do Comércio, Valor Econômico, Estadão, Estado de Minas, Zero Hora, Gazeta do Povo, Correio da Manhã, O Tempo, Voz da Bahia* etc.
- **Portais:** *UOL, Terra, G1* (Globo), *Poder360* etc.
- **Emissoras de TV**: Globo, SBT, Bandeirantes, Record, TV Cultura, Rede TV, CNN etc.
- **Estações de rádio:** Jovem Pan, CBN, Rádio Ouro Verde, Rádio Bandeirantes, Rádio Globo, Rádio Transamérica etc.
- **Revistas:** *Veja, Isto É, Época, Exame* etc.
- **Outros:** *Money Times, Brasil 61* etc.

CONSIDERAÇÕES FINAIS

Desde a primeira edição do estudo, o Brasil tem se mantido em trigésimo lugar no *ranking* que engloba os 30 países de maior carga tributária no mundo, o que demonstra que o valor decorrente da arrecadação dos tributos vem sendo muito mal aplicado no país. Apesar de termos uma carga tributária alta, digna de países desenvolvidos, como Reino Unido, França e Alemanha, o IDH nacional reflete um desenvolvimento humano muito precário.

Certamente, se existisse uma melhor aplicação das receitas públicas oriundas dos tributos, isso se refletiria em um bem-estar social muito mais elevado.

Assim, almeja-se que este capítulo sirva de conscientização tanto para a sociedade brasileira de forma geral, contribuinte de tributos, como para o poder público, no sentido de haver maior exigência referente a um melhor investimento em serviços essenciais, controle e transparência, em relação à aplicação dos recursos oriundos da arrecadação tributária, e que estes possam, definitivamente, gerar um melhor índice de desenvolvimento humano para a nossa tão carente população.

REFERÊNCIAS

INSTITUTO BRASILEIRO DE GEOGRAFIA E ESTATÍSTICA (IBGE). Página institucional. Disponível em: https://www.ibge.gov.br. Acesso em: 4 set. 2025.

INSTITUTO BRASILEIRO DE PLANEJAMENTO E TRIBUTAÇÃO (IBPT). Página institucional. Disponível em: https://www.ibpt.org.br. Acesso em: 4 set. 2025.

ORGANIZAÇÃO DAS NAÇÕES UNIDAS (ONU). Página institucional. Disponível em: https://www.un.org. Acesso em: 4 set. 2025.

ORGANIZAÇÃO PARA A COOPERAÇÃO E DESENVOLVIMENTO ECONÔMICO (OCDE). Página institucional. Disponível em: https://www.oecd.org. Acesso em: 4 set. 2025.

Capítulo **31**

Como o empresário pode perpetuar seu legado com inteligência tributária

Edison Taques

INTRODUÇÃO

A perpetuação do legado empresarial vai muito além da simples sucessão de bens ou cargos. Trata-se da continuidade de valores, cultura, visão e patrimônio construídos ao longo de anos. Para garantir essa continuidade de forma segura e eficiente, a inteligência tributária se apresenta como uma ferramenta estratégica indispensável ao empresário.

PLANEJAMENTO TRIBUTÁRIO: REDUÇÃO LEGAL DE CARGA FISCAL

O planejamento tributário é o ponto de partida. Ele consiste na análise detalhada da estrutura fiscal da empresa para identificar oportunidades de economia legal de tributos. Isso pode incluir a escolha do regime tributário mais adequado (Simples Nacional, Lucro Presumido ou Lucro Real), reorganizações societárias, incentivos fiscais e reestruturações patrimoniais. Uma gestão tributária eficiente permite o aumento da lucratividade, libera capital para reinvestimentos e fortalece a saúde financeira da empresa a longo prazo.

PLANEJAMENTO PATRIMONIAL

A proteção do patrimônio empresarial e familiar é fundamental para a longevidade do legado. A criação de *holdings* patrimoniais, por exemplo, é uma forma de o patrimônio da família ser perpetuado, podendo passar de geração em geração, deixando as famílias muito mais poderosas e enriquecidas do ponto de vista patrimonial. Trata-se também de uma prática inteligente para separar o patrimônio pessoal do empresarial, evitando conflitos familiares e societários.

GOVERNANÇA CORPORATIVA E PLANEJAMENTO PATRIMONIAL

A inteligência tributária também contribui para a implementação de boas práticas de governança corporativa. Estruturar regras claras de administração, sucessão e distribuição de lucros traz estabilidade e confiança aos herdeiros, sócios e investidores. O planejamento patrimonial - realizado ainda em vida - evita disputas judiciais, custos excessivos com inventário e descontinuidade da operação.

CONFORMIDADE FISCAL E PREVENÇÃO DE RISCOS

Manter a empresa em conformidade com as normas fiscais é essencial para evitar autuações, multas e passivos que possam comprometer o negócio e o patrimônio familiar. A inteligência tributária atua de forma preventiva, garantindo que todas as obrigações sejam cumpridas corretamente, além de manter a empresa preparada para eventuais fiscalizações.

EDUCAÇÃO E PROFISSIONALIZAÇÃO DA FAMÍLIA EMPRESÁRIA

Por fim, perpetuar o legado exige a preparação da próxima geração. Investir em educação financeira e tributária dos sucessores, bem como profissionalizar a gestão familiar, garante que o legado seja valorizado e ampliado, e não apenas mantido. A continuidade do negócio depende de líderes preparados para lidar com os desafios do mercado e das leis fiscais.

CONSIDERAÇÕES FINAIS

A inteligência tributária não é apenas uma ferramenta de economia fiscal, mas um verdadeiro pilar para a perpetuação do legado empresarial. Por meio de uma atuação estratégica, integrada e preventiva, o empresário pode proteger sua história, fortalecer sua empresa e garantir que sua visão continue gerando valor para as futuras gerações. Ao aliar conhecimento, planejamento e especialistas qualificados, é possível transformar a tributação de um risco em uma poderosa alavanca de crescimento e continuidade.

REFERÊNCIAS

BRASIL. Lei n. 6.404, de 15 de dezembro de 1976. Dispõe sobre as Sociedades por Ações. *Diário Oficial da União,* Brasília, DF, 17 dez. 1976.

BRASIL. Lei n. 10.406, de 10 de janeiro de 2002. Institui o Código Civil. *Diário Oficial da União,* Brasília, DF, 11 jan. 2002.

BRASIL. Lei n. 13.874, de 20 de setembro de 2019. Institui a Declaração de Direitos de Liberdade Econômica. *Diário Oficial da União*, Brasília, DF, 20 set. 2019.

CARVALHO, Paulo de Barros. *Curso de direito tributário.* 30. ed. São Paulo: Saraiva, 2020.

COELHO, Fábio Ulhoa. *Manual de direito comercial*: direito de empresa. 33. ed. São Paulo: Saraiva, 2023.

LASSO, Fernando. *Planejamento sucessório e proteção patrimonial.* 5. ed. São Paulo: Quartier Latin, 2021.

LODI, João Bosco. *A empresa familiar.* 7. ed. São Paulo: Pioneira, 1998.

OLIVEIRA, Ricardo Mariz de. *Planejamento tributário.* 6. ed. São Paulo: Quartier Latin, 2018.

SILVEIRA, Alexandre. *Governança corporativa*: fundamentos, desenvolvimento e tendências. 2. ed. Rio de Janeiro: Elsevier, 2019.

Índice remissivo

K

L

M

N